Invente o resto de sua vida

Suzanne Braun Levine

Invente o resto de sua vida

Tradução
Débora Guimarães Isidoro

BestSeller

CIP-Brasil. Catalogação-na-fonte
Sindicato Nacional dos Editores de Livros, RJ.

Levine, Suzanne

L645i Invente o resto de sua vida: mulheres na segunda adolescência / Suzanne Braun Levine; tradução Débora Guimarães Isidoro. – Rio de Janeiro: Best Seller, 2006.

Tradução de: Inventing the rest of our lives
Inclui bibliografia
ISBN 85-7684-032-4

1.Mulheres de meia-idade – Psicologia. 2. Mulheres idosas – Psicologia. 3. Auto-realização (Psicologia). I. Título.

06-0146 CDD 305.2442
CDU 316.346.2-055.2-053.85

Título original norte-americano
INVENTING THE REST OF OUR LIVES

Capa: Carolina Vaz
Editoração eletrônica: DFL

Impresso no Brasil

ISBN 85-7684-032-4

Para minha mãe,

ESTHER BERNSON BRAUN

Agradecimentos

Após mais de 35 anos de casamento, são poucas as surpresas, mas a competência de meu marido Bob Levine como editor tem sido uma das mais gratas para mim e uma contribuição indispensável para este livro. O estímulo de uma experiente e brilhante editora, Janet Goldstein, e de uma agente dedicada, Janis Donnaud, também me encorajou a dar o melhor de mim. Agradeço a todos vocês.

Agradeço também a Steve e Cynthia Rubin, que contribuíram com espaço físico onde pude trabalhar, e a todos os outros que mantiveram os detalhes sob controle. Karen Grenke, Rebecca Hart, Paula Marsili e Rachel Rapkin: muito obrigada.

Acima de tudo, sou especialmente grata às mulheres que compartilharam suas histórias e aos amigos de meu "círculo de confiança" que proporcionaram experiências muito agradáveis.

Sumário

Indo ao que interessa: abrir mão e dizer não

CAPÍTULO UM

Você não é simplesmente uma versão mais velha de si mesma

O senso de perigo não deve desaparecer:
O caminho é certamente curto e acidentado,
Por mais que daqui pareça gradual;
Olhe se quiser, mas você vai ter de saltar.

...

Muito pode ser dito sobre o savoir-faire,
Mas jubilar-se quando não há ninguém por perto
É ainda mais difícil do que chorar;
Ninguém está olhando, mas você tem de saltar.

...

Nosso sonho de segurança deve desaparecer.

— W. H. Auden, *Salte antes de olhar*

Meu primeiro passo para a segunda adolescência foi de costas, de um precipício de quase 30 metros de altura. Seguindo um impulso, me inscrevi numa excursão de esportes radicais e me dei conta de que estava com todos os equipamentos para a prática de rapel — ganchos, capacete e corda-guia —, pronta para descer pelo paredão do que poderia ser perfeitamente meu edifício de 12 andares. Eu era puro terror. As palavras de confiança de nosso líder mal conseguiam penetrar em minha mente: "O medo é a resposta adequada para este tipo de situação. Afinal, a evolução não se interessa muito por criaturas que saltam de costas de precipícios de quase 30 metros."

Eu concluí a descida, é claro. Havia aprendido que o exercício, sem dúvida, tinha como propósito ensinar que o medo não é uma resposta inaceitável, mas pode ser enfrentado. E cumpri uma missão pessoal: descobrir se eu ainda era uma moleca. (A própria palavra, como percebi ao usá-la, é uma regressão a uma era passada, não só ao meu passado.) Minha personalidade moleca, há muito perdida em um casamento com um homem nada atlético que não gosta da natureza e em uma atribulada vida urbana, desempenhou importante papel em minha mitologia pessoal. Desde que atravessei a barreira do 50º aniversário, há alguns anos, desejava retomar o contato com essa mulher aventureira e vigorosa, amante dos espaços abertos, se ela ainda fosse realmente uma componente autêntica de quem sou. Se minha faceta moleca ainda *estivesse* ali, queria compartilhar essa parte de mim com minha filha, que estava crescendo numa época em que o tipo físico "encorpado" que ambas possuímos é mais bem-aceito e, como uma jovem mulher que ela é, com uma valorização evidente por sua força física. Mas, antes, precisava certificar-me de que não estava perpetuando um mito sobre mim mesma. Cresci com a sensação de estar sempre desempenhando um papel escrito por outras pessoas, e queria, da melhor maneira possível, resgatar a verdade sobre minha vida.

Quando meus pés tocaram o chão e olhei para cima, para a encosta escarpada, para o céu azul e para meus companheiros entusiasmados, fui dominada pela emoção — ou por mais de uma emoção, para ser sincera, mais do que posso identificar mesmo agora — e comecei a chorar e a rir descontroladamente. Mas foi depois de me acalmar e sentir uma estranha moleza que me surgiu um estalo totalmente inesperado e de proporções cósmicas. A descida pelo precipício aconteceu no quinto dia de uma excursão de sete dias. Eu havia feito tudo o que me fora solicitado até então — desde mergulhar na água gelada ao amanhecer e dormir sobre remos paralelos atravessados num bote até escalar um poste telefônico e balançar pendurada em uma corda em direção a uma rede que lembrava uma teia de aranha — e, por isso, era de se esperar que eu desempenhasse com obediência a tarefa seguinte. Ela consistia em, ainda com o equipamento de rapel, escalar aquele mesmo precipício *de volta* ao ponto de partida. Talvez tenha sido por estar completamente esgotada, tanto física quanto emocionalmente, mas prefiro pensar que foi a superação do medo na descida que me deu coragem para dizer *não* à subida.

Dois outros integrantes do grupo também se recusaram a subir; duas outras mulheres com mais de 50 anos. Percebemos, com algum espanto, que, para nós, dizer não era uma realização tão monumental quanto descer pelo precipício. Os dois desafios significavam mais para nós três porque éramos mulheres de certa idade. Cada uma de nós tinha uma razão diferente para estar ali, mas compartilhávamos um impulso determinante de esclarecer nossos pensamentos sobre o próximo estágio de nossas vidas. Em nossa relação com aquele precipício havíamos encontrado dois temas essenciais da segunda adolescência: *abrir mão* e *dizer não.*

Abrir mão e dizer não

Em meu léxico pessoal, a segunda adolescência é o período produtivo e inédito que nossa geração encontra ao ultrapassar o temido marco do 50º aniversário. Se pensarmos na primeira adolescência como, aproximadamente, os 25 anos durante os quais construímos nossas vidas e determinamos nosso estilo, os 25 anos seguintes podem ser uma segunda chance — para fazermos tudo melhor, de um jeito diferente e com mais sabedoria. Digo que *podem ser* porque muito depende da sorte, de boa saúde, boa fortuna, bons amigos. Mas muito depende também da determinação, de assumir riscos, mudar, refletir sobre novas opções.

Aproveitar essa segunda chance requer um redimensionamento de muitas das forças primárias em nossas vidas e uma mudança de marcha. Como qualquer pessoa em nossa faixa etária sabe, para mudar de marcha você precisa antes desengatar a engrenagem e, literalmente, abrir mão do controle por algum tempo. No contexto da transição para a segunda adolescência, abrir mão de antigas necessidades, informações caducas e promessas vazias é como saltar de costas em um precipício. É aterrorizante, sobretudo para mulheres que passaram toda a vida agarrando-se às coisas, promovendo a união, planejando, coordenando e priorizando. É difícil render-se ao acaso e arriscar-se a mudar. É inquietante descobrir-se tendo de renegociar as mais íntimas relações. Mas, quer consideremos tudo isso uma aventura ou não, estamos numa idade em que temos de abrir mão — dos nossos filhos, de nossa aparência, de alguns dos nossos objetivos de vida — e temos de nos sentir *desmoronar*, precisamos nos desvencilhar daquilo que já sabemos fazer e olhar para o fundo do abismo. Para os que saltam, abrir mão também é uma oportunidade de consolidar, ter esperanças e arar novas terras.

Dizer não é estar em concordância com o ato de abrir mão. Se o ato de abrir mão se concentra na aceitação e no desprendimento, dizer não enfoca uma bagagem antiga e ampla que permanece no caminho para o progresso. Eliminar o que já não funciona mais para nós, responder àqueles que nos intimidavam no passado, renunciar a comportamentos que não pareçam mais autênticos — todos esses "nãos" constituem uma maneira importante de assumirmos o controle sobre nossas vidas. Eles nos permitem ir em direção à clareza de propósitos sem peso adicional. Aqueles primeiros nãos desafiadores são o prelúdio para um triunfante sim! Mas há um detalhe: tais triunfos não podem ser previstos a partir da segurança da terra firme. Temos de mergulhar na segunda adolescência sem saber quem seremos quando voltarmos à tona para respirar.

Reinventando a nós mesmas e reescrevendo a história

Em muitos sentidos, já estivemos aqui antes. Há 30 anos, no início de nossa vida adulta, também estávamos prestes a executar grandes mudanças; nós nos esforçávamos para tratar do que Betty Friedan identificou como "*o problema que não tem nome*" — as suposições restritivas e redutoras sobre as mulheres e seu papel na sociedade. Naquela época, muitas de nós sentiam-se sós, confusas e culpadas por não estarem satisfeitas com o que recebiam, mas temiam falar sobre esse sentimento.

Muitas vezes, as mulheres descobriam que esse ato tão simples, porém arriscado, de falar a verdade sobre suas dúvidas, seus fracassos e medos com alguém que aparentava ser confiante e realizado resultava numa tranqüilizante — e surpreendente — resposta do tipo "Eu também!". Ao compartilhar a frustração com as tarefas domésticas, a impaciência com os filhos, a raiva que sentiam dos maridos, as preocupações com relação à sexualidade e as dúvidas sobre corresponderem a imagens difundidas pela mídia, as mulheres encontraram confirmação, apoio e força emocional para as próprias percepções, para não se sentirem a única maluca do quarteirão. Uma a uma, essas revelações íntimas mudaram o debate sobre o papel das mulheres ao mesmo tempo em que proporcionavam mudanças na vida de cada mulher.

A descoberta de que o aspecto pessoal é também político — de que nossos esforços mais privados têm repercussão na comunidade feminina e impacto além dela — levou à revolução que nos trouxe a este lugar. Hoje, motivadas por essa energia e por essas conquistas, confrontamos um novo desconhecido. "O problema que não tem nome" foi substituído por "a questão que tem muitas respostas": *O que vou fazer com o resto de minha vida?* Segunda adolescência.

A segunda adolescência é uma *jornada* na qual cada uma de nós embarca, mas também é um *estágio* que nossa geração está definindo enquanto o vive. Este livro trata dos dois aspectos. Compartilhar as histórias de jornadas individuais de muitas mulheres oferece segurança a outras; descrever os parâmetros do novo estágio de vida enfatiza o oposto do que pode parecer um desmoronamento. Há uma grande promessa na segunda adolescência, mas também há uma inevitável desvantagem no envelhecimento. Uma mulher que chega aos 50 este ano tem 40% de chances de viver até os 100 anos, mas a probabilidade é a mesma de ela ser banida de seu mundo em decorrência da doença de Alzheimer. Mudanças hormonais podem nos empurrar para a depressão e a ansiedade, mas também podem liberar uma dose saudável de ousadia e energia, um segundo sopro. Apesar de nossos avanços profissionais, o envelhecimento é presente e insidioso em nossa cultura. A pobreza entre as mulheres aumenta com a idade. Temos de aceitar algumas dessas más notícias, mas todos os dias deparamos com situações que podem ser alteradas. Quando nos concentramos no que é realmente importante em nossas vidas *agora*, nós nos tornamos mais capazes de reconhecer e fazer as pazes com circunstâncias que não podemos mudar, e tornamo-nos mais experientes em assumir o controle sobre aquelas que podemos e queremos modificar.

Minha compreensão da segunda adolescência é retirada de visões de mulheres com diversas experiências de vida — das mais tradicionais ou ambiciosas às mais retraídas ou espirituais, de celebridades a aposentadas —, porque sei que a experiência básica para cada uma de nós possui mais semelhanças do que diferenças. Além do mais, isso proporciona o distanciamento necessário para ouvir como as outras estão lidando com problemas comuns em situações desconhecidas. Realizei entrevistas minuciosas com 50 mulheres e falei com muitas outras mantendo aquele tipo de conversa casual, porém íntima, que as mulheres têm com freqüência. Aprendi com cada uma delas. Como destacou Gloria Steinem, "qualquer um que tenha vivenciado alguma coisa é mais especialista nela do que os especialistas".

Também abordei profissionais que estão acompanhando nossa trajetória. Eles estão descobrindo padrões que elucidam nossos relatos e inserem nossas experiências no contexto mais amplo da mudança social. A mensagem geral de minha pesquisa é que tanto o *status quo* pessoal quanto o social estão sendo desafiados. Enquanto criamos nossas agitações pessoais, estamos criando coletivamente uma importante mudança de paradigma cujas conseqüências vão muito além de nossas próprias vidas. Como as mulheres fizeram durante os anos de descoberta e revolta que começaram na década de 1970 — independentemente do fato de uma ou outra se considerar ou não parte do movimento feminista —, estamos agora reescrevendo a história enquanto nos reinventamos.

O novo estágio de vida

Quase 37 milhões de mulheres norte-americanas com mais de 40, 50 e 60 anos são beneficiárias dos avanços científicos que prolongam nossa vida ativa. Com uma média de expectativa de vida de mais de 80 anos, temos a probabilidade de viver, como adultas por quase o mesmo tempo que já vivemos. Esta é uma nova era para as mulheres. As escolhas que realizamos até aqui criaram o cenário para esta nova era. As escolhas que cada uma de nós faz a definirá. Nossos números chamarão atenção para isso.

Nascidas nas décadas de 1940 e 1950, fomos criadas em uma cultura que tinha uma visão limitada das possibilidades das mulheres; depois, passamos nossa primeira fase adulta nos libertando dessas expectativas limitadas. Durante as décadas de 1970 e 1980, tomamos conhecimento sobre o que outras mulheres podiam fazer, mesmo que não houvéssemos realizado pessoalmente tudo aquilo que poderíamos ter feito. E muitas de nós realizaram mais do que nossas mães jamais sonharam. Conseqüentemente, trazemos para nossa segunda adolescência uma consciência dupla: uma primeira fase adulta repleta de experiências no intuito de nos renovarmos e a convicção de que as mulheres também têm lugar na esfera pública — o mercado de trabalho, a arena cívica, os estádios esportivos —, e não só no lar.

Agora, a última fronteira está diante de nós — *a teoria da avó.* Na geração de nossas mães, a convenção estabelecia que, quando uma mulher atingia a mudança de vida, sua vida parava de mudar. O que ela não havia feito até os 50 anos, jamais faria. O que ela faria depois disso não teria importância para ninguém além dos netos que ela mimaria. Já estamos mudando essas suposições.

Não que não sejamos felizes por participarmos de uma nova vida. "É como se eu houvesse encontrado um amante", confessou para mim uma avó dedicada. "Meu coração bate mais depressa quando minha neta me liga. Passo o dia sonhando acordada, pensando nela quando estou trabalhando. Faço compras para ela." Mas o impacto de nossa atribulada e produtiva primeira fase adulta nos conduz para além de um papel exclusivo de avó. "Sou médica, professora, amante, ativista política, amiga... e avó", protestou outra mulher. "Mas, por mais que eu ame meus netos, eles não são o que define minha vida."

Nossas realizações se concretizaram na maturidade e desabrochamos tardiamente. Estamos aceitando nossos desafios e cuidando de nós mesmas. Longe de desaparecermos no fundo do cenário, somos cheias de surpresas. Muitas das mulheres com quem conversei sobre o princípio da segunda adolescência relataram pelo menos algumas das surpreendentes sensações que experimentei na excursão de aventuras radicais:

- Uma decisão impulsiva de fazer alguma coisa fora do normal.
- Disposição de assumir um risco calculado diante do desconhecido.
- Uma determinação de entrar em contato com seu eu autêntico e reconhecer sua verdadeira paixão.
- Desejo de tornar-se uma fonte de verdade para as mulheres da próxima geração.
- A deliciosa liberdade de olhar nos olhos da maior expectativa, em uma vida repleta delas, e dizer: "Eu não. Agora não!"

Não creio que seja um acidente que a triunfante moleca com quem ansiava restabelecer contato remonte a um estágio anterior, quando ainda sentia o poder e a confiança que perdi. Como quase todas as mulheres hoje com mais de 50 anos, vivi a adolescência como uma fase de dúvidas e inseguranças crescentes, época de abandonar os sonhos impróprios para as meninas e me ver cercada por limitações. Para as meninas de hoje, e mesmo para nós, é difícil evocar a época em que as garotas tinham de vestir apenas saias, brincar de pular corda e rir baixo, aprender a transformar todas as afirmações em perguntas — uma época em que tinham de frear o entusiasmo juvenil e começar a se concentrar na séria tarefa de aprender a agradar aos outros.

Quando leitoras da revista *More*, uma publicação para mulheres com mais de 40 anos, foram interrogadas sobre sua idade, a maioria disse sentir que os melhores anos ainda estavam por vir. O que apreciavam em ser mais velhas era "Não se preocuparem com a opinião de outras pessoas" e "Serem mais confiantes", e até "Não terem mais ciclo menstrual". Suas palavras soavam como uma celebração da sensação de poder e independência juvenil a que nossa geração teve de renunciar. A segunda adolescência é, em parte, reaver o estágio mental anterior e, finalmente, crescer com ele. Para as mulheres de nossa geração, esse é um momento singular, uma segunda chance de crescer com confiança.

Quando nos reunimos para comemorar aniversários de 50 e 60 anos, perguntamos umas às outras se já somos crescidas. A resposta é: sim, somos crescidas, mas, ao mesmo tempo, ainda estamos na metade do caminho. Vamos começar a crescer novamente.

Você não é quem você era, simplesmente mais velha

Minha mais importante descoberta sobre a segunda adolescência é que as mulheres que entram nesse estágio de vida não são as mesmas que iniciaram sua primeira fase de vida adulta. Estamos nos aproximando da próxima fronteira como mulheres com novas idéias e respostas, e cujas prioridades estão mudando. Por isso, responder à questão sobre *O que vem em seguida* não é tão fácil quanto possa parecer. Por exemplo, apesar de tudo que conquistei durante aquele desafio radical, esse tipo de vida não faz parte de meus planos. A viagem ao passado de moleca tornou-se irrelevante, como muitos outros itens tão antigos de minha lista de prioridades. Seria fácil se o que Gail Sheehy identificou, no livro *Novas passagens* (Rocco, 1997), como segunda adolescência consistisse realmente na "Oportunidade de fazer tudo o que você sempre quis fazer". Mas, como eu, muitas mulheres se descobriram olhando para as suas listas de prioridades e tentando entender por que não se sentiam entusiasmadas com a possibilidade de realizar aqueles sonhos tão antigos. A verdade é que nós os superamos. Aqueles são sonhos de uma vida adulta passada. "Tudo o que você sempre quis fazer" tem pouca importância para o que você vai fazer em seguida. Porque você simplesmente não é mais aquela *você*. Você simplesmente *não* é mais quem era só que mais velha.

Isso pode ser terrivelmente perturbador. Allison, que se considera uma mulher esclarecida, percebeu-se perdida em sinais confusos. Depois de apenas um ano desempenhando a função que deveria ser a realização máxima de sua carreira, ela não acreditava que estava pensando em, dentre todas as coisas, aposentar-se. Para onde havia ido toda a sua ambição? Por que não era capaz, como ela mesma colocava, de "saborear o sucesso"? Por que, de repente, desejava estar em casa e acompanhar os anos de colégio do filho caçula, quando sempre afirmara que o estímulo do trabalho que tanto amava fazia dela uma mãe melhor? Sentia que estava perdendo suas convicções e sua determinação. "Só quero ficar em casa, pintar e fazer cursos", declarou categoricamente, como se falasse sobre alguém que mal conhecia.

Outras mulheres descreveram suas experiências de desviar-se do caminho com idêntica perplexidade. Algumas não conseguiam explicar novos gostos alimentares ou novos interesses sexuais. Outras se viam tendo um "mau comportamento", mas não se sentiam propensas a se desculpar. Várias descreviam comportamentos que, no final, abriram novas perspectivas, embora, naquele momento, parecessem inexplicáveis ou errados. Sylvia, por exemplo, acomodada com sua posição como executiva de nível intermediário, estava redigindo um *e-mail* para os amigos e colegas sobre uma vaga no alto escalão de outra organização quando, em vez de enviar a mensagem, pegou o telefone e ela mesma se candidatou (e conseguiu a vaga). E Sara, que lutou como uma desesperada durante o processo de divórcio para manter seu apartamento com a mobília de veludo escuro e as estantes de livros que tanto amava, mas, de repente, viu-se ansiando por espaços ensolarados e aconchegantes. Agora ela mora em um edifício alto e afastado do centro, um lugar onde ela pode plantar gerânios nas janelas. Patricia, judia não-praticante, sentiu uma necessidade inexplicável de ter "mais fé" em sua vida religiosa e, depois de muito estudo e reflexão, acabou se convertendo ao catolicismo. Madeline aposentou-se a fim de sair do centro urbano e passar mais tempo cuidando do jardim, mas descobriu-se atraída por um tipo diferente de jardinagem. Agora, ela leciona inglês como língua estrangeira em um abrigo para sem-teto de uma cidade do interior.

À medida que a jornada prossegue, essa *persona* desconhecida, essa criatura travessa que fala em nosso ouvido, amadurece e transforma-se na voz com que mais contamos. Ela se fortalece, torna-se mais autoritária, mais filosófica, mais corajosa. "Mulheres mais velhas são diferentes de todas as outras", escreveu a novelista Ursula LeGuin. "Elas dizem a verdade."

Você não é quem era. Literalmente

Essa *você* reconstruída não é um produto de sua imaginação. A dinâmica que muitas mulheres estão relatando — novas perspectivas, nova confiança, novos sonhos — é confirmada pela pesquisa científica de muitas disciplinas. O que aprendemos sobre nossos corpos nos diz que a natureza não nos abandonou de maneira alguma nesse estágio, e o que se tem compreendido sobre nosso estilo de comportamento nos diz que não somos programadas para desaparecer aos poucos. Pelo contrário, podemos estar tão bem preparadas ou até mais preparadas do que antes para novos desafios nesse estágio de vida.

Alguns dos casos mais incríveis que relatarei vêm dos laboratórios de neurologia onde pesquisadores estão concluindo que, ao contrário do pensamento convencional, o envelhecimento do cérebro não é degenerativo. De fato, ele é gerador, e de maneiras que apóiam grandes realizações após a meia-idade. Até muito recentemente, acreditava-se que o crescimento do cérebro parava antes mesmo da maturidade física e, na meia-idade, o cérebro entrava em declínio progressivo. Embora seja verdade que alguns processos de memória tornem-se enferrujados (tenho uma amiga que afirma que "Hoje em dia, lembrar um nome é melhor do que ter um orgasmo"), outras capacidades começam a engrenar por volta dos 45 anos e se estendem por uma década ou mais. Especificamente naquela porção do cérebro responsável por fazer julgamentos, encontrar novas soluções para velhos problemas e administrar emoções — ou não sofrer por pequenas coisas —, há um grande salto para a frente.

Também vou descrever como a medicina está apenas começando a abordar as maneiras como os corpos das mulheres adoecem ou permanecem saudáveis. Até agora, a maior parte do que sabíamos sobre infartos, por exemplo, baseava-se no modelo masculino. Atualmente, sabemos que infartos em mulheres deixaram de ser diagnosticados porque apresentamos sintomas diferentes. Nossos corpos envelhecem e se adaptam de maneiras que estamos apenas começando a entender. Todos os dias, há mais a saber sobre nossa habilidade física de viver e administrar as experiências da segunda adolescência.

Outra frente de pesquisa particularmente relevante para compreender o processo de reinvenção da segunda adolescência é a relativamente nova disciplina acadêmica dos estudos genéticos. Após 30 anos de ativismo contra distinções estereotipadas entre os gêneros, o campo de estudo se tornou bastante equilibrado para começarmos a olhar as verdadeiras diferenças comportamentais entre homens e mulheres sem impormos restrições ou realizarmos julgamentos de valor. Sociólogos, psicólogos, cientistas políticos e feministas estão explorando essas características, sejam elas estimuladas ou naturais, que levam mulheres e homens a trilhar diferentes caminhos rumo ao mesmo objetivo. Uma ampla gama de estudos analisa como homens e mulheres lidam com questões morais, com o poder e com as demandas da vida cotidiana. Análises anteriores sugerem que o processo de pensamento multifacetado das mulheres e a abordagem de mais improviso para a solução de problemas são particularmente propícias aos desafios da segunda adolescência, sem mencionar ao mundo do século XXI.

Meu exemplo favorito atualmente é como homens e mulheres lidam com o estresse (ou seja, o correspondente moderno ao perigo antes representado por um ameaçador predador da selva). Sempre aprendemos que o animal humano é equipado com uma resposta de *fuga ou luta* em virtude da qual a adrenalina mobiliza todo o corpo de maneira a proporcionar maior velocidade para a fuga ou maior força para a luta. Acontece que se chegou a essas conclusões a partir de estudos feitos com homens. De acordo com a psicóloga Shelley E. Taylor, da Universidade da Califórnia, em Los Angeles (UCLA), agora é claro que "cada um por si" é uma resposta primariamente masculina; as mulheres exibem um comportamento que os cientistas rotularam de *ajudar e simpatizar*. Nosso impulso em momentos de perigo é de nos unirmos às outras pessoas de nosso grupo para estabelecer a paz, no intuito de criar uma atmosfera de amizade e conforto e acalmar a situação. A gênese do inquérito sobre o comportamento feminino localiza-se, apropriadamente, em uma conversa entre mulheres mantida por Taylor e sua colega, a Dra. Laura Cousino Klein. "Havia uma piada que contava que, quando as mulheres que trabalhavam no laboratório estavam estressadas, elas vinham, limpavam o lugar, faziam café e se reuniam", lembra a Dra. Klein. "Quando estavam estressados, os homens iam se esconder sozinhos em algum lugar qualquer." O estudo é resultado da determinação dessas duas cientistas em descobrir o motivo de tal diferença.

A idéia de que as mulheres buscam segurança em uma rede social é confirmada em estudos com animais. Outro estudo da UCLA descobriu que, embora a superpopulação deixasse os ratos machos mais estressados, ela acalmava as fêmeas. Uma origem importante desse comportamento diferenciado é o hormônio pituitário ocitocina, mais conhecido por seu papel no trabalho de parto e na lactação, e cujo efeito calmante é produzido tanto nos homens quanto nas mulheres. A diferença é que, nos homens, o efeito da ocitocina — também conhecida como *hormônio do amor* — é reduzido pela liberação de testosterona, que promove respostas agressivas.

Há uma série de reflexões interessantes para essa descoberta. Pesquisas prévias mostram que, quando a adrenalina corre, como na resposta de fuga ou luta, as funções cognitivas estão voltadas para a mobilização do corpo contra o perigo. Mas essas faculdades racionais são aprimoradas num estado de calma, que é o modo "ajudar e simpatizar", e podem ser acionadas para analisar um problema, em vez de fugir dele ou combatê-lo.

Essas descobertas também oferecem uma nova perspectiva sobre as amizades femininas, que desempenham um papel intenso e crucial na segunda adolescência. A rede de amigos para a qual nos voltamos instintivamente é mais do que um grupo de apoio; é uma importante técnica de sobrevivência. Não é só porque as mulheres são mais bem equipadas para enfrentar a adversidade em grupos, mas porque a combinação de confiança e respeito que praticamos umas com as outras é um modelo para a nova intimidade que nossas circunstâncias em transição exigem em nossos outros relacionamentos. A importância desse laço se confirma pela freqüência com que mulheres por mim entrevistadas afirmaram ter saído de uma crise graças ao estímulo de amigas e, em geral, ter se mantido fora dessa crise graças ao constante apoio de suas amizades. "Não sei o que faria sem minhas amigas" é um mantra que todas recitamos. Poucos homens têm esse tipo de rede de apoio tão íntima; essa pode ser uma razão pela qual eles se tornam menos aventureiros do que as mulheres na segunda adolescência e porque muitos parecem estar passando por uma *segunda infância*, em vez de amadurecer.

As mulheres chegam à fronteira desse novo estágio com referências impressionantes. Embora estejamos voando sob o radar, obscurecidas pela expectativa errônea de que nos tornaremos cada vez menos nós mesmas à medida que envelhecemos, estamos prontas para decolar rumo ao desconhecido. O futurista Ken Dychtwald, consultor sobre o que ele denomina *onda de idade*, lançou um alerta precoce para um grupo de executivos sobre "as mais impressionantes mulheres que nosso país já viu. Elas levam vidas complexas, administram suas casas, seus empregos, relacionam-se com a família do marido... Não estamos nem próximos de compreender a complexidade da mente, do coração e da alma dessas mulheres", que, ele acrescentou, "vão se tornar o grupo de poder em nosso país!"

A jornada

Então, somos um novo tipo de geração. Ao mesmo tempo, cada uma de nós, uma mulher diferente para si mesma. Não é de espantar que a jornada comece numa torrente de confusão. Muitas mulheres descobrem-se na beira do precipício antes mesmo de perceber que alguma coisa está ocorrendo. E, olhando para baixo, elas não conseguem imaginar que cordas e ganchos guiarão sua descida.

Elas são impulsionadas apenas por um estranho sentimento, como a primeira suspeita de gravidez. É uma mistura de descontentamento e medo, e uma sensação assustadora de que é hora de *fazer alguma coisa.* Mais cedo ou mais tarde, cada uma de nós acaba fazendo alguma coisa.O que se escolhe fazer é diferente para cada mulher com quem conversei, desde um simples ato de jogar fora de uma vez por todas aquele saco repleto de pés de meia perdidos, ou tão grande quanto se candidatar a um novo emprego, divorciar-se ou voltar a estudar. Em cada caso, porém, as ondas criadas por esses primeiros atos quase aleatórios se propagam e atingem recantos inesperados de suas vidas. Durante a segunda adolescência, cada aspecto de nosso ser — nossos relacionamentos íntimos e nossas pessoas públicas, nossos compromissos profissionais e nossos sonhos secretos, nossos impulsos e nossos medos — será atingido por essas ondas. Alguns podem ser até arrastados, levados embora. Mas o movimento que foi gerado, por mais desorientador que possa ser, nos está empurrando para um horizonte mais amplo. Como minha amiga Elizabeth me tranqüiliza quando me sinto devastada pela força centrífuga dos eventos em minha vida: "Uma pessoa que não está se expandindo é uma pessoa que está se contraindo."

Desde minha semana radical, mudei de carreira, embora não tenha sido exatamente uma mudança que eu escolhi fazer. Suportei a adolescência tumultuada de meu filho enquanto trilhava a alarmante estrada paralela da menopausa. Perdi 11 quilos (e recuperei alguns deles) e comecei a me exercitar em uma academia pela primeira vez na vida. Tornei-me falante e animada, um contraste com a pacata conciliadora que havia sido em meus primeiros 50 anos. Assumi a renegociação de um casamento de 35 anos. Havia feito tantas piadas quanto qualquer outra sobre flacidez e memória fraca. E ainda estou tentando entender como vou atravessar as instáveis placas tectônicas que se encontram entre quem fui nos papéis que desempenhei como filha, amiga, profissional, esposa e mãe, e quem estou me tornando à medida que descubro minhas capacidades interiores.

Para iluminar minha própria jornada e esclarecer a promessa e as desvantagens desse estágio de vida, pedi a praticamente todas as mulheres que encontrei nos dois últimos anos para me falarem sobre suas vidas nesse momento. Até mesmo as especialistas que consultei a respeito de suas pesquisas abandonaram o distanciamento profissional quando expliquei sobre o que estava escrevendo e também compartilharam suas experiências pessoais. Cada uma está no meio de sua jornada. As histórias delas são tão desgastadas quanto a sua e a minha. Elas não têm finais felizes ou truques eficientes para oferecer. Na maioria, o enredo é sinuoso e até volta ao começo, ou desaparece por algum tempo. Existem altos e baixos. Quando conversei com elas, algumas estavam eufóricas porque coincidiu de ser um dia em que estavam vendo uma luz no fim do túnel, ou porque uma peça se encaixara, ou simplesmente porque estavam tendo um dia bom. Outras se sentiam perdidas, buscando desesperadamente um padrão, um plano.

Mas todas consideraram nossa conversa uma oportunidade rara de dividir descobertas pessoais, tomar conhecimento do que outras mulheres estavam vivenciando e extrair força disso. E estou certa de que você sabe como essa força se expressa. Não é em coros de "Sou uma mulher, ouça-me rugir!" mas por meio do riso, nossa arma secreta. Não consigo imaginar passar um dia, muito menos a segunda adolescência — ou este livro, aliás —, sem um comentário severo de uma amiga, algo como "Você está mesmo preparada para isso?", ou um *e-mail* contendo uma observação ressentida sobre o esquecimento, ou uma gargalhada coletiva em meu jantar mensal com as amigas por conta dos absurdos do envelhecimento. Jamais sairia de casa para qualquer tipo de jornada sem amigas com as quais eu pudesse rir. Elas, com as mulheres que entrevistei, e você, leitora, estão nessa aventura comigo. Compartilhando informações e dizendo a verdade, entenderemos as coisas juntas.

Assim, com a compreensão de que o processo não é um programa, posso lhe garantir duas coisas: você não está sozinha e a viagem vai valer a pena. Definitivamente.

Um itinerário

Não importa o quanto cada uma de nós viverá, sempre haverá um momento dedicado à questão "O que farei com o resto da minha vida?" e suas implicações: O que importa? O que funciona? E o que vem depois? Se não sou quem eu era, perguntamos apreensivas, então, quem sou agora? Quem quero ser? Como chegarei lá? O que essa pessoa fará com sua vida?

As respostas são diferentes para cada mulher e até para a mesma mulher em diferentes pontos do caminho. Em muitos sentidos, a segunda adolescência é um cruzeiro misterioso rumo a um destino desconhecido num clima totalmente imprevisível, passando por portos perigosos e idílicos. E embora "a questão" possa conduzir o navio, a resposta para muitas de nós não estará em nenhum porto em particular, mas na própria viagem.

Se fosse possível fazer um mapa da viagem como se cria uma receita, ele seria mais ou menos assim: a fase "Você não é quem era, é só alguém mais velho" é totalmente desconcertante. Você não só ignora o que está acontecendo consigo, como nem sabe que palavras sairão de sua boca em seguida. Pode ouvir-se aceitando um convite que tinha certeza de que recusaria; ou, em vez de se desculpar por um deslize qualquer, simplesmente reconhecê-lo e seguir em frente. Meu encontro com a euforia de dizer não é típico da onda de ousadia que muitas mulheres vivenciam de início. A confusão que resulta de comportamento tão impróprio e incomum, a sensação de estar caindo, tudo acaba dando lugar à sensação de estar flutuando em uma zona livre de gravidade que eu chamo de "vácuo fértil". É aí que começamos o processo de esclarecimento das coisas — e as abalamos. Calamos a voz do pensamento que dita o que devemos, fazemos ou podemos e começamos a sentir a presença de um compasso interno, nossa própria voz. Com sua orientação, podemos identificar nossa verdade pessoal — distinguir entre o fervor de um impulso autêntico e o movimento do piloto automático. Aos poucos, entramos em contato com aquela essência fugaz — nossas paixões.

Encorajadas por essas importantes descobertas sobre nós mesmas, entramos na fase de *recalibragem.* Nela, envolvemo-nos com a delicada tarefa de revisar nossas prioridades e renegociar nossos relacionamentos. É então que olhamos para nossa vida profissional e para nossa vida amorosa e fazemos o inventário de nossas circunstâncias. Inicialmente, muitas de nós pensam que as decisões tomadas sobre o futuro são práticas, algo semelhante a mudar de emprego ou começar a fazer artesanato, criar listas de tarefas a cumprir e limpar armários, mas o autoconhecimento no "vácuo fértil" revela que estamos realmente confrontando múltiplas versões da "questão": *O que vou fazer com o resto de minha vida?* Algumas versões são metafísicas, algumas práticas, outras emocionais: Como vou cuidar de meu corpo pelo resto da vida? Como vou administrar minhas finanças? Que atividades me farão sentir produtiva e bem-sucedida? Como lido com a adversidade? E, mais dolorosamente: Como amo? Não há nada mais difícil do que tentar convencer um cônjuge ou um filho, perplexos, de que você está descobrindo novas maneiras de amá-los. Mas estamos.

Quando as peças do autoconhecimento e da determinação começam a se encaixar, o que a princípio parecia ser um empreendimento caótico e algumas vezes estúpido assume a forma de um estado mental mais filosófico e autoritário, uma fase que chamo de *fazer as pazes e assumir o comando.* É durante essa fase que implementamos algumas mudanças e acreditamos que podemos lidar com o que a vida tem a nos oferecer. Nesse ponto, torna-se convidativo olhar para além dos limites de nossas vozes internas e nossas preocupações imediatas, para o mundo que nos cerca. Algumas mulheres se interessam por atividades comunitárias ou voltam a estudar; outras lançam um novo olhar para o impacto de seu trabalho ou para o lado espiritual em suas vidas. Muitas são atraídas pela geração anterior ou posterior a elas e começam a se sentir mais enraizadas na família.

Idealmente — o que significa raramente —, esses estágios constroem-se uns sobre os outros de modo que um sentimento de domínio encontra a inquietação provocada pela dolorosa, revigorante e inevitável atividade de recalibrar todas as medidas de nossas vidas. Para muitas de nós, entretanto, tudo parece estar acontecendo ao mesmo tempo. Mesmo assim, a cada risco que assumimos, vamos nos tornando mais confiantes de que podemos lidar com cada conflito e mudança, e até aceitá-los. E, à medida que enfrentamos os desafios descritos nos capítulos seguintes, as descobertas que fazemos sobre nossas capacidades internas nos fortalecem para enfrentarmos o desafio seguinte.

A HISTÓRIA DE MARGÔ
Simplesmente não há estática na linha

Você vai conhecer muitas mulheres complexas e estimulantes nas próximas páginas, mas agora quero apresentar Margô (cujo nome, como outros neste livro, foi alterado para proteger sua privacidade). Sua história é para mim um paradigma do processo da segunda adolescência. O marido de Margô faleceu 12 anos antes de nos conhecermos e seus dois filhos só saíram de casa recentemente, para construírem suas próprias vidas. Por 30 anos Margô, agora com 55, trabalhou como executiva do alto escalão de uma grande empresa e viveu todo o entusiasmo proporcionado por sua carreira. Mas, de repente, ela passou a sentir claustrofobia, uma condição que muitas mulheres experimentam de formas bastante diferentes. "Sentia que meu mundo era pequeno e ia se tornando cada vez menor", ela me contou. Margô estava perplexa. "Sempre tive muita ambição e dinamismo. E, de repente, não os tinha mais. O que aconteceu?"

Enquanto ela continuava se esforçando para atender às demandas profissionais que antes eram um agradável desafio, ia testando alternativas. Como sempre amou antigüidades, ela pensou que poderia ser uma compradora para outros negociadores, mas alguns cursos sobre o ramo a convenceram de que "não queria voltar à escola", e vários meses percorrendo mercados de pulgas a convenceram de que também não queria ganhar a vida "garimpando" artigos. Ela tentou levar a imaginação ainda mais longe; até pensou que "poderia ser divertido atuar como personagem em comerciais". Mas, Margô concluiu: "Uma a uma, fui eliminando todas aquelas idéias."

Então, o acaso entrou em ação. Uma jovem com quem seu filho estava saindo se preparava para partir e integrar o Corpo da Paz, e tudo o que ela descrevia sobre o programa parecia perfeito. Margô, a executiva urbana; Margô, cujo passatempo de toda uma vida — em torno do qual ela organizava sua atribulada agenda — eram as aulas de balé; Margô, a corretora determinada, autoritária, poderosa. Essa mesma Margô descobriu-se um ano mais tarde em um pequeno vilarejo na Costa do Marfim, falando francês fluentemente e desenhando projetos para a construção de latrinas. O que Margô diz a respeito de tudo isso? "Não tenho idéia de como tive tão poucos problemas para me adaptar. Simplesmente não há estática na linha!" Que perspectiva gloriosa: um estágio de vida que traz clareza, confiança e propósito!

Mas a jornada não acaba aqui. Em dois anos, Margô planeja voltar para casa e tornar-se consultora em desenvolvimento econômico para corporações internacionais. E, para que ninguém pense que ela desistiu completamente de sua antiga personalidade, Margô espera retomar o balé (embora algumas aulas quando voltou para casa para o aniversário do primeiro neto tenham comprovado que ela "já não pode mais executar um *plié* invertido com a mesma graciosidade de antes"). E está disposta a aproveitar ao máximo sua nova personalidade. "Tenho algumas economias", explica, "mas preciso ganhar dinheiro. Estou acostumada a ganhar bem, vestir-me bem e ir aonde quiser — enfim, a ser chique. Não se pode manter esse padrão com um salário fixo. A manutenção é cara. Ser uma mulher velha e extravagante custa dinheiro. E isso inclui cirurgia plástica... quando eu voltar do Corpo da Paz."

Margô, você e eu somos a primeira geração de mulheres nutridas pelo reconhecimento da independência feminina; isso nos dá o passaporte para vivermos uma segunda adolescência. Somos a primeira geração a desfrutar de novas perspectivas de saúde e expectativas de vida; isso nos dá tempo para viver a segunda adolescência. Somos o maior segmento do maior índice demográfico da história norte-americana, e isso nos dá força política e civil para criar uma nova experiência social denominada segunda adolescência. E a ciência está realizando pesquisas fabulosas que demonstram mudanças cerebrais que apontam que nossa perspectiva está sendo literalmente redesenhada a partir de dentro; isso nos dá embasamento para o que estamos descobrindo sobre a segunda adolescência.

O que ainda não temos são modelos ou mapas das estradas para a jornada, e isso pode fazer a liberdade parecer o caos, e a promessa, apenas um desejo. Ofereço as novidades sobre as pesquisas cerebrais, por mais que ainda sejam apenas esboços, como uma metáfora para a segunda adolescência. Se uma mulher olha para o que está acontecendo com ela como uma curva de aprendizado de seu novo poder cerebral, ela será mais receptiva ao impulso de refletir sobre sua experiência, reconsiderar suas decisões e reorganizar suas emoções. Estará mais disposta a saltar no precipício e enfrentar o desconhecido.

Como em nossa primeira fase adulta, a segunda adolescência começa com uma turbulenta adolescência.

CAPÍTULO DOIS

Segunda adolescência

Uma segunda chance para crescer com confiança

Quando Bela Adormecida acorda,
ela tem quase 50 anos.

— Maxine Kumin

Quando entramos na casa dos 50, muitas mulheres que, como eu, adiaram o momento de ter filhos, descobrem-se enfrentando a menopausa ao mesmo tempo em que seus filhos vivem a adolescência. No meu caso, minha filha começou a menstruar exatamente quando meus ciclos menstruais estavam chegando ao fim; e meu filho estava a caminho de tornar-se um mestre na arte de responder quando eu conquistei a arte de dizer "Não!", durante a excursão de esportes radicais para a superação de limites. Os impactos fisiológicos da menopausa me deixaram relativamente ilesa, mas me deparei com os demônios "Quem sou eu" e "Para onde vou" da segunda adolescência exatamente quando meu filho enfrentava a versão adolescente desses mesmos demônios. Justapor as duas passagens de vida ajudou-me a ver que ambas são rampas de lançamento para o futuro. Meus adolescentes e eu lidamos com as mesmas questões desorientadoras: O que está acontecendo com meu corpo? Quem sou eu?

O que está acontecendo comigo?

Variações hormonais. Temos ondas de calor, os adolescentes têm acne. Nós paramos de menstruar, elas começam. Nós dormimos menos, eles dormem mais. Nossa libido diminui, a deles está desgovernada. Os pêlos deles crescem, os nossos ficam mais ralos. Os dois grupos são propensos a mudanças extremas de humor e comportamentos estranhos. Quando me queixei com o pai de cinco filhos adultos sobre as atitudes imprevisíveis de meu filho, ele sorriu com ar de conhecedor e explicou que eu teria de aceitar que um adolescente simplesmente torna-se um "lobisomem" por um tempo, uma irreconhecível criatura da noite. A descrição me assustou. Não faz muito tempo que uma mulher passando pelas mudanças da vida também era considerada uma espécie de "lobisomem", alguém fora de seu equilíbrio normal e em constante TPM, que literalmente mudava de cor e cujos pêlos cresciam sem aviso prévio.

A grande diferença é que o lobisomem adolescente é aceito como um estágio de vida, ao passo que o lobisomem da menopausa é considerado uma aflição que necessita de tratamento. Na geração de minha mãe, os médicos prescreviam tranqüilizantes para domar a besta. Maridos e figuras da mídia contavam piadas sobre a menopausa. Depois, no início da década de 1980, os médicos anunciaram um novo tratamento, a Terapia de Reposição Hormonal (TRH). Além de amenizar muitos sintomas fisiológicos, ela diminuía a ansiedade e proporcionava um sentimento de bem-estar e energia para algumas mulheres. Desde então, cerca de 15 milhões de mulheres por ano deram início à terapia hormonal; só em 1999, a TRH foi prescrita a 90 milhões.

Recentes descobertas alarmantes nos obrigaram a fazer duras escolhas (ver Capítulo Nove). Em 2002, os Institutos Nacionais de Saúde interromperam um estudo clínico de grandes proporções com uma droga para a TRH por conta de um aumento na incidência de câncer de mama entre as participantes. Mas muitas mulheres relutam em abdicar do ânimo proporcionado pela TRH. Dentre elas, está uma ginecologista com quem conversei. "Mulheres na pós-menopausa têm mais poder hoje em dia do que tinham antes", começou dizendo. "Por que fazer alguma coisa que vai reduzir esse poder e essa energia? A menos que haja uma forte razão médica para essa paciente em particular. Sei o que o estrogênio está fazendo por mim. Eu não estaria trabalhando com tanto empenho e me divertindo tanto se não o utilizasse. Certamente, é um risco, mas eu esquio, e também há um risco nisso."

O debate continua. Teremos de aguardar novos estudos sobre mulheres na segunda adolescência para determinar que papel a substituição do estrogênio, que nos lançou à puberdade, está desempenhando em nosso relançamento, se é que esse papel existe. Além disso, a pesquisa hormonal com adolescentes pode nos trazer outras descobertas relevantes. Por exemplo, níveis reduzidos do hormônio serotonina — responsável pela melhora do humor — em adolescentes têm sido citados como origem tanto da depressão quanto da impulsividade. Embora mulheres na menopausa, conhecidas por sofrerem episódios de depressão, ainda não tenham sido submetidas a estudos semelhantes, os registros de variações nas taxas desse hormônio podem proporcionar esclarecimentos sobre o comportamento incomum que também apresentamos nessa fase.

No geral, considerarmos nosso comportamento de lobisomem uma reprise do assustador filme da adolescência é, evidentemente, uma maneira de podermos interpretar nosso comportamento rebelde pelo que ele de fato é: uma mudança física, psicológica e emocional que anuncia nossa segunda adolescência, uma transição para um novo e promissor estágio de compreensão e realização.

Ondas cerebrais

Até nosso cérebro está amadurecendo de forma a promover essa transição. Pesquisas recentes mostram pela primeira vez que nós e os adolescentes — e nenhuma outra faixa etária — vivenciamos um novo crescimento cerebral. Ele ocorre no lobo temporal mediano, a área identificada com o aprendizado emocional. Esse novo crescimento ocorre de fato na mielina, a membrana adiposa das fibras nervosas que isola e acelera as conexões entre os neurônios. Essa atividade cerebral aumentada desempenha um papel crucial com o objetivo de nos ajudar a sintetizar o que ensina a experiência, e tal atividade eleva nossa habilidade de realizar julgamentos ponderados. Em minha opinião, o mesmo processo que colabora para a transformação do adolescente impulsivo e irresponsável num adulto equilibrado retorna na meia-idade, bem a tempo de nos tornar mais responsáveis e, ouso dizer, mais sábias. Considero tranqüilizador concluir que, se pareço não ser eu mesma recentemente, posso atribuir essa estranheza às minhas sinapses recém-lubrificadas brincando com a nova eu.

A Dra. Francine Benes, uma mulher de 56 anos e professora de psiquiatria na Escola de Medicina de Harvard, foi a primeira a documentar essa atividade cerebral. Quando começou, ela não tinha a intenção de descobrir a neuroquímica da segunda adolescência. Ela estudava a origem da esquizofrenia, que, com freqüência, se manifesta na adolescência, analisando cortes transversais de 160 cérebros de homens e mulheres de todas as idades, buscando algo que pudesse ocorrer com os adolescentes e desencadear a doença. Ao constatar o crescimento repentino da mielina, ela se preparou para relatar sua descoberta à comunidade científica e decidiu que um gráfico tornaria essa informação mais clara. Com o intuito de tornar o traçado do gráfico o mais notável possível, ela decidiu estender a curva a toda a amplitude etária estudada. Foi quando ela percebeu a segunda elevação.

O gráfico mostrava dois aumentos significativos no acúmulo de mielina: um crescimento de 100% durante os anos da adolescência e outro, de 50% (um *"grande"* salto, ela afirma), por volta dos 50 anos. Desde então, outros têm feito observações semelhantes utilizando técnicas de imageamento cerebral em seres vivos. Outra descoberta interessante da pesquisa da Dra. Benes é que o repentino aumento da mielina ocorria muito mais cedo e mais depressa nas meninas e estava quase completo no final do ensino fundamental. A elevação repentina do estrógeno nessa mesma fase é considerada responsável pelo crescimento mais acelerado em outra parte do cérebro das adolescentes, o hipocampo, no qual a memória, uma chave para o amadurecimento social, se desenvolve. Nos meninos, observa-se uma demora significativa no desenvolvimento cerebral em comparação com as meninas; o processo de amadurecimento pode se estender para além da adolescência, até os vinte e poucos anos. Esse padrão sugere que, tanto no desenvolvimento cerebral quanto no comportamento, a maturidade começa mais cedo no ciclo de vida para as mulheres. Portanto, as mulheres não só têm começado sua vida social antes — e, por conseqüência, têm enfrentado os desafios da adolescência de uma perspectiva diferente —, mas também, como todas sabemos bem, damos início à nossa vida social de maneira diferente. Assim, embora o segundo pico de crescimento cerebral seja o mesmo em homens e mulheres e ocorra por volta da mesma idade, os homens não entram em seus 50 anos com o mesmo histórico social que nós. Eles também passam por mudanças hormonais, mas desconhecem a grande mudança hormonal, psicológica e social da menopausa. Sem dúvida, responderão de forma diferente às mudanças cerebrais.

Emoções

A adolescência é notória por sua emotividade. E mudanças em nossa química cerebral causam impacto na maneira como assimilamos a experiência emocional ou, para ser mais precisa, em como processamos os *sentimentos*, que são gerados rapidamente na segunda adolescência. O neurocientista Antonio Damasio (do Centro Médico da Universidade de Utah e autor de *The Feeling of What Happens*) é pioneiro em uma nova compreensão da interdependência entre emoção e razão. As emoções, ele explica, são a primeira reação a um acontecimento e são em grande parte fisiológicas. Elas "são públicas e podem ser vistas", afirma. "Você pode me ver chorando ou zangado, mas jamais pode ver o que estou sentindo quando sou tomado por raiva, alegria ou tristeza". Esses são sentimentos e afetam uma parte de meu cérebro diferente daquela que é afetada pelas emoções, e eles são "privados, internos e pessoais". Como incorporamos esses sentimentos ao longo da vida tem importantes conseqüências para a pessoa que nos tornamos. Contamos com eles durante toda a vida, Damasio explica, para "planejar, prever e tomar decisões". Esses "sentimentos armazenados" também permitem que nós "tenhamos empatia por pessoas que estão experimentando os mesmos sentimentos". O ímpeto da empatia acumulada em nosso estágio de vida pode ser uma origem de nossa disposição para conquistar adversários temíveis; como afirma a psiquiatra Jean Shinoda Bolen em seu livro *Crones Don't Whine*, "O sofrimento alheio ou o sentimento de 'agora chega' radicaliza as mulheres mais velhas".

À medida que os sentimentos armazenados borbulham e os impulsos radicais são gerados na segunda adolescência, nós nos descobrimos revendo idéias e experiências acumuladas durante toda uma vida. As coisas se somam de formas diferentes. Algumas mulheres relatam uma súbita perda de interesse pelo passado. "Estou farta de ficar guardando coisas", disse-me uma delas, "inclusive ressentimentos. Desisti da terapia recentemente porque não queria mais olhar para trás. Só quero seguir em frente." Outras querem fazer justamente o oposto, ou seja, usar a efervescência recém-descoberta para tirar a limpo antigas diferenças e esclarecer velhos mal-entendidos. "Agora, vejo padrões", afirma Mary. "E eles explicam muitas coisas que aconteceram, mas que antes eu pensava terem surgido do nada. Isso me ajuda a olhar para a frente."

Às vezes, somos dominadas pelo turbilhão emocional de rever nossos relacionamentos, reavaliar-nos e imaginar quem seremos quando crescermos. Como os adolescentes. Mas há uma diferença entre como lidamos com essa árdua mistura em nosso mais maduro estágio de vida e como eles reagem. "Adolescentes são muito emotivos, muito reativos a estímulos externos, muito irritáveis", relata a Dra. Benes. "Quando amadurecemos, nós nos tornamos mais concentrados e temos maior controle sobre nossas emoções. Durante a meia-idade, dispomos de mais calma." Suas palavras sugerem para mim um esquema de coisas no qual o primeiro aumento de mielina funciona de forma a ajudar o cérebro a domesticar as emoções primitivas com as quais nascemos. No segundo aumento, ela acentua a síntese do que aprendemos e sentimos desde a adolescência.

A Dra. Benes especula que essa atividade cerebral pode explicar por que, como têm observado os psicólogos, características aflitivas com as quais nascemos — como a ansiedade, a necessidade de ser aceito pelo grupo e a experiência de ser sobrepujado pelos acontecimentos — se modificam com a idade. Tornamo-nos mais introspectivos e mais propensos a desfrutar de nossa própria companhia. Embora o estresse e as decepções de envelhecer sejam reais, parece que nos tornamos mais filosóficos quanto a eles, em oposição aos adolescentes, que tendem a transformar em catástrofe até a mais insignificante desventura. Um estudo recente do psicólogo David Almeida (da Universidade do Arizona, em Tucson) descobriu que, entre mil adultos com mais de 25 anos, apenas 8% relataram um dia não-estressante a cada período de oito dias, em comparação com 12% de adultos entre 40 e 59 anos e 19% daqueles com mais de 60 anos. "Quanto mais se envelhece", ele conclui, "mais fácil é perceber que não vale a pena aborrecer-se por causa de pequenas coisas."

Fazer as pazes com a inevitabilidade dos obstáculos ao longo do percurso — o que muitas mulheres com quem conversei chamaram de uma "maturidade" recém-descoberta — não é algo que surja com a rapidez de um relâmpago. Nem sempre essa calma está lá quando precisamos dela, mas ela vai se acumulando ao longo do caminho. Há uma ironia poética na idéia de que o termo associado ao ultrapassado *hippie* de uma antiga época de nossas vidas tenha ressurgido relacionado a um confortável pragmatismo.

É evidente que tais mudanças tão significativas em nosso ponto de vista não se devem inteiramente ao aumento da mielina em nossos cérebros. Mas elas confirmam que, como afirmou a Dra. Benes, "com uma melhoria na alimentação e nos exercícios e uma boa saúde, nosso cérebro *não* está programado para deteriorar". Não se pode presumir, ela conclui, que "a melhoria em nossa capacidade de administrar as emoções esteja relacionada apenas ao desenvolvimento do cérebro. A experiência que se acumulou contribui de maneira muito importante para fazer de nós os indivíduos que somos". Mas *é possível* presumir, no entanto, que o que está acontecendo "muda a maneira como pensamos sobre nós mesmos". Psicológica e fisicamente, *não* somos quem éramos, porém mais velhos.

Quem sou eu?

Na adolescência, isso é chamado de crise de identidade, e solucioná-la é considerado o principal trabalho psicológico desse estágio. Na segunda adolescência, a visão que se tem de si mesmo é crucial. Na medida em que avaliamos nossa experiência até aqui e contemplamos as possibilidades diante de nós — e ainda lidamos com "a questão" —, encontramos nosso conceito de eu com uma intensidade que talvez não tenhamos experimentado em 30 ou 40 anos. Mu-danças que ocorrem durante essa época aflitiva, e a maneira como recalibramos nossas vidas em resposta a elas, resultam em uma mudança na personalidade. Todas as mulheres com quem conversei se esforçavam para se conhecer novamente. Os impulsos introspectivos que acompanham as outras mudanças hormonais, neurológicas e emocionais da segunda adolescência tornam-se mais persistentes à medida que seguimos em frente. Para a mulher comum, concentrar-se em si mesma tem sido uma atividade furtiva, na melhor das hipóteses. O processo de educação para as mulheres de nossa idade concentrava-se em agradar, cuidar e solidarizar-se com o outro. Mesmo quando exercia o poder ou ganhava dinheiro, a mulher sempre sentia que devia antes cuidar das necessidades daqueles à sua volta. Impelida a reservar um dia do mês para cuidar de si mesma, ou levar a sério a orientação da companhia aérea para colocar em si mesma a máscara de oxigênio antes de atender aos filhos, ela tem relutado em aceitar tais conselhos contra-intuitivos. A primeira capa da revista *Ms.* em 1972 era o desenho de uma mulher azul como Shiva, com oito braços, cada um deles segurando uma ferramenta de seu ofício — um esfregão, uma mamadeira, uma máquina de datilografar. Ela repercutia os sentimentos de milhares de mulheres que estavam enlouquecendo ao tentar fazer tudo. Vejo essa imagem como um campo de energia que está sendo esvaziado

— uma mulher genérica com milhares de pequeninas setas, todas apontadas para o exterior, partindo do cérebro, das mãos, do coração, dos genitais —, uma espécie de São Sebastião ao contrário. Com tanta energia deixando o sistema durante nossa primeira fase adulta, tem sido difícil preservar o suficiente para voltar o foco para o interior.

No entanto, isso é precisamente o que desejamos e devemos fazer em nossa segunda adolescência. Uma das mais profundas mudanças psicológicas que ocorrem quando entramos nesse novo estágio é a reversão do foco a que se destinam os cuidados: começamos a ouvir umas às outras dizendo "Vou cuidar melhor de mim". Por isso, estamos pensando em mais do que uma massagem ocasional, embora esses mimos componham nossa lista de providências a tomar. Isso significa ouvir com mais atenção as necessidades e paixões que trancafiamos dentro de nós por estarmos *ocupadas demais*. Ao mesmo tempo, estamos deixando de atribuir tanta importância a algumas daquelas demandas que nos mantinham tão ocupadas. "É um alívio", diz Amy, que está a poucas semanas de sua aposentadoria, "ouvir-me dizer: 'Isso não é problema meu; deixe outra pessoa cuidar disso.' Estou ansiosa para cuidar de *mim mesma*."

Alexis, professora de ginástica recém-aposentada, está começando a se reajustar. "Era como se tudo que eu fizesse fosse voltado para os outros: ensinar aos outros, ser mãe para os outros, ser esposa. Agora, com a aposentadoria, sinto-me muito mais voltada para mim mesma; acho que ainda experimento uma certa culpa por concentrar-me em mim mesma; é muito difícil dar esse salto."

Apesar das forças centrífugas que nos têm bloqueado, cada uma de nós sempre esteve consciente, mesmo que vagamente, de uma vida interior. Nós a resguardamos de demandas externas com uma segunda pele que protege um sistema fechado de conversas dentro da própria mente, intimidades trocadas apenas com amigas ou pensamentos registrados em diários secretos. Mas a membrana protetora endureceu com o passar dos anos, transformando-se em uma espécie de couraça. À medida que dedicamos um tempo mais precioso ao nosso ser interior, também começamos a sentir a satisfação que vem de dentro.

Ellen tem uma vida plena. Ela é diretora de uma grande organização e fala em público sobre questões políticas. Também é mãe de dois filhos adultos e esposa de um artista cujo estúdio ocupa metade do galpão reformado, onde eles moram. Uma série de acontecimentos aleatórios deu a Ellen a oportunidade de uma síntese pessoal de dois aspectos de sua vida criativa que haviam seguido caminhos paralelos. Como uma aficionada por fotografia e administradora, ela freqüentemente tirava fotos para acompanhar os estudos produzidos por sua companhia. Algumas pesquisas envolviam crianças brincando, e suas imagens acrescentavam importante dimensão aos relatórios. Distante, no outro extremo de sua vida, Ellen e a família passavam quase todos os verões em um afastado vilarejo montanhoso em uma ilha grega que estava sendo literalmente tragada pelo mar. "Nos últimos 25 anos, tenho fotografado a deterioração", ela conta. "É estranho e lindo ver a natureza recuperando para si o pequeno vilarejo no qual passamos tanto tempo, e é comovente ver a população desaparecer aos poucos." Essas eram suas fotos particulares, as que ela mantinha guardadas em uma caixa em casa.

Um dia, um vizinho do bairro notou uma de suas fotos da Grécia que ela emoldurara e pediu para ver outras. Ele havia inaugurado uma galeria recentemente e procurava material para exposição. Ele gostou da série de fotos gregas, mas sentia que não eram suficientes para uma exposição de uma única artista. "Você tem mais alguma coisa?", ele quis saber. "Não", respondeu Ellen. "Espere aí!", disse o marido dela. "E aqueles retratos de crianças brincando?" "Mas aquilo era trabalho", Ellen protestou. Não podia imaginar sua reportagem tão profissionalmente distante ao lado de sua exploração pessoal sobre natureza e decadência. Na melhor das hipóteses, a exposição não seria mais de uma única artista, porque haveria *duas* mulheres expondo. O proprietário da galeria triunfou, e Ellen sofreu uma intensa agonia prevendo a inauguração, quando pessoas que só conheciam seu lado profissional poderiam vislumbrar sua porção mais secreta. Mas, ao percorrer com o olhar aquela galeria, viu Ellen, a fotógrafa, inteira pela primeira vez.

A psicóloga Carol Gilligan, que primeiro estudou a voz perdida das adolescentes e a separação entre a vida interior delas e seu comportamento público, voltou-se recentemente, em seu livro *O nascimento do prazer* (Rocco, 2003), para o processo de reparação da dissociação entre "uma história de capa e uma sub-realidade". Como muitos especialistas que consultei sobre a segunda adolescência, Gilligan respondeu esboçando detalhes de sua própria vida. Sua experiência demonstra que, para mulheres de nossa geração, a consciência, mesmo em seu mais alto nível, não é suficiente — as circunstâncias devem mudar, o que, de fato, acontece na segunda adolescência. Aos 68 anos, ela está apenas começando a explorar novos aspectos de seus talentos. Após décadas publicando análises clínicas sobre as experiências de seus pacientes, ela está, para sua grande alegria, canalizando sua imaginação e sua própria experiência para a criação de um romance. Isso não poderia ter acontecido, ela me disse, antes do casamento de seus três filhos. Só então ela se sentiu liberada da "caixa", que, em um sonho recorrente, simbolizava o lar que ela administrava para a família. Agora, ela começou a sonhar fora da caixa intelectual que criou.

Trudy também está no auge da autodescoberta. A euforia que ela descreve só é diferente em estilo, e talvez em intensidade, do que muitas mulheres relataram sentir no início do processo de autoconhecimento. Rebelde inveterada, ativista e poeta, ela tem fumado maconha há anos; sempre usou a droga socialmente, com o propósito de incrementar a conversação, o humor e o sexo. Mas, há pouco tempo, usar a droga passou a ser uma experiência totalmente direcionada para seu interior. "Eu fumo quando estou sozinha e começo a sentir uma onda de alegria, alegria em mim mesma. Deixo bilhetes para mim na porta da geladeira e os encontro na manhã seguinte: "Eu *gosto* muito de você" ou "Você vai superar tudo isso", ela conta sorrindo. (Ela também descobre, para seu desânimo, que a casa está coberta por sobras de biscoitos e migalhas de pipoca, subprodutos de uma coisa que ela não conseguiu mudar e que se relaciona ao uso da maconha — "a horrível vontade de comer".)

Na adolescência, nós nos empenhamos em recolher fiapos difusos de personalidade e em torná-los nossos; na segunda adolescência, o desafio está em desenterrar algumas dessas migalhas de compartimentos soterrados do lugar onde elas foram escondidas. O impulso de sintetizar passado e presente, vida interior e pessoa pública, energiza o futuro com a promessa de um crescente sentimento de integridade, autenticidade e singularidade. Quando a Bela Adormecida acorda aos 50 anos, está farta de contos de fada e pronta para escrever a própria história — com sua própria voz.

A HISTÓRIA DE VIVI

"As escolhas que estou fazendo são muito mais pessoais e silenciosas."

Vivi, programadora de computadores, está começando a se acostumar com um relacionamento consigo mesma em que reavalia e reconsidera muitas coisas, uma relação que começou quando ela completou 50 anos. "Sou solteira e sempre fui muito ativa no trabalho comunitário, no trabalho voluntario... Há três anos, eu teria dito: "Sim, estou envolvida de maneira vibrante, me sinto conectada e participando", o que realmente estava. Então, algo mudou para mim, e eu simplesmente abandonei tudo aquilo e transformei-me numa pessoa mais reservada."

Vivi é filha de sobreviventes do Holocausto que emigraram para os Estados Unidos. Em seus 20 anos, ela se mudou para Israel e se casou lá; tornou-se fazendeira, porque era isso que o marido queria fazer. "Eu abri mão de tudo, do meu trabalho, da minha vida na cidade... porque estava muito apaixonada." Mas, com um entusiasmo que é uma de suas características mais marcantes, ela disse a si mesma: "Tudo bem, vamos experimentar." E, para sua surpresa, "acabou adorando" — adorando mais, como ficou claro mais tarde, até mesmo do que o próprio marido. Quando o casamento acabou, ela deixou o país e a vida que havia construído lá. De volta aos Estados Unidos, enfrentou dificuldades para encontrar um emprego. Quando alguém sugeriu que estudasse processamento de dados, mais uma vez ela agiu de acordo com sua característica e decidiu tentar. "Foi muito difícil para mim, porque aquele tipo de trabalho contrariava minha natureza, mas eu precisava me sustentar." Foi assim que ela acabou com um estilo de vida bifurcado — dividido entre "as coisas com as quais eu ganho a vida e as coisas que são minhas paixões". Ela acrescenta, sonhadora: "Gostaria de poder ser remunerada por minhas paixões, coisas como construir a comunidade, viajar, aventurar-me."

O "mundo corporativo", onde ela continua trabalhando, "não é um lugar bonito", ela conta. "Você não é tratado como um indivíduo com certas habilidades que são valorizadas. É tratado como uma espécie de dispositivo que é só ligar e usar." Na verdade, ela nunca sequer chegou a conhecer muitas das pessoas com quem trabalha. "Tratamos de tudo por conferências telefônicas... são apenas vozes que aprendemos a reconhecer." Preocupada em se ater a essa base financeira, no ano passado ela obrigou-se a freqüentar um curso de seis semanas em uma cidade distante, com o intuito de atualizar seus conhecimentos. "Percebi que não podia continuar contando apenas com as habilidades que tinha, mas foi muito desgastante para o meu cérebro. Odiei cada minuto."

Enquanto sua vida prática estava pouco inspiradora, mas tinha estabilidade, acontecimentos em sua outra vida a obrigavam a olhar para dentro de si mesma. Ela é membro fundadora de uma sinagoga alternativa, mas, quando a congregação tornou-se oficial, ela se tornou também mais impessoal. "A instituição mudou de direção de uma forma que não era significativa para mim", explica. Ela ainda continuou tentando até perceber que havia passado por uma "evolução" de "um grande compromisso a nenhum compromisso". E ela "se desligou".

Desligar-se tornou-se "um momento no tempo para reavaliar e fazer outras escolhas", uma descrição perfeita para o estágio que chamo de vácuo fértil, assunto do próximo capítulo. Ao olhar para as forças que a impeliam para lá, emergiu um padrão que muitas mulheres reconhecem e observações de psicólogos reforçam: nós nos tornamos mais introspectivas com a idade. "Em geral", diz Vivi, "as escolhas que estou fazendo são muito mais pessoais e silenciosas, e envolvem menos gente... não quero mais tantas pessoas por perto... e isso torna as coisas mais difíceis com relação às amizades que a acompanham nessa viagem. Talvez a onda que as carregue seja a nostalgia, porque estamos juntas há muito tempo. Não quero perder esses relacionamentos... mas estou descobrindo que preciso de muito tempo um pouco distante, um tempo em silêncio. Muitas pessoas não entendem por que me sinto tão à vontade sozinha. Mas eu não me sinto solitária."

As férias se tornaram cada vez mais importantes para Vivi, e agora são "uma espécie de tempo sagrado". Ela se sente grata por ter uma amiga de idéias semelhantes com quem compartilha seu interesse por destinos de pouca procura. Quando conversamos, ela havia retornado pouco antes de uma viagem à Nova Escócia, onde fez caminhadas e pedalou muito. No ano anterior, ela e sua companheira de viagem foram a Land's End, na Inglaterra. Ninguém conseguia entender por que elas haviam escolhido um local tão isolado. "Quando se está lá", ela relata, "tudo é magnífico. O ruído do oceano contra as montanhas, contra as rochas... esses são lugares que falam ao meu coração."

Quando entramos na segunda adolescência, cada uma de nós se encontra em um Land's End próprio, olhando para um território elementar e selvagem. Estamos apenas começando a entender aonde podemos chegar a partir daí. Uma coisa que sabemos, graças às recentes descobertas sobre o cérebro, é que teremos conosco nossas aptidões. Mas também reconhecemos a necessidade de viajar com pouca bagagem. Da mesma maneira que perdemos memória e ganhamos percepção, muitas das questões dessa transição exigem que funcionemos com menos. A identidade que criamos em nossa segunda adolescência vai refletir a sabedoria com que entramos em entendimento com o que passou — e o que ainda é.

Ao descrever tudo de que abriu mão quando se mudou para a fazenda no deserto que aprendeu a amar, Vivi evocou a jornada rumo ao deserto em que todas estamos embarcando. "Sempre havia sido uma pessoa urbana, então, como poderia ir para um lugar que não tinha grama, não tinha árvores e não tinha aquele cheiro e os sons com os quais eu estava habituada? É um ritmo de vida muito diferente." Depois, ela explicou como havia vivido a experiência. "Você tem de olhar para o deserto com olhos de deserto. Não é possível levar olhos da cidade para o deserto — ou a decepção será inevitável. Se olhar para fora com seus olhos de deserto, você verá as coisas fascinantes que existem lá."

Quando li pela primeira vez que a psiquiatra Elizabeth Kübler-Ross havia chamado a adolescência de "o nascimento da alma", pensei tratar-se apenas de uma boa metáfora. Agora, enquanto ouço as palavras de Vivi e considero os paralelos entre nós e os adolescentes, compreendo que a frase também é muito válida para a segunda adolescência. "A questão" trata tanto de como conhecemos nossa alma quanto sobre como preenchemos nosso tempo. À medida que começamos a nos ajustar à noção de que não somos quem éramos, somos só mais velhas, podemos imaginar que o que a vida está nos oferecendo é uma chance de experimentar o renascimento da alma.

CAPÍTULO TRÊS

Desafio

Falar alto, falar para fora, falar o que pensa

3 anos: Ela olha para si mesma e vê uma rainha.
8 anos: Ela olha para si mesma e vê Cinderela.
15 anos: Ela olha para si mesma e vê uma Irmã Feia e diz: "Mãe, não posso ir para a escola com essa aparência!"
20 anos: Ela olha para si mesma e vê "muito gorda/muito magra, muito baixa/muito alta, muito liso/muito crespo"... mas decide sair assim mesmo.
30 anos: Ela olha para si mesma e vê "muito gorda/muito magra, muito baixa/muito alta, muito liso/muito crespo"... mas decide que não tem tempo para arrumar nada, e por isso vai sair assim mesmo.
40 anos: Ela olha para si mesma e vê "muito gorda/muito magra, muito baixa/muito alta, muito liso/muito crespo"... mas diz: "Pelo menos estou limpa", e sai assim mesmo.
50 anos: Ela olha para si mesma e vê "eu sou" e vai aonde quiser ir.

— Erma Bombeck, "If I Had My Life to Live Over". Circulou na Internet com uma nota para que a mensagem fosse transmitida a "todas as mulheres que você agradece por ter como amigas".

Os adolescentes têm numerosos ritos de passagem — tornar-se adolescente, tirar carteira de motorista, confirmação religiosa, formatura, votar pela primeira vez — e a vida adulta também tem sua cota de ritos, mas, durante o curso da vida, com exceção dos funerais, eles se esgotam. Mesmo os aniversários perdem seu brilho. Quando minhas amigas e eu passamos dos 40, não mencionávamos mais a data. Se alguém por acaso lembrava, o protocolo era perguntar ironicamente se essa era "minha vez". Agora, um número cada vez maior de nós, mulheres, completa 50, com alguns temores e uma certa incredulidade, sim, mas também com desafio.

Algumas mulheres têm se proporcionado exatamente o tipo de festa que sempre quiseram ter. "Se não posso fazer o que quero aos 50 anos", uma delas explicou nos não-convites para os amigos, filhos e marido, "quando poderei?" Ela disse a todos que preferia ficar sozinha naquele dia. Mas gostaria de receber cartas de cada um deles como presente de aniversário. Ela passou o dia como queria, indo a museus, cortando o cabelo, dando uma nota de 50 dólares — entendeu essa? — a um músico de rua e lendo aqueles testemunhos sinceros. "Foi o rito de passagem perfeito", ela lembra. "Para mim." Outras foram arrastadas gritando e se debatendo para passar a noite com as amigas ou um dia no *spa*. Em meu aniversário, foi meu marido quem insistiu em uma comemoração. Relutei diante da idéia, mas agora lhe sou extremamente grata. Todos foram solicitados a levar uma foto própria tirada na época em que eu entrei em suas vidas. Muitos levaram fotos onde eu aparecia com essa pessoa em um acampamento, na escola ou no escritório. O álbum de retratos daquela noite incluiu essas fotos mais antigas e fotografias mais elaboradas tiradas durante a festa. Foi um tesouro.

Várias mulheres comemoram essa data marcante com um ato significativo. Algumas cortam o cabelo. Outras param de fumar. Se celebramos nosso aniversário ou tentamos empurrá-lo para baixo do tapete, se nos descobrimos curiosas com relação ao futuro ou deprimidas por conta do passado, entendemos, de maneira instintiva, que precisamos marcar os movimentos de mudança que estamos sentindo.

Um aniversário de 50 anos torna-se um marco desse momento instável em que nos encontramos — o divisor de águas entre quem fomos até agora e quem estamos prestes a nos tornar. É nossa formatura da primeira fase adulta. Fritz Perls, psicólogo que segue a teoria da Gestalt, fez a simples porém profunda observação de que a maturidade é o processo de passar da dependência do ambiente para a dependência de si mesmo. Éramos filhas, mães, cônjuges, funcionárias, e cada um desses títulos trazia consigo um roteiro próprio e muito antigo. Podemos levar esses relacionamentos conosco para a segunda adolescência, mas estamos fartas dos papéis que os acompanham. Agora, cada uma de nós está escrevendo seu próprio roteiro. E com sua própria voz.

Falar alto, falar para fora, falar o que pensa — todos são atributos da segunda adolescência que cada mulher que entrevistei experimentou. Em atos grandiosos ou pequenos, estamos nos impondo — dispensando o vendedor ou a vendedora condescendente, assumindo uma posição não muito bem-vista em uma conversa à mesa do jantar, enfrentando um cônjuge dominador. "Eu simplesmente não me importo mais com o que as pessoas pensam!" é o refrão universal e surpreendente. Porém, há pontos mais sutis e profundos que esse. Em sua autobiografia, *Saturday's Child*, Robin Morgan escreve sobre descobrir que "não é que não me importe mais com o que outras pessoas pensam. Eu me importo, sim. Mas, finalmente, dou mais importância ao que *eu* penso." Eu chamo essa fase de "Os 50 do *dane-se*".

O grande não

A maioria de nossos atos de rebeldia — como eu me recusar a subir de volta pelo penhasco no Maine — está relacionada a dizer não. Não, eu não quero ouvir aquela música. Não, eu não quero passar uma noite com aquele chato. Não, eu não quero ter essa aparência. Não, eu não quero ajudar... Antes de podermos afirmar quem somos, temos de dizer "não" a algumas suposições muito antigas sobre quem éramos. Sou mesmo a boazinha, a responsável, a "garota fabulosa" que tento parecer desde o ginásio, eu me pergunto, ou sou a criatura ligeiramente preguiçosa e um pouco menos generosa que agora reconheço e de quem gosto muito mais?

Até me tornar mais agitada, eu mantinha minha voz baixa e ouvia os sinais externos que trariam a resposta a um conjunto diferente de questões: Eles vão gostar de mim? Eles vão aprovar o que estou fazendo? Para que precisam de mim? Você pode estar se perguntando quem são *eles* — e eu gostaria de saber. Esse "eles" crítico eram todos os outros, incluindo, como admiti certa vez para uma amiga perplexa, meus filhos. Durante a maior parte do tempo, escondi esse "rato ansioso por agradar". Tomei decisões difíceis, expressei opiniões, mantive a cabeça erguida. Mas a postura sempre parecia ser um outro papel que estava desempenhando — aquele de um adulto confiante e maduro. Isso é chamado de "síndrome do impostor" — a suspeita secreta de que você está fingindo, de que não é realmente tão bom em todas as coisas como os outros pensam que é. Eu me havia afastado das luzes de minha própria praia. Agora, quanto mais inusitado é meu comportamento, quanto mais ondas eu crio, mais sinto que essas ondas me estão empurrando para casa, para mim mesma.

Atos individuais de falar alto, responder e dizer a verdade contribuíram para algumas grandes mudanças em como o mundo me vê e, mais importante, em como me vejo no mundo. Comecei a criar uma lista em que relaciono "As coisas que não quero mais fazer". Elas afirmam que não sou quem eu era, sou só alguém mais velha.

Não faço as coisas à maneira das mulheres. Não uso roupas que me fazem esperar ansiosamente pelo momento de voltar para casa e despi-las, como peças de lã que provocam coceiras, saias compridas e bem justas na barra ou sapatos de salto alto. Não me importo com meus modos. Não quero ser popular. De fato, existem certas pessoas que considero ser uma honra me acharem antipáticas. Não entro em pânico diante do primeiro olhar de desaprovação, da primeira careta condescendente ou da primeira resposta ríspida. Estou pronta para enfrentar a controvérsia e discutir, em vez de promover a paz.

Para minha surpresa, essa maneira de agir me faz mais generosa do que a anterior, quando eu era *boazinha*. Porque houve muitas ocasiões nas quais o que eu sufocava (para lembrar o aviso de Archie Bunker a Edith) eram as discussões sobre coisas importantes para mim, porém desprezadas como questões sentimentais. Agora, falo alto pelas crianças e pelos animais — e pela própria bondade.

Não digo mais aos meus amigos como devem cuidar de suas vidas. Tenho dado conselhos durante boa parte de minha vida adulta. Sempre tive certeza de saber o que era melhor. E, por conhecer tão bem as regras, não buscava conselhos dos outros quando devia ouvi-los. Ao longo dos anos, por exemplo, aconselhei inúmeras pessoas a desistirem de empregos que as faziam infelizes. Mas, para meu desdém secreto, nenhuma dessas pessoas seguiu o conselho. Então, quando chegou minha vez de contemplar uma situação profissional insustentável, não levei muito tempo para desenvolver tanto uma profunda empatia pela inércia dessas pessoas quanto um intenso interesse por opções de estratégias do tipo ou tudo ou nada. Não só parei de distribuir conselhos tão generosamente, como também parei de contar apenas com minhas opiniões. O que posso ter perdido em piedade ganhei em... bem, bons conselhos.

Não guardo mais ressentimentos. Não só os meus ressentimentos — mais de uma vez cheguei a excluir alguém de minha lista de cartões de Natal por causa de um amigo que há muito havia perdoado a ofensa. Cansei de ficar dando importância a essas coisas menores. Agora, quando uma amiga que sempre cancela encontros deixa de aparecer na reunião dos Vigilantes do Peso que juramos freqüentar como uma equipe, eu dou de ombros, porque ela é assim mesmo, e sigo minha vida.

Também não me apego mais às coisas. Joguei fora caixas cheias de objetos, embora ainda tenha meus boletins do ginásio, meus diários de viagens que fiz pela Europa na adolescência, a coletânea de fitas do meu chá-de-panela. Mas não *acrescentei* nada novo. Agora, sou menos sentimental. Acho que é porque associo sentimento a nostalgia e perda, e não é nessa etapa que me encontro agora. Estou mais preocupada com o "Que vem depois?".

Não levo mais tão a sério muitas coisas. Estabeleci o limite para as "crises de vida ou morte". Chegar tarde, estragar tudo ou planos que não funcionam não fazem mais parte da lista.

Por outro lado, não encaro mais muitas coisas com o desprezo de antes. Sobretudo a doença e o perigo. Agora, entendo que não posso considerar toda aflição como um prelúdio da recuperação; que toda situação em que uma coisa quase aconteceu não significa que não acontecerá.

Não faço listas elaboradas de tarefas. Espero liberar parte da energia que investi controlando as coisas. Em parte, porque, em minha primeira fase adulta, aprendi que a vida é, como colocou John Lennon, o que acontece quando você está ocupada fazendo outros planos. E, em parte, porque em minha segunda adolescência decidi viajar com pouca bagagem. Estou concentrada no que importa, no que funciona e no que vem depois!

O que *vem* depois? Uma coisa é certa: não há como voltar atrás. A cada satisfação, acredito que a voz prática e desafiante vai se fortalecer. Ela vai declarar "O que importa". Ela vai esclarecer "O que funciona". E isso vai nos preparar para "O que vem depois". Porém, além disso, enquanto atravessamos essa transição da dependência do ambiente para a dependência de nós mesmos, descobrimos que o que nos espera são... mais mudanças.

Estrogênio, testosterona e raiva saudável

Com conversa séria e comportamento ousado — ou talvez por causa disso — "Os 50 do 'dane-se'" representam um período gerador de energia. Mesmo entre aquelas que têm problemas com os sintomas psicológicos e fisiológicos da menopausa, existe o reconhecimento do que a feminista Germaine Greer chamou de "potência pacífica" e a antropóloga Margaret Mead identificou em todas as culturas que estudou como "entusiasmo da pós-menopausa" — uma surpreendente explosão de energia e positividade. Para tudo que supostamente se perde com a mudança de vida, muitas mulheres experimentam uma liberdade pessoal recém-descoberta e a energia para utilizá-la.

Pesquisas atuais demonstram que essa onda se deve em parte à reconfiguração hormonal que ocorre. Enquanto o estrogênio diminui, a testosterona — que sempre esteve presente, porém era controlada pelo estrogênio — começa a exercer maior influência. Embora também sofra um declínio, a testosterona liberada produz graus variados de comportamento considerado masculino, como positividade, desinibição e acuidade espacial (a habilidade de encontrar seu carro em um estacionamento), bem como os atributos menos interessantes de aumento de pêlos faciais e redução de cabelos.

A taxa da variação estrogênio-testosterona também afeta a maneira como utilizamos nossa raiva. A Dra. Christiane Northrup, autora de *A sabedoria da menopausa* (Gaia, 2004), que foi além de quase todos no esforço de redefinir a transição, revela que níveis alterados de estrogênio em áreas do cérebro, particularmente na amídala e no hipocampo — onde a experiência é transformada em memória e nossas emoções mais básicas são armazenadas —, "bem podem auxiliar a trazer de volta antigas lembranças, acompanhadas por velhas emoções, principalmente raiva". A raiva é um assunto delicado e fonte de grande ambivalência para muitas mulheres. "Em geral, a raiva nas mulheres tem má repercussão, a menos que surja em favor de outros", destaca Northrup. Mas "o que expressamos é sempre pessoal: nossa raiva é, em última análise, relacionada a nós mesmos, e sua energia está sempre nos impelindo para a auto-realização". Incentivadas pelo estado mental dos "50 do 'dane-se'", estamos mobilizadas para encarar ofensas pessoais, injustiças sociais e decepções que ainda podem ser revertidas. "Usar a raiva como um catalisador para mudanças positivas e crescimento é sempre libertador", conclui Northrup.

Outra conseqüência da menopausa é que nosso *relógio biológico* interno é regulado para funcionar de modo mais eficiente com relação à energia. O ciclo mensal de construção e destruição é substituído por um contínuo rumor de atividade. Trocamos a montanha-russa hormonal pela estrada mais plana e reta de nosso próprio metabolismo. Quando não está mais à mercê do imperativo biológico, a mulher se descobre livre para encontrar o próprio ritmo. Ser capaz de dizer "Agora estou fazendo as coisas ao *meu* tempo" é uma declaração de independência.

Tornando-se os radicais livres da sociedade

O aspecto mais libertador de todos pode ser o fim das possibilidades de uma gravidez e tudo que isso significou em nossas vidas: tentar *não* engravidar; tentar *engravidar*; sentir-se vulnerável ao estupro e a todo tipo de comportamento agressivo; sentir-se "feminina" ou não; sentir-se realizada ou não; sentir-se valorizada ou não.

Os humanos são a única espécie que passa por uma perda de fertilidade na meia-idade e, em muitas sociedades — embora não na nossa —, isso é considerado uma obtenção de *status*. "Os nativos dizem que não se é adulto antes dos 51 anos", conta Jyoti, que viaja pelo mundo estudando culturas indígenas. "Quando você deixa de 'sangrar', sua sabedoria deixa de escapar. Você começa a reuni-la. Então, você tem mais dez anos antes de se tornar um idoso sábio." A *reunião* espiritual de recursos que as palavras de Jyoti invocam — e muitas mulheres descrevem tal sentimento apesar da turbulência da menopausa — abastece o desafio que começa com "Os 50 do 'dane-se'" e alimenta o processo de esclarecimento que se segue.

Dentre todas as mulheres com quem discuti a menopausa — e muitas delas confirmaram a sensação de alívio que ela trouxe —, a recepção mais entusiasmada ao fim da fertilidade veio de uma mulher que, em minha opinião, parecia ter mais a perder: uma modelo mundialmente famosa e atriz cuja sensualidade havia sido sua mais forte ferramenta de ofício. Isabella foi submetida a uma histerectomia pouco antes de seu 50º aniversário e, embora tenha temido o processo como um todo, o que experimentou foi uma "sensação de libertação! O fato marcou o fim de meu papel como possível objeto sexual". Desse dia em diante, ela me disse, tornou-se "mais positiva". Abrir mão daquele capítulo em sua vida a libertou para dizer não às expectativas que não eram dela. "Quando deixei de ser 'uma mulher', pude ser o que queria. Não estou agradando aos homens ou a qualquer outra pessoa. Só a mim mesma."

A antropóloga Kristen Hawkes está entre a nova geração de cientistas que estuda nossa espécie a partir da perspectiva da experiência feminina. Ela faz a pergunta: e se a natureza tiver para nós outra tarefa que tira proveito do nosso entusiasmo pós-menopausa?

Hawkes viveu com uma tribo chamada Hadza no Norte da Tanzânia. Num dia típico, os homens saem para caçar e as mães cuidam de muitos filhos. Hawkes percebeu que nenhuma mãe conseguia reunir sozinha comida suficiente para alimentar tantos filhos, particularmente uma mãe que está amamentando e requer 600 calorias extras para si mesma. Então, como os menores sobrevivem? Nessa situação, os radicais livres são as mulheres que já ultrapassaram a fase fértil. Elas vão aonde são necessárias e assumem a responsabilidade de cuidar de quaisquer crianças carentes, não só dos próprios netos.

Hawkes conclui que o propósito da evolução para as mulheres que são fortes e saudáveis, mas já ultrapassaram a idade fértil, é oferecer apoio à característica singular do desenvolvimento humano — uma infância prolongada. Durante esses anos de proteção, o cérebro tem tempo para crescer e evoluir até sua forma humana complexa e a comunidade tem tempo para ensinar habilidades intelectuais e sociais à próxima geração. Sem essas mães mais velhas, muitas crianças se transformariam em presas de perigos naturais e o sistema não se teria mostrado forte o suficiente para sobreviver.

O chamado "efeito avó" está se tornando uma reconhecida força evolutiva. Em 2002, a primeira conferência internacional destinada ao papel da avó atraiu biólogos evolucionistas, antropólogos, sociólogos e demógrafos do mundo inteiro. A redatora de ciências do jornal *The New York Times*, Natalie Angier, relatou a conclusão geral: "As avós têm sido uma subestimada fonte de poder e equilíbrio em nossa herança evolutiva." E um estudo amplamente divulgado do Dr. Ronald Lee, demógrafo da Universidade da Califórnia, em Berkeley, descobriu que "há um fundamento para que a seleção natural favoreça os genes que promovem a longevidade pós-reprodutiva".

Atualmente, não é a sobrevivência física da espécie que somos chamadas a garantir, mas a sabedoria do período pós-menopausa é muito necessária a outros propósitos. O psicólogo James Hillman tem maneiras particularmente pitorescas de descrever o tipo de fertilidade que mulheres na pós-menopausa têm a oferecer: elas podem estar "vazias de óvulos", ele reconhece em seu livro *A força do caráter* (Objetiva, 2001), mas estão "repletas de *memes. Memes* são o equivalente cultural dos genes". Nossa geração aprendeu muito sobre o mundo durante nossa primeira fase adulta de ritmo acelerado, e estamos prontas para passar esse conhecimento adiante, junto com a sabedoria que estamos acumulando tão rapidamente quanto a transmitimos. A mensagem, como sustenta Angier, é: "O que distingue as mulheres de todos os outros primatas, então, não é a menopausa, mas a vida longa e sadia que elas podem levar depois da menopausa."

Betty Friedan, eterna iconoclasta, vê a energia que nossa geração é capaz de produzir na segunda adolescência como um agente de transformação social. E com *The Fountain of Age*, escrito aos 72 anos, ela encoraja: "Ainda nem consideramos as possibilidades nessa idade para novas maneiras de intimidade amorosa, trabalho e atividade produtivos, aprendizado e conhecimento, comunidade e zelo... Porque encarar a idade como desenvolvimento humano contínuo envolve uma revolucionária mudança de paradigma."

A vida acontece

A vibração e a energia podem levá-la por um longo caminho, mas algumas realidades não vão deixar de existir por causa de um simples não! — pessoas que você ama, um trabalho que você odeia, um pai idoso, uma perda financeira. Mesmo assim, o estado mental que essa palavra simples promove pode fazer toda a diferença quando a mudança ocorre.

E ela acontece mais e mais à medida que envelhecemos. Algumas de nós são atingidas por um evento catastrófico — como ser demitida, adoecer, divorciar-se — ou por difíceis ajustes — como voltar aos estudos ou ao trabalho, mandar nosso filho caçula para o mundo, mudar-se de uma casa onde se viveu durante muitos anos. E existem aquelas mulheres para as quais uma mudança sísmica ocorre de forma gradual. Os episódios se seguem quase que de maneira imperceptível, como se nem mudassem a narrativa. Até que um dia, como Jyoti percebeu: "Eu estava jogando minhas pedrinhas no lago errado." Ela foi criada no Sul dos Estados Unidos, onde os "sentimentos não são discutidos e as famílias viveram com muito desespero... onde as mulheres que tentavam chegar aos círculos femininos eram espancadas, abandonadas e mortas". Ela se mudou com os filhos para o Texas, onde se tornou assistente social, mas ainda tinha a sensação de que sua vida não estava funcionando. "Eu me sentia muito desanimada", ela admite. Aos 45 anos, deixou para trás toda uma vida, inclusive os filhos, que não aprovavam sua decisão de atender a um chamado espiritual, e encontrou seu caminho para a comunidade espiritual que ela agora lidera. "Depois de todas as coisas ruins", ela diz, "queria ser autêntica. Queria ser real."

Embora minha própria formação tenha começado com um dos acontecimentos mais traumáticos da vida de alguém — fui convidada a me retirar do cargo de editora da revista que comandava havia sete anos —, não senti que o episódio era mais do que um simples buraco na estrada. Tudo bem, pensei, vou me tornar escritora. Havia sido editora por 30 anos, 17 deles na entusiasmada comunidade da revista *Ms.* O que não entendia naquele momento era que, embora os elementos — as palavras — sejam os mesmos para uma editora e uma escritora, a prática é diametralmente oposta. A diferença reside em de quem são essas palavras. Editar uma revista é algo basicamente reativo — distribuir tarefas e tomar decisões em resposta às necessidades da publicação e da equipe, fazer o trabalho de outras pessoas surtir efeito e falar, falar, falar. Escrever é uma atividade interna: exigir do cérebro novas questões e respostas para elas num formato envolvente. E qualquer conversa acontece dentro de sua própria cabeça. É um trabalho profundamente positivo, agressivo, mais ativo do que qualquer coisa que eu já tenha feito antes. Embora o material ainda seja a linguagem, o que dá forma às palavras é minha mensagem, o que penso. A nova voz encontrou muito mais para dizer. E ela fala a verdade do que *eu* sei, independentemente do que me foi dito.

A voz que emerge em cada uma de nós na segunda adolescência pode emitir sua opinião sobre qualquer aspecto apresentado pela vida: uma importante decisão financeira, um casamento desgastado, uma crise de saúde ou um sentimento crescente de que é hora de mudar.

A HISTÓRIA DE BETTY

"Aquele ano mudou minha vida, porque me tornei muito positiva."

Betty é uma versão particularmente dramática da *história do não*. Um acontecimento marcante a fez perceber que, aos 52 anos, sua vida se tornara, como a de muitas mulheres com quem conversei, "muito restrita, ou talvez houvesse apenas se mantido muito restrita". Ela descobriu que era capaz de muito mais.

Suas escolhas na primeira fase adulta foram "tradicionais", talvez por sua infância não ter sido. "Minha mãe sempre trabalhou fora" — ela administrava um negócio familiar com o marido — "quando nenhuma outra mãe saía de casa para trabalhar. E eu odiava aquilo. Sempre a quis em casa. Sentia falta de sua presença... podia falar com ela pelo telefone, mas me lembro de raramente ligar para ela. Agora que penso nisso, vejo como era raro eu poder conversar com minha mãe, e não era por prazer. Só falávamos quando havia algum assunto ou alguma crise a ser resolvida."

Quando Betty se casou, ela "queria ser professora de crianças pequenas, depois ter bebês e ficar em casa". E foi o que ela fez. Naquela época, entretanto, outras mulheres se dedicavam à carreira, e ela se sentia "culpada e desajustada". Mas não podia fazer nada. Queria ficar em casa. E sabia que era uma boa mãe.

Ela era menos confiante quanto a ser uma boa esposa. O marido falava sobre divórcio e eles procuraram juntos ajuda da terapia. "Acho que eu não era interessante e estimulante como ele acreditava que eu deveria ser, como a maioria de nossas amigas que trabalhavam fora era." A terapeuta disse que Betty estava deprimida e seu senso de auto-estima era baixo. Com o tempo, o casamento recuperou-se, mas ela continuou se sentindo diminuída pela pergunta cuidadosamente formulada: "Está trabalhando fora?"

Quando seu filho David saiu de casa para ir cursar a universidade e sua filha estava no colégio, Betty voltou a lecionar — e adorou. "Eu amava as professoras da escola. Adorava meus alunos, adorava o diretor. Adorava os pais. Eles me adoravam. Eu era muito feliz!" Ela também se sentia mais respeitada pelo marido. Quando completou 50 anos, tudo estava se encaixando em seus lugares. Eis como ela descreve o que ocorreu em seguida:

"Estávamos naquela maravilhosa e relaxante cidadezinha de Lake Michigan, desfrutando de férias deliciosas, e decidimos ir a Chicago, onde visitaríamos alguns amigos e iríamos ao teatro... Nosso filho David viajava pelo Oriente Médio com alguns amigos e, em seguida, começaria a trabalhar num maravilhoso e novo emprego. Quando estava na Síria, sem que soubesse, ele teve uma intoxicação por salmonela. E, quando chegou em Israel — graças a Deus ele estava lá quando isso aconteceu —, David começou a se sentir muito mal. Ele disse aos amigos com quem estava: "Levem-me a um hospital. Não consigo andar. Não consigo nem levantar um copo." Os dois amigos que o acompanhavam nesse momento o levaram para um hospital — e, nesse momento, ele realmente não conseguia andar —, e os médicos o encaminharam imediatamente à UTI.

Quando fazíamos nossas malas para partir para Chicago, recebemos o telefonema que toda mãe teme: era o amigo de David informando que ele estava no hospital. Ainda não havia um diagnóstico, mas acreditavam que ele estava com desidratação e, por isso, ele voltaria para casa no próximo avião disponível. Voltamos para casa para esperá-lo e lá recebemos outro telefonema informando que ele estava com a síndrome de Guillain-Barré. Não sabíamos o que era isso, mas nossa primeira pergunta foi se deveríamos ir para lá. E a resposta foi negativa. David sairia do hospital em dois dias, provavelmente. Mesmo assim, já havíamos tomado todas as providências e tínhamos assentos reservados num vôo... e o próximo telefonema dizia que deveríamos ir imediatamente."

Quando Betty e o marido chegaram lá, David respirava com a ajuda de aparelhos. Dois meses mais tarde, ainda sem respirar por conta própria, ele foi transferido para um hospital especializado em Boston, e Betty o acompanhou. Lá, ela permaneceu durante todo o tempo de internação e mais, enquanto ele esteve em uma clínica de reabilitação. Finalmente, David foi instalado em um prédio de apartamentos com rampas para cadeiras de rodas. Um ano. "Aquele ano mudou-me tremendamente", ela diz, "porque me tornei muito positiva".

Ela se tornou uma defensora eloqüente e determinada de seu amado paciente, que era prisioneiro em um estabelecimento médico. Em Israel, ela compreendeu rapidamente que era considerada um estorvo, uma pedra no caminho. "O papel de mãe era reverenciado, desde que se restringisse a segurar a mão do filho durante o horário de visita. Mas solicitar informações médicas, querer estar envolvida no tratamento, zangar-se com o maldito técnico de radiografia que não estava segurando com cuidado a cabeça de David... isso não era muito desejável."

Foi então que ela começou a desenvolver o que chama de seu "ato". Ele "incorporava minha personalidade básica de criatura doce, delicada e respeitosa, porém com uma nova atitude que parecia dizer: 'Tudo bem, mas agora você vai fazer o que estou mandando'".

Circunstâncias a empurraram diretamente para "Os 50 do 'dane-se'" e, apesar da natureza trágica da situação, ela se sentia feliz por estar ali. "Eu me sentia muito poderosa. Nunca havia imaginado como poderia ser poderosa! E foi um choque. Tinha de fazer quase tudo com completa independência. Falava com meu marido por telefone e o consultava, mas eram muitas as decisões que eu tinha de tomar de imediato, sozinha. Pela primeira vez em minha vida, eu estava vivendo com independência. Saí da universidade e fui diretamente para um apartamento sustentado por meus pais; depois, eu me casei e, embora estivesse trabalhando, ainda havia alguém cuidando de mim, e eu ainda era a esposa antiquada. Nunca antes havia sido como naquele momento! Nunca havia vivido sozinha. E estava lidando com coisas que nunca imaginei poder fazer sozinha."

Depois de David ter deixado o hospital em abril, Betty morou com ele no apartamento até o final de agosto. "E depois", ela conta, "ele quis que eu fosse para casa. Nessa época, ele já havia conhecido a mulher com quem vai se casar. Ela era sua fonoaudióloga no hospital. Então, soube que ele tinha alguém, que ela iria ajudá-lo, caso fosse necessário, e eu parti. Voltei à minha vida."

Mas a vida que ela havia interrompido no ano anterior não esperava por ela. Betty não vivera integralmente com o marido durante todos esses meses; não mantivera contato freqüente com os amigos e a família. (Na verdade, o pai dela morreu nesse período, e a única noite que ela deixou David sozinho foi para comparecer ao funeral.) Ela não conseguia imaginar que se importaria com alguém nesse momento, nem mesmo com as crianças que adorava ensinar na pré-escola; e se sentia muito mais resistente e auto-suficiente que antes.

Naquele ano, ela adentrara outro estado mental. Hoje, ela não é quem era, é só alguém mais velha. Tem novas habilidades, nova confiança e novas prioridades. Até agora, ela só tem uma vaga noção dos desafios que quer aceitar. "Agora, meu problema é: que direção vou tomar?" Ela ainda não está preparada para tomar grandes decisões, mas já assumiu um primeiro e crucial compromisso. Disse sim a si mesma. A Betty.

Ainda na infância, ela decidiu abreviar seu nome, Elizabeth Fran, para Betty. "Depois, mais ou menos na época em que meu marido estava ficando insatisfeito comigo, e eu me sentia insatisfeita comigo, comecei a lamentar não ter permanecido Elizabeth. Parecia impressionar mais. Quando comecei a lecionar, usei o nome Elizabeth." Mas algo aconteceu durante aquele ano em Boston. "Comecei a me sentir mais Betty novamente. Sentia que havia abandonado minha personalidade ao retomar Elizabeth. Percebi que não tinha de abandonar a pessoa que realmente era para ser uma versão mais forte dessa pessoa, para ser alguém mais autoconfiante. Assim, voltei a ser Betty." Esse é o nome que ela está usando nos convites para o casamento de David — e, depois dele, ela espera com grande ansiedade começar a cuidar de verdade de sua segunda adolescência.

Como Betty, nenhuma de nós saberá para onde está indo até chegar lá. Mas a aventura começa na primeira vez em que ouvimos nossa voz dizendo não — em alto e bom som — para o que não parecer correto. À medida que excluímos o que nunca foi relevante, autêntico e o que é excessivamente cauteloso — um "não!" de cada vez —, é liberada uma fonte de energia bastante necessária ao processo de esclarecimento. Para muitas de nós, isso representa uma temporada de um ou dois anos em uma zona de queda livre emocional — o vácuo fértil —, na qual exploramos nossas opções como nunca.

CAPÍTULO QUATRO

O vácuo fértil

Fazendo as coisas a *seu* tempo

Um dia você finalmente soube
o que tinha de fazer, e começou,
embora as vozes à sua volta
insistissem em gritar seus maus conselhos,
embora toda a casa
começasse a tremer
e você sentisse o velho puxão
em seus tornozelos.
"Arrume minha vida!",
gritava cada voz.
Mas você não parou.
À medida que deixou as vozes para trás,
as estrelas começaram a brilhar
pelas camadas de nuvens,
e surgiu uma nova voz
que você lentamente
reconheceu como a sua,
que foi sua companhia
enquanto você ia cada vez mais fundo
para dentro do mundo,
determinada a fazer
a única coisa que podia fazer,
determinada a salvar
a única vida que podia salvar.

— Mary Oliver, "The Journey"

Todas as mulheres com quem falei compreenderam a expressão *vácuo fértil* no momento em que as palavras saíram de minha boca. Não tinha importância se aquela mulher havia sido demitida ou promovida, se houvesse se divorciado ou se aposentado, ou se não houvesse mudado em nada sua rotina; mais cedo ou mais tarde, cada uma delas se encontrava em um prolongado estado de confusão justamente quando se sentia impelida a agir. Todas sentiam a energia e o movimento do espírito de aventura, sem saber que tipo de ação tomar.

A história de Alexis é típica. Ela se aposentou há 18 meses de uma carreira de professora e treinadora de esportes femininos e ainda está buscando um novo compromisso. "É como se esse ano inteiro houvesse passado e, em termos de coisas que eu esperava fazer, creio ter limpado *uma* gaveta da cozinha."

A de Rita também é típica. Ela vive o mesmo casamento, o mesmo emprego e a mesma comunidade há 20 anos. Está começando a sentir os ventos da mudança, mas ainda não está preparada para segui-los. "Tenho a sensação de que algo vai acontecer", ela diz, "mas acho que ainda vou passar mais um ano onde estou."

A de Madeline é igualmente típica. Ela está se desligando dolorosamente de um emprego de 25 anos. "Soube que era hora de partir quando me ouvi respondendo a uma sugestão dizendo: 'Você não pode fazer isso. Não vai dar certo. Já tentamos.'" Ela sente que vai ter de sair de sua primeira fase adulta antes de poder disponibilizar-se para a segunda, mas espera poder ouvir-se dizer: "Eu *nunca* experimentei isso; talvez dê certo." Seja lá o que for "isso".

Alexis, Rita e Madeline estão tentando descobrir o que vão fazer com o resto de suas vidas. O que torna a segunda adolescência histórica é o fato de a questão estar surgindo para mulheres de meia-idade. Sabemos o que costumava ser a "meia-idade": abrir mão, regredir, desistir. E sabemos que isso não é para nós. Ao mesmo tempo, sentimos que as portas estão se fechando, que um capítulo se encerra. Já não somos férteis; não integramos mais a geração que dita tendências; e agora é menos provável que façamos algo muito marcante. Então, estamos divididas entre "aqueles fatos da vida" e o que tememos são as "expectativas irreais". Posso realmente aprender um novo idioma? Posso realmente começar um novo negócio? Posso me apaixonar? Divorciar-me? Fechar a casa? Tenho o que é necessário para realizar mudanças em minha vida?

Estamos inquietas, curiosas e prontas para começar a trabalhar. As dúvidas e o "entusiasmo" criam correntes cruzadas que podem anular umas às outras e nos deixar paralisadas por um sentimento de ausência de direção. Esse é o vácuo fértil. Viajar por ele é uma missão existencial, mas sem um objetivo. Ter objetivos desde o início só vai desviá-la do curso. Objetivos importantes surgirão em seu próprio tempo. Mas o fato persistente de desconhecer é difícil de aceitar.

"A ansiedade é um ensaio para o futuro", escreveu o fundador da terapia Gestalt, Fritz Perls. Essa necessidade assustada de controlar o resultado das coisas acompanha todas as mudanças que caracterizam e desestabilizam a segunda adolescência, desde o desequilíbrio hormonal e a insegurança com relação às finanças ao medo da morte. "Esse estado de não saber para onde ir cria ansiedade em muitas pessoas, porque é um território desconhecido", escreve Ilana Rubenfeld, uma aluna de Perls que cunhou a expressão "vácuo fértil", com o intuito de descrever um passo crucial no processo de mudança. "É um tempo em que seus meios antigos já não funcionam e você não tem (ainda) novos meios para lidar com tudo."

O antídoto para a ansiedade de tentar controlar o futuro é, na visão de Perls, concentrar-se no presente, no "aqui e agora". Seu conselho é difícil de aplicar naquelas crises em que o futuro está realmente em jogo e é necessário encontrar soluções para problemas práticos como encontrar um emprego ou pagar contas inesperadas. E alguns tipos de ansiedade também podem requerer medicação ou terapia. Mas o território desconhecido do vácuo fértil tem muito mais a ver com o presente do que pode parecer, e a ansiedade de vagar por lá pode ser aliviada simplesmente quando não nos esforçamos por descobrir o que vem depois. Embora "a questão" — o que vou fazer com o resto de minha vida? — domine a segunda adolescência, a jornada começa com uma pergunta mais existencial: Quem sou eu *agora*?

O vácuo fértil é um hiato necessário, embora inquietante. Paradoxalmente, como Rubenfeld observou em seu livro *The Listening Hand*, "ele é um local de transição no qual às vezes podemos nos 'sentir presos'". Para uma mulher ativa, a resposta ao sentimento de estar "presa" é gastar mais energia, fazer mais listas, ir a mais seminários, tentar reunir mais força de vontade, tomar mais decisões. Mas o resultado, ela sempre descobre, é apenas um girar de rodas no vazio. A solução, ironicamente, não é mais movimento, porém menos. A cura para a "prisão" é a "quietude". Um recolhimento da energia liberada por "dizer não e abrir mão". É isso que o vácuo fértil pode oferecer: uma oportunidade de mudar o desejo de controlar a vida por uma disposição para se engajar nela.

É claro, somos impacientes. Até agora, estivemos passando de um estágio a outro — o desejo adolescente de ser uma mulher, a mulher querendo ser esposa, a mãe querendo que os filhos cresçam um pouco para que ela possa recuperar parte de sua antiga vida —, esperando por algo melhor. Olhando adiante, no entanto, vemos muito pouco para prosseguir. Isso acontece porque o *adiante* é agora. O próximo estágio é o processo disforme do vácuo fértil. "É tentador passarmos por esse estágio rapidamente, negar as dificuldades, os medos e as dúvidas", previne Rubenfeld. Mas, ela acrescenta, "experimentando-o plenamente, você será capaz de seguir em frente". Na gravidade zero do vácuo fértil, "a questão" — "O que vou fazer com o resto de minha vida?" — atinge seu objetivo.

A tirania do tempo

Um problema é que "rapidez" é nosso sobrenome. Estabelecemos nosso ritmo pela ética de manter, acelerar e seguir em frente, fazer mais coisas, fazer *alguma coisa*, não perder tempo. O lembrete de Rubenfeld para não corrermos é quase um insulto aos talentos variados que adquirimos com grande custo durante nossa vida adulta. (Jamais vou me esquecer de uma profissional, mãe de três filhos, que resumiu o ritmo alucinante aperfeiçoado por suas contemporâneas: "Se eu puder depilar as duas pernas no mesmo dia", ela disse, "é porque estou me saindo muito bem".)

Mesmo que nossas atuais circunstâncias solicitem que mantenhamos o ritmo, muitas já começaram a se sentir desconfortáveis em alta velocidade; o simples esgotamento pode nos fazer desejar reduzir o ritmo para o de uma caminhada. E a *suavidade* — a decrescente disposição para se importar com as pequenas coisas —, para a qual nos leva nosso cérebro em transformação, pode fazer as flores ao longo do caminho exalarem um perfume muito doce. Mas, para o ritmo, não há um botão de ligar e desligar. É preciso tempo para se libertar do tempo.

O vácuo fértil é onde fazemos a transição dessa supermulher determinada e muito comprometida para alguém cujas prioridades e paixões são administradas com menor rigidez e, talvez, sentidas com maior profundidade. Stephen Covey, cuja especialidade é eficiência e eficácia, faz uma importante distinção entre o que é "urgente" e o que é "importante". Podemos pensar em nossa primeira fase adulta como um período ditado pela urgência, ao passo que a segunda é determinada pela importância.

Uma professora recém-aposentada descreve essa transição como "uma espécie de desvio" da vida marcada pelo som dos sinos que dividiram períodos de sua existência durante 35 anos. "Eu ria disso, mas, de certa maneira, precisava de um sino para ir ao banheiro. Tudo era muito estruturado." No entanto, ela entende que, embora o limbo em que se encontre "possa parecer desestruturado, ele não é realmente desprovido de estrutura; ele reestrutura. É preciso tempo para decidir o que fica, o que vai, o que realmente necessito em minha vida".

Muitas mulheres relatam ter passado um ano ou mais na queda livre da primeira à segunda adolescência. Eu passei dois anos nela. Depois de perder meu emprego numa disputa de poder com meu chefe, passei a me sentir uma maestrina sem orquestra. Instalei uma adorável mesa com tampo basculante e muitas gavetas e pequenos compartimentos no canto de meu quarto e passei a executar projetos como autônoma. Eu me sentava ao computador e digitava coisas, interrompida pelos telefonemas de *telemarketing* e me distraindo com a poeira nos móveis e a correspondência que não chegava a abrir. Mas, privada do ânimo de pertencer a um grupo de trabalho familiar e de fazer parte do drama das notícias, descobri que meu dia parecia irreal. *Eu* parecia irreal. Estava numa espécie de animação suspensa. Sem a estrutura definidora representada pelo escritório e pelos colegas, não me sentia uma adulta. O lado positivo é que eu via mais meus dois filhos adolescentes e adquiri melhor sintonia com o ritmo de seus dias. O aspecto negativo é que passei a interferir mais em suas vidas. Acrescentava pouco às conversas de fim de dia com meu marido e menos ainda ao orçamento familiar. Durante os anos em que trabalhara num escritório, meu apartamento se tornara domínio de minha empregada. Quando estava lá, também me sentia uma intrusa em meu próprio ambiente e era uma alma perdida no ambiente de todas as outras pessoas.

Eu continuava me impondo "a questão": o que vem depois? Não havia resposta. As pessoas tentavam ajudar formulando outras perguntas: "Quer ter um emprego em tempo integral?", "Quer voltar a estudar?", "O que acha de escrever relatórios anuais?", "Quer se aposentar?", "Não é verdade que sempre quis pintar?". Nenhuma delas era útil, porque eu simplesmente não estava preparada para respondê-las. Precisava de mais tempo. Precisava de tempo para fazer as pazes comigo.

Para mim, como para muitas mulheres, o tempo se tornara um inimigo, um tirano implacável. Eu me tornara mestre na administração do tempo — aquecia a comida no microondas em 1 minuto, 2-3 segundos, ou em 2 minutos, 3-4 segundos, porque era mais rápido apertar botões adjacentes —, mas havia sempre atalhos nos quais eu não pensara. Certa vez, conheci uma mulher que vestia os filhos à noite, antes de colocá-los na cama, para economizar tempo de manhã. Realizar coisas se tornara minha maior, ou minha única, prioridade. Eu preferia uma tarefa a uma ida ao banheiro. Desistia da diversão antes que fosse necessário porque estava planejando minha próxima missão. Estava sobrecarregada, mas determinada a provar (para quem, agora me pergunto) que poderia "conseguir".

"Doença da pressa" é o nome que James Gleick dá, em seu livro *Acelerado* (Campus, 2000), à moderna epidemia da tirania do tempo. Ele cita um especialista em "tempo biológico" que cita a sensação de cansaço ao atravessar diferentes fusos horários como o maior exemplo de como se sente alguém que impõe o tempo externo ao tempo interno: "Aquela sensação desconcertante dos viajantes que enfrentam mudanças no fuso horário, como se seus órgãos estivessem espalhados por uma dúzia de regiões com horários diferentes, enquanto a pele vazia continua caminhando atrevida para o futuro." Isso soa como o tipo de pressão relacionada ao tempo que muitas mulheres que conheço podem enfrentar num dia comum!

Quando não precisei mais viver num ritmo que me colocava à mercê do relógio, tive a sensação de nadar em meio a um mal-estar de horas e minutos indiferenciados. Em dias nos quais tinha três coisas para fazer, entrava em pânico ao pensar que talvez não as fizesse; e, quando não tinha nada para fazer em um dia em particular, eu me deitava na cama e esperava que algo acontecesse.

Pouco a pouco, comecei a reconstruir minha relação com o tempo. Desfrutava com maior intensidade do prazer de almoçar com uma amiga por não ter mais de verificar se já estávamos à mesa há mais de uma hora. Percebi que havia deixado de ler por prazer, porque odiava fazê-lo em doses curtas, em momentos roubados ou em períodos interrompidos. Poder ler novamente 100 páginas de uma só vez foi conhecer o paraíso. Descobri que o trabalho não precisava acontecer apenas nas horas diurnas, que o início da manhã ou tarde da noite podiam ser os melhores horários. Descobri que cozinhar não era uma obrigação, desde que o planejamento, as compras e o preparo não precisassem ser orquestrados como a invasão da Normandia, mas podiam, de fato, ser executados em uma agradável seqüência no mesmo dia. Embora ainda seja atormentada por resíduos da síndrome da pressa — quando calço meus tênis e minhas meias, fico tentando decidir o que é mais eficiente: se primeiro as meias em ambos os pés e depois os tênis, ou se uma meia e um tênis em cada pé —, agora sou mais capaz de lidar com o *meu* tempo. E está ficando mais claro para mim o que quero fazer com ele.

Judy, uma executiva de sucesso que se tornou consultora há alguns anos, experimenta o vácuo fértil como um esforço para deixar de correr além da própria vida. "Passei tanto tempo de minha vida correndo que agora tento reduzir a velocidade o suficiente para experimentar a textura da vida." Ela dedica boa parte de seu tempo aos pais idosos. No ano passado, acompanhou o pai de 90 anos em uma viagem de negócios à China, e está "administrando os cuidados" com a mãe, que tem doença de Alzheimer. Como Judy destaca precisamente, vivenciar a "textura da vida" não é uma atividade de lazer. "Em boa parte ela é uma atividade difícil", admite. E perturbadora. Reajustar o próprio ritmo colocou Judy em uma zona de tempo diferente da do marido. Enquanto ela dispõe de tempo livre para passar semanas no Maine, no chalé que ela e o marido reformaram com enorme carinho ao longo dos últimos 20 anos, sua ausência desperta no marido sentimentos de rejeição e ressentimento. A discrepância entre sua atual estrutura de tempo e o horário de trabalho tradicional do marido causou sérios questionamentos e muitas reflexões sobre o casamento, e, recentemente, ele decidiu voltar à escola — no Maine. Ironicamente, ele está mais entusiasmado do que ela com a perspectiva de deixar a cidade.

Judy está se ajustando à diferença entre o inflexível tiquetaque do relógio que governou sua vida por tanto tempo e o pulsar rítmico de um coração humano que acelera e torna-se mais lento de acordo com o que está sendo vivido. Enquanto vivemos segundo a máxima de que "Tempo é dinheiro", esquecemo-nos de que tempo é vida. Precisamos nos sintonizar com outras medidas rítmicas dos nossos dias. Muitas religiões encontram inspiração no pulsar ritmado dos tambores cerimoniais. Elas entendem, escreve o Dr. Stephan Rechtschaffen, fundador do Instituto Ômega para Estudos Holísticos e autor de *Timeshifting: Reorientando o tempo* (Rocco, 1997), que "o poder do ritmo transforma o tempo mundano ou profano em tempo sagrado, em que a contemplação sobrepuja o ritmo, em que a ausência do tempo supera o tempo social". Idealmente, é isso que acontece no vácuo fértil.

Chegando ao que vem depois

Quanto mais nos aprofundamos na renegociação de nossa relação com o tempo, mais nos aproximamos do mais característico poder do tempo: o de passar. Karen Van Allen, psicoterapeuta, chegou lá há seis anos. Ela percebeu que entre a adolescência, quando acreditava que viveria para sempre, e os anos recentes, quando começou a encarar o fato de que não seria assim, não havia pensado muito na própria mortalidade. Ela começou a compreender que encarar o que se perdeu com a idade é o primeiro passo para a descoberta de paixões que vão implementar as descobertas que esperam por nós antes do fim do nosso tempo.

Com Ruth Neubauer, outra psicoterapeuta que havia chegado a esse mesmo ponto em sua vida, Karen criou um programa de final de semana e grupos de discussão com duração de seis semanas para mulheres com mais de 50 anos, chamado "Aposentadoria ou o que vem depois". Aqui vai como a brochura do programa descreve os objetivos dos *workshops* semestrais:

> Atender as necessidades de mulheres (+ de 50) que, por *acontecimentos externos* (aposentadoria, divórcio, "ninho vazio", morte dos pais, doença de um cônjuge...) ou *pressões internas* (inquietação, ansiedade, insegurança, sobrecarga...), percebem que é necessária uma mudança, mas desconhecem como realizá-la. Se você sente a pressão por responder à questão "O que vou fazer com o resto de minha vida?", sabe o que quer fazer, mas sente-se inibida... Deseja expressar-se de novas maneiras... Quer apoio para brincar com idéias e sonhos... Planeja aposentar-se e ter preocupações.

A experiência dessas duas profissionais nos últimos anos com quase uma centena de mulheres, em grupos de dez ou 12, que se reuniram para compartilhar sua aflição e encontrar seus caminhos, deu às duas terapeutas algumas percepções sobre a natureza do vácuo fértil, que elas expuseram para mim. Sua primeira observação geral contraria intuitivamente as expectativas que temos para nós mesmas, mas confirma o que estamos começando a entender sobre a segunda adolescência. "Tem sido fascinante", diz Ruth, "e inesperado". Por mais que as histórias de vida sejam divergentes — "Nunca tive filhos", "Sou casada há muito tempo", "Sou divorciada duas vezes", "Meu marido foi embora recentemente", "Sempre tive um emprego", "Nunca tive um emprego" —, a questão é a mesma. Toda mulher que foi atraída para o programa está lá porque, segundo Ruth, sabe que "é hora de olhar para o que estou fazendo com minha vida, e o que realmente importa é que isso tenha algum significado para mim". Ela está lá para encontrar seu verdadeiro eu.

A segunda observação é sobre o quanto é difícil fazer as mulheres em seus grupos mudarem de ritmo para o que Ruth chama de tempo *real*. "Tentamos fazê-las reduzir a velocidade de forma que, por dois dias, não haja nenhuma atividade externa. É estruturado — começamos na hora e terminamos na hora —, mas, dentro desse padrão, há muita liberdade e, esperamos, uma chance de experimentar o sincronismo entre suas vidas interna e externa."

Enquanto explorávamos a idéia de integrar os pedaços pessoais e artísticos de nossas vidas, pensei em todas as mulheres que conheci para quem a reunificação é a verdadeira busca da segunda adolescência. Como um ator de repertório fixo, uma mulher de 50 anos desempenhou tantos papéis e já se viu em tantos dramas e comédias diferentes ao longo da temporada de sua vida adulta que, quando é hora de seguir em frente, ela se descobre no palco vazio com um figurino que equivale a uma peruca medieval na cabeça, um xale ao estilo de Brecht sobre os ombros, uma armadura ao estilo Joana D'Arc, uma meia arrastão do tipo usado no musical *Em Busca da Fama* em uma das pernas e uma bota de operário de linha de montagem na outra. Os acessórios acumulados já não melhoram a aparência da atriz que os ostenta; eles a obscurecem. Ela deseja guardar tudo isso e voltar à realidade. Chame isso de "eu", "autenticidade", "identidade", "integridade" ou "assumir a responsabilidade por sua vida", é simplesmente impossível sair de casa — da casa da vida que vivemos até agora — sem tudo isso.

Diferente de muitos outros programas que prometem ajudar as mulheres a tomar decisões em momentos de transição, "Aposentadoria ou o que vem depois" foi criado com o intuito de *explorar* o vácuo fértil, não só de atravessá-lo. Os exercícios que Ruth e Karen propõem aos grupos são úteis. Juntas, extrapolamos algumas diretrizes.

Conhecer a questão. "O que vou fazer com o resto de minha vida?" não é uma pergunta fácil, diz Ruth, "e não há uma receita de como agir. No grupo, tentamos nos ater à pergunta e abrir espaço para a confusão decorrente do não-conhecimento da resposta". "A questão" permanece ali pelo tempo que for necessário. À medida que cada mulher emoldura a pergunta no contexto de sua própria experiência, as outras começam a apreciar a gravidade da indagação. Se alguém começa a oferecer conselhos — a *consertar* o que quer que esteja quebrado —, Ruth e Karen desviam a conversa do curso que chamam de *eu vou cuidar de você*. "Quando alguém começa a dizer: 'Bem, o que você deveria fazer é mandar seu marido...', é possível ver a outra mulher se encolher", conta Karen. "Sabe como é quando alguém insiste em lhe dar conselhos que você não quer ouvir? Você simplesmente se encolhe."

Quando a ansiedade ou a impaciência surgem, Ruth e Karen tranqüilizam as mulheres dizendo que sabem por experiência própria que cada uma tem a resposta ou *uma* resposta de que necessita. "Você pode não saber o que é", Karen diz a elas. "Você pode não saber o que é no final do nosso fim de semana ou mesmo daqui a seis meses, mas há algo lá e, no final desse fim de semana, vocês estarão em algum lugar onde poderão identificar essa jornada. Terão mudado de lugar. Terão questões diferentes para formular a si mesmas."

Mais uma vez, o principal é: use o tempo. Tempo do tipo ritmo de vida, não do tipo tique-taque. Ruth recorda uma mulher "agitada e acelerada" que havia lidado no grupo com um crescente sentimento de desconforto pelo que ela sentia serem limitações arbitrárias que lhe eram impostas. Ela não conseguia identificar a origem de sua claustrofobia e não conseguia imaginar como se libertar dela. Um ano depois, ela telefonou para Ruth e deixou "um recado agitado e acelerado" em sua secretária eletrônica. "Só queria dizer que deixei meu emprego. Chega de regras. E comprei a casa! Estou muito feliz."

Ouvir você mesma. Não é fácil ficar sentada e quieta consigo mesma. Sobretudo, enfatiza Ruth, "quando se sente desconforto. E essa é uma questão desconfortável, porque há algo incomodando, e você não sabe o que é, e não sabe o que fazer com isso, aliás, a questão é esta: você não sabe o que fazer." No *workshop*, Ruth e Karen tentam prover um ambiente no qual as mulheres sintam que nada é esperado delas. Elas podem se sentir desconfortáveis, se é isso o que sentem. "No final, algo fica claro", acrescenta Ruth, "nem que seja apenas a certeza de que você está infeliz com o que está fazendo."

Não ter de fazer alguma coisa é algo mais fácil de falar do que de fazer. Vivemos de acordo com listas de coisas a fazer, e nossa primeira presunção sobre a segunda adolescência é de que ela apresenta mais uma lista. Assim, obedientes que somos, organizamos uma programação de tarefas. Previsivelmente, ela inclui algumas missões de limpeza, como a do sótão, da garagem, dos armários, das gavetas da escrivaninha. E depois nós não cumprimos essas tarefas. Mas, se você prestar atenção ao seu estado de espírito, vai poder detectar um impulso profundo por trás das listas corriqueiras: livrar-se dos detritos da primeira fase adulta e colocar na mala "o que interessa" para a jornada para a próxima fase. "Você realmente não pode seguir em frente antes de remover todo o entulho", diz Ruth.

Uma mulher que chegou para um final de semana de *O que vem depois?* estava muito impaciente consigo mesma por não ter movido o traseiro e limpado o porão de casa. No entanto, quando dedicou algum tempo a ficar sentada sozinha, percebeu que essa impaciência estava transmitindo um recado claro: ela deveria remover todo o lixo de sua vida. Esse era um trabalho um pouco maior. Só uma voz importa quando ela confronta esse lixo, uma voz que tem o poder da Rainha de Copas em *Alice no país das maravilhas* ao pronunciar "Cortem a cabeça!" desse ou daquele fragmento que não presta mais. Essa é a voz que passa a se fazer ouvir no vácuo fértil.

Entre em sintonia com o que a entusiasma. "Isso é sempre muito comovente", afirma Karen, "porque muitas mulheres dizem 'Eu não sei'. É muito assustador para elas. Elas não sabem se realmente se importam com alguma coisa."

Mais uma vez, a resposta só pode vir daquela voz. "Temos de abrir espaço para essa voz que diz: 'Eu realmente não sei... Mas acho que talvez... Antes eu costumava...'", ela incita. "Muitas mulheres não têm grandes paixões, como 'Eu sabia desde sempre que seria uma pianista', e por isso temos de atrair até mesmo a menor centelha de interesse." Nos grupos, os atrativos que Ruth e Karen programaram tinham o objetivo de penetrar sob o padrão mental voltado para as tarefas. Eles incluíam ouvir música e incentivar as mulheres a se mover no ritmo, ler poesia, escrever, desenhar com cores fortes, qualquer coisa capaz de "desligar os censores", aquelas vozes persistentes que nos dizem que nossos sonhos são bobos, nada razoáveis ou responsáveis. Ou, pior de tudo, "egoístas".

Enquanto falavam sobre paixões, as duas terapeutas lembraram uma de suas primeiras clientes. "Ela sempre teve aquele sonho", recorda Karen, "um sonho pequeno, mas persistente, de trabalhar como voluntária em um abrigo para animais. Foi o que ela descobriu com seu próprio esforço. E ela realizou o sonho!"

Outra mulher, uma especialista em finanças durante toda sua vida, esperava continuar trabalhando com clientes individuais depois de se aposentar. Mas ela também sempre quis viajar. Em um final de semana, o desejo de viajar começou a, como interpreta Karen, "ganhar força". Ele se moveu da área marginal e foi ao encontro da idéia "dominante" de abrir um pequeno negócio de consultoria. Três anos depois, essa mulher está levando grupos femininos a lugares inusitados, e seu cartão de apresentação tem dois títulos sob seu nome, o de *agente de viagens internacionais* e o de *consultora financeira.*

Pare de ouvir os outros. Esse passo trata de outra mordaça na voz plena de uma mulher. Ruth e Karen chamam de "ir além das ordens. De quem é a voz que soa em sua cabeça e diz: 'Isso não é correto'? Quem você escuta e o que estão dizendo?" É freqüente que a voz seja a de um pai ou a de um professor, mas também pode ser a de um irmão mais velho, ou de alguém que insista em julgar sua auto-expressão. "Há muitos obstáculos no nosso caminho", diz Ruth. "E a pergunta é: Quais são eles? E quem diz que estão lá? E se você fingir que não estão lá?"

No lugar desses censores, Ruth e Karen sugerem imaginarmos um "conselho pessoal de dirigentes" composto por pessoas conhecidas ou desconhecidas — como "o Dalai Lama, se você quiser", ou um personagem do cinema ou da literatura —, gente que esteja "do seu lado". Imagine-os sentados ali, ouvindo, levando a sério suas palavras e oferecendo apoio; isso torna mais fácil para você imaginar que está dispensando aqueles que não estão do seu lado. O objetivo é não buscar soluções em "especialistas" externos, mas estabelecer novas vozes em seu diálogo interno. Como uma mulher comentou:

"Descobri-me dizendo coisas que eu sempre soubera, mas até então 'não sabia'".

Falar por si mesma envolve fazer escolhas baseadas em sua própria voz. As escolhas podem não ser ideais, mas são suas escolhas, formadas pelo *yin-yang* de abrir mão e dizer não. "Assim que você descobre que é correto fazer escolhas, sem sentir culpa ou ouvir as vozes que dizem 'Você devia estar fazendo isso ou aquilo'", continua Ruth, "então a perda de uma escolha — a estrada que não é percorrida — torna-se muito menos dolorosa."

Abra mão. "Falamos muito sobre perda, luto, ritual e dedicar algum tempo a isso, para dizer adeus", diz Ruth. Existem momentos em que pode parecer que nada restará depois de limparmos as sobras e os falsos profetas de toda uma vida. E existem momentos em que as antigas opções começam a parecer muito boas. "Cada abertura para uma nova idéia ou simplesmente para a entrada da luz que chega de um novo modo significa abrir mão de alguma coisa, e isso não é agradável." "Mesmo", ela acrescenta, "que você esteja abrindo mão de algo que não era bom".

"Parte de nosso tempo juntas é dedicada ao luto. Aqui somos explicitamente tranqüilizadoras. 'Você vai ficar bem. Encontrará alguma coisa no final do caminho'", prossegue Ruth. "Houve uma mulher", recorda Karen, "que entrou e simplesmente começou a chorar. Ela estava bem, mas era isso que precisava fazer. Precisava entrar em contato com seus sentimentos de perda e aceitar o que estava enfrentando. No final, ela ficou muito bem."

Um sentimento comum de perda está relacionado à aparência física e à capacidade. Todas as mulheres em todos os grupos relatam lapsos de memória, óculos para leitura ou cinturas mais grossas. Mas algumas se mostram aliviadas por abrirem mão da constante preocupação com a aparência. Uma mulher finalmente despediu-se da idéia — um elo entre ela, a mãe e as irmãs — de que uma mulher tem de fazer da preservação da aparência sua prioridade máxima para "manter um homem". Ela se deu conta, para sua surpresa e alegria, de que, se reduzisse as sessões regulares de manicure, compras, depilação e limpeza de pele, teria mais tempo e energia para dedicar às outras coisas que, agora ela percebia, queria fazer.

A etapa de "abrir mão" no *workshop* também se concentra em destruir o pensamento relacionado a "dever, poder, fazer" que esteve ligado a escolhas passadas. "Se você teve filhos, ou não; se você se casou com a pessoa certa; todas essas questões surgem na categoria de coisas que devem ser superadas, no intuito de podermos seguir em frente com o restante", afirma Karen. Paradoxalmente, o mesmo se aplica às escolhas futuras. Karen lembra-se de uma mulher que desenvolveu um plano claro para a aposentadoria. "Ela sabia exatamente o que iria fazer. Já havia marcado a data e obtido o dinheiro. Então, seu marido adoeceu terrivelmente e ela teve de dedicar todo o tempo a cuidar dele. Existem muitos exemplos de planos perfeitos que vão pelo ralo: pensava em fazer tal coisa, mas então tive artrite, câncer de mama, ou meu marido me deixou... Não se pode manter uma ligação muito rígida com as idéias. Mesmo que tenha pensado em tudo, você não pode se ligar demais a isso."

No lugar dos melhores planos, estamos construindo um novo recurso, uma confiança mais flexível e suave em nossa habilidade de lidar com o que a vida nos traz e até nos alegrar com isso. Então, embora não possamos desistir da dor e do medo que acompanham uma maior consciência da mortalidade, podemos abrir mão da idéia de que podemos fazer tudo com relação a isso. Deixar de tentar nos agarrar a "coisas que não podemos controlar", como diz Ruth, libera energia psíquica. Abrir mão da ilusão do controle é muito difícil para a maioria, mas abre caminho para novas soluções. Uma amiga cujo marido está muito doente me contou que, durante uma sessão de terapia, confidenciou que desejava "curá-lo ou matá-lo". Ao ouvir tal colocação, o terapeuta respondeu num tom seco: "Bem, como não pode fazer nenhuma dessas duas coisas, vamos examinar algumas outras opções."

Ao final de um fim de semana, aconteceu algo que, quando Ruth descreveu esse fato, me deu uma imagem mental da experiência amorfa do vácuo fértil. Enquanto as integrantes do grupo se despediam, uma mulher caminhou para o jardim de Ruth e ficou parada sob o arco de treliça que demarcava o início de um pequeno bosque. Era como se estivesse literalmente presa ao chão. Então, como se retirasse forças da imobilidade, ela passou por baixo do arco e caminhou para o bosque, virou-se e voltou. "Encontrei enorme dificuldade para sair do seu jardim e caminhar para o bosque. Tive a sensação de estar deixando para trás minha antiga vida", ela contou a Ruth. "Mas, finalmente, consegui. E voltar foi muito mais fácil." Em parte por ter deixado para trás parte da bagagem com que chegara, o que permitia que agora ela viajasse mais leve; porém, mais importante, ela agora seguia seu próprio curso psíquico, viajando por escolha própria. E, para sua surpresa, ela não se tornara uma estranha em território desconhecido — estava seguindo em frente com sua vida, não fugindo dela. "Quando voltei, vi o jardim de um jeito completamente diferente", ela disse a Ruth. Quando imaginei esse momento, lembrei a emocionante descoberta de Vivi sobre seus "olhos de deserto", o que permitiu a ela ver a vitalidade em um terreno superficialmente estéril. Uma temporada no vácuo fértil não muda necessariamente nossas circunstâncias, mas altera a maneira como nossas vidas nos parecem ser.

Quando voltam para casa, as mulheres que participam do *workshop* "Aposentadoria ou o que vem depois" ainda têm dúvidas, mas não aquelas com que chegaram lá. Ruth sugere algumas novas versões: "Como posso alinhar minha vida ao mesmo tempo que a vivo?" ou "Como posso viver de um jeito que diga que essa sou eu?". Depois, ela se concentra no tema de integração e afirmação da mulher na segunda adolescência. "Creio que o que não está sendo discutido", diz Ruth, "é o não-autêntico e o autêntico, ou o externo e o interno, e onde está a desconexão. O que acontece é que as mulheres que participam de nossos grupos querem estar conectadas consigo *mesmas.*"

Nos Evangelhos gnósticos (ensinamentos de Jesus registrados no primeiro século após sua morte e descobertos apenas recentemente), afirma-se que Jesus teria dito: "Se você expressa o que está dentro de você, o que você expressa o salvará. Se você não expressa o que está dentro de você, o que você não expressa o destruirá." O vácuo fértil é onde a escolha é feita.

A HISTÓRIA DE ALEXIS

"Eu sentia que estava desperdiçando tempo..."

Mesmo sendo crucial, o vácuo fértil pode parecer um tempo perdido ou um interlúdio sem propósito até você estar do outro lado dele. Atualmente, Alexis vê seus primeiros dois anos de aposentadoria como "uma cruzada", mas, na época, suas atitudes aleatórias não pareciam acrescentar nada. Como alguém que estava "sempre correndo de um lado para o outro como uma galinha com a cabeça cortada" — na equipe de treinamento do colégio, na educação dos filhos, deixando-se levar pelas marés de um casamento de 30 anos, como ativista em organizações políticas, dançando quadrilha, jogando tênis e golfe —, a mudança de ritmo foi desconcertante, para dizer o mínimo.

Não faz parte de sua natureza deixar a vida acontecer. Ela sempre foi uma pessoa ativa e que assume posições. Na época em que era uma jovem professora e treinava o time feminino de basquete, ela desafiou a administração da escola e acabou envolvida em um processo que se arrastou por sete anos. "Estava para acontecer um jogo muito importante e eles precisavam do vestiário das meninas para acomodar um dos times masculinos", ela me explicou. "Tínhamos cerca de 34 armários que eram divididos entre 150 garotas. Então, eu disse que não, não pediria às meninas para retirarem suas coisas dos armários. Eles que usassem qualquer um dos outros 11 vestiários do prédio. Mas o nosso era o mais próximo e o mais novo, e naquela época o artigo IX começava a ser levado a sério" — um artigo que trata da discriminação sexual em programas escolares. "Não sabia por que eles insistiam tanto, e estava certa de que só queriam nos perturbar. Resumindo: eles invadiram nosso vestiário, arrombaram todos os armários, retiraram os objetos que estavam dentro deles e os levaram para um dos escritórios, uma sala vazia. Mais de 500 dólares em propriedade privada perdida ou destruída. Foi horrível." Outra conseqüência foi a demissão de Alexis por insubordinação.

"O que você fez?", eu perguntei. "Continuei lecionando", ela explicou. "Fui demitida apenas do cargo de treinadora." O processo foi levado à Suprema Corte antes de ser arquivado por conta de um detalhe técnico. Alexis ia trabalhar todos os dias entre seus adversários. "Foi simplesmente horrível", ela relata. "Mas sou como uma cabra. Teimosa até o fim. Faz parte de minha personalidade. E, é claro, precisava do emprego. No final, eu sobrevivi a eles, porque todos morreram ou se aposentaram, e acredito ter criado um padrão. Estava em uma posição que me permitia ajudar pessoas jovens a superarem as dificuldades de um novo emprego, ou coisas desse tipo, e elas sempre diziam 'Ei, não somos como você', ao que eu respondia 'Sim, vocês são'. Acho que conquistei uma posição na qual ninguém se mete comigo!"

Depois de se aposentar, aos 53 anos, seus dias tornaram-se menos dramáticos, e seu estilo é menos insubordinado. Ela se sente culpada por não viver mais de acordo com aquela atitude firme pela qual tornou-se conhecida. Em vez disso, preenche o vácuo fértil com atividades e pessoas que, de acordo com seus instintos, poderão responder "à questão". "Eu realmente gosto de golfe e muitos de meus amigos praticam o esporte, e por isso tenho a chance de estar com eles, o que é muito bom. Adoro ópera. Amo teatro. Jogo *bridge*, e tem sido muito bom poder jogar *bridge* três vezes por semana, em vez de uma vez por mês." Quando seu marido foi obrigado a se aposentar de maneira inesperada, ela se viu momentaneamente banida do jogo. "No início, fiquei revoltada", admite. "Aquele tempo deveria ser meu, só para mim." Mas eles começaram a desenvolver pequenos trabalhos de melhoria na casa e "foram tentando se concentrar novamente no que gostariam de fazer juntos". E ela consegue manter maior contato com seus dez irmãos e com os jovens professores que supervisionou, bem como com os filhos e os netos. Quando considera todas essas jovens pessoas, ela deseja "servir de exemplo para elas... fazendo o que quero fazer, sendo a melhor nessas coisas que tanto amo". Quaisquer que sejam elas.

Quando tentou descrever à filha a culpa que sentia por estar desperdiçando sua aposentadoria, a filha a tranqüilizou: "Mãe", ela disse, "você é uma criança em uma loja de doces. É como se de repente tivesse todo esse tempo e pudesse dizer: 'Sim, posso fazer isso, certamente posso fazer aquilo...' e tudo é muito divertido". Mas Alexis ainda tinha aquela sensação de que precisava "se organizar". Então, um dia, quando estava conversando com a irmã sobre tudo o que fizera de sua aposentadoria até aquele momento, um padrão começou a emergir. Era como se os interesses que haviam flutuado em torno dos limites de sua vida subitamente se dirigissem ao centro. O que ela *não queria* fazer era conquistar mais realizações ou focar-se em uma única coisa; o que realmente desejava fazer nesse momento era prestar atenção a todos os aspectos de sua vida, experimentar por inteiro o ser íntegro que era.

"Eu estava falando sobre algumas coisas que gostava de fazer depois de aposentada", ela recorda, "e minha irmã disse: 'Bem, vejamos o que está acontecendo. Você tem seu ser físico e seu ser intelectual, e há também seu ser social, e ainda' — ela é uma verdadeira contestadora da Bíblia — 'temos de considerar seu ser espiritual.' E prosseguiu: 'Como vamos nos lembrar de tudo isso? Precisamos de um acrônimo. P de *physical* (no original em inglês), I de intelectual, S de social, S de *spiritual* (no original em inglês), e o que temos..."

Alexis riu ao lembrar como ela e a irmã haviam gargalhado juntas. "Eu tinha mesmo a sensação de estar desperdiçando meu tempo... Mas agora que tenho esse acrônimo, sou forçada a trabalhar de fato com o termo PISS (urinar, em inglês). Agora tenho um foco." O foco é aquela mistura singular de emoções, experiências e relacionamentos que Alexis agora está tecendo novamente numa identidade para a segunda adolescência, pois ela não é quem era, é só alguém mais velha. Essa identidade pode lembrar a *persona* responsável, organizada e eficiente de sua primeira fase adulta, ou pode ser uma variação de outros temas. Sua missão no vácuo fértil, se ela tivesse consciência disso, seria identificar os pedaços de seu verdadeiro eu que ela gostaria de levar em frente. Seu objetivo agora é reuni-los em uma identidade atualizada. Isso, ela vai descobrir, envolve reorganizar os elementos de sua vida assim como recalibrar seus compromissos com o trabalho, a família, os amigos, a comunidade e suas próprias paixões. Ela vai descobrir que aqueles meses no vácuo fértil não foram perdidos, mas representaram uma preparação necessária.

O grande e inovador psicanalista Erik Erikson passou a vida inteira estudando e escrevendo sobre a identidade e o ciclo da vida, mas foi sua esposa e co-autora, Joan, quem escreveu o capítulo final, o que nos fala agora. Na época, ela havia passado para a própria segunda adolescência. O modelo de desenvolvimento de Erikson estabelece um par de desafios afirmativos e destrutivos para o crescimento psicológico em cada estágio da vida. Nesse esquema, durante o estágio que chamo de primeira fase adulta (Erikson chama de *fase adulta*), somos consumidos pela necessidade de fazer um marco e atormentados pelo medo da incompetência e da irrelevância. Mas essas preocupações se dissipam no estágio seguinte e dão lugar às forças gêmeas da *integridade* e do *desespero*. O desespero é caracterizado por cinismo, dogmatismo e pessimismo, qualidades que todos identificamos em nossos dias ruins. É com a noção alternativa da Integridade que Joan Erikson, que continuou escrevendo sobre seu trabalho após a morte do marido, fala para Alexis e para as mulheres no grupo de Karen e Ruth. Integridade, ela escreve na introdução de *The Life Cycle Completed*, "é uma palavra maravilhosamente desafiadora. Ela não exige deliberação ou *performance* tenaz, apenas a administração diária de todas as pequenas e grandes atividades, com toda a atenção aos detalhes que é necessária a um dia bem vivido. É tudo muito simples, muito direto e *muito difícil*".

O vácuo fértil é a inspiração longa, lenta e profunda — a reunião de forças — que precede um salto corajoso para o desconhecido. Oscilar na beira do precipício é o elemento de que são feitos os pesadelos e, no entanto, se considerada em câmera lenta, essa mesma perda de equilíbrio adquire uma característica mais própria dos sonhos. O vácuo fértil pode ser onde nos livramos dos demônios e das demandas de que não precisamos mais e começamos a construir novos sonhos, um dia bem vivido de cada vez.

Descobrindo o que funciona: recalibrar sua vida

CAPÍTULO CINCO

Reconsiderar o trabalho e começar a redimensionar sua vida

O autodesenvolvimento é um dever mais elevado que o auto-sacrifício. A coisa que mais retarda e milita contra o autodesenvolvimento das mulheres é o auto-sacrifício.

— Elizabeth Cady Stanton, sufragista, 1848

Quase 22 milhões de mulheres com mais de 45 anos integram a mão-de-obra em atividade. De acordo com o Departamento de Estatísticas do Trabalho, o número de mulheres com mais de 55 anos ainda empregadas terá crescido mais de 50% em 2010 — apesar do desenfreado envelhecimento em nossa cultura. Tão evidente é a expectativa de garantir seu próprio sustento em nossa geração que, quando começamos a nos deparar com "a questão", normalmente a estruturamos em termos de trabalho — voltar a trabalhar, aposentar-se, mudar de emprego, mudar seus horários. E atribuímos a inquietação que sentimos na fronteira do vácuo fértil à ansiedade quanto a implementar a decisão relacionada ao trabalho, uma decisão que, esperamos, vai se materializar a qualquer minuto. Quando a jornada continua, e um plano de ação ainda nos escapa, torna-se evidente que estamos questionando *incluir*, mas não só isso, o lugar onde queremos — e necessitamos — manter o trabalho em nossas vidas. O problema é: o panorama do vácuo fértil é desprovido de contornos e irritantemente amorfo, mas, quando nos concentramos no trabalho, a perspectiva é limitada e excessivamente prática. Muitas das considerações, financeiras e de outras naturezas, não são fáceis de se controlar, e os obstáculos são reais.

Para complicar ainda mais as coisas, muitas das expectativas que temos com relação ao trabalho são mais emocionais do que racionais. Para a nossa geração, trabalhar incorpora a transformação da experiência das mulheres que ocorreu em nossa primeira fase adulta. Na época em que muitas de nós começaram a trabalhar — na década de 1970 —, um salário próprio presumia poderes mágicos que iam muito além da rotina aborrecida de ir para o trabalho todos os dias, como normalmente acontece. Um trabalho "fora de casa" significava auto-suficiência, assumir o controle de nossas vidas como adultas e uma oportunidade para descobrir-se. Receber seu pagamento pela contribuição que se dá à sociedade gera autoridade e respeito. Mesmo as mulheres que escolhem ser donas-de-casa em tempo integral descobrem que o trabalho é um fator de definição. Justamente quando tomaram sua decisão de ficar em casa — em algum momento da década de 1980 —, o equilíbrio se alterou. Aquelas que não se arrependeram dessa decisão ainda se sentem constantemente ultrapassadas; muitas esperam entrar no jogo agora. Trabalhar possibilitou que milhares de mulheres encontrassem seus talentos e vivenciassem o poder, seja o de desistir de casamentos insatisfatórios ou o de sustentar seus filhos, enfim, o de viver de acordo com suas escolhas. Não é de espantar que a perspectiva de reconsiderar o lugar do trabalho em nossas vidas gere tanta ansiedade.

Tomar uma decisão relacionada ao trabalho é sempre a primeira de muitas adaptações que uma mulher tem de enfrentar a fim de recalibrar sua vida ao longo da jornada da segunda adolescência. Se, como confirma a experiência, você não é quem você era, é só alguém mais velha, então, antes de agir em qualquer área, você precisa perguntar a si mesma como suas prioridades mutantes alteraram a paisagem. A questão "O que vou fazer com o resto de minha vida?" é na verdade uma seqüência de questões.

"O que importa?" mudou dramaticamente para muitas de nós desde que olhamos pela primeira vez para o mundo do trabalho. Uma recente pesquisa com mais de 1.200 leitoras da *More* — uma revista de estilo de vida para mulheres em seus 45 anos, três quartos das quais estão empregadas — descobriu que "viajar (63%) e novos *hobbies* (52%) são mais importantes do que a carreira (35%) ou o trabalho voluntário (29%)". (Como evidência ainda mais significativa de uma grande mudança nas prioridades nesse estágio, ter uma alimentação saudável, manter antigas amizades e ter tempo para si mesma vieram antes de esposo/parceiro.)

Para outro segmento de mulheres na segunda adolescência, incluindo eu mesma, o trabalho ainda está no topo da lista. É onde encontramos satisfação, entusiasmo, segurança financeira e, em parte, escapamos das questões pessoais e familiares que nos atormentam. Mas, mesmo para nós, as prioridades mudaram. A ambição deu lugar à auto-satisfação; a necessidade de reconhecimento foi substituída por autoconfiança, o sucesso por realização e conhecer o ofício por aprender coisas novas.

Nos dois grupos, o foco mudou de fora para dentro. Da dependência do ambiente para a dependência de si mesma. Cada uma de nós está tentando entender onde o trabalho se encaixa na descoberta que estamos fazendo sobre quem somos agora. Se uma mulher vai sair para trabalhar pela primeira vez, se está sendo promovida a CEO ou se está se aposentando, responde a um imperativo recentemente elevado da segunda adolescência: a auto-expressão. Isso pode significar descobrir um jeito de trabalhar num ritmo e num nível que lhe sejam convenientes, ou sob circunstâncias que lhe permitam ser inteiramente dedicada ao trabalho em questão. Ou isso pode significar explorar novas opções — remuneradas ou não — ou novos meios de trabalhar que utilizem suas competências, sua imaginação, sua paixão. Pode até significar desistir do trabalho como ela o conhece em troca de experiências que encantem ou conquistem sua mente, ou assumir um compromisso com uma causa ou um projeto ou uma pessoa de uma maneira que reflita sua melhor essência. Quando consideramos opções de trabalho — limitadas que sejam por fatores econômicos e outros fatores práticos —, é importante manter em mente que não somos as trabalhadoras que éramos, somos só mais velhas.

Todas as mulheres que conheci estão tentando decidir o que mudou, mas cada uma delas tem uma visão diferente. "Cheguei tão longe quanto podia chegar" é uma observação comum, mas pode-se dizer o mesmo de: "Não sou mais tão ambiciosa quanto costumava ser. Estou simplesmente aproveitando para fazer o que sei fazer bem." Os objetivos dinheiro, reconhecimento, independência e auto-expressão sempre fizeram parte da mistura, mas em diferentes etapas de nossas vidas um ou outro predominou. Agora, isso está prestes a acontecer novamente. A segunda adolescência, como estamos começando a ver, trata de embaralhar novamente as cartas.

Ellen percebeu tarde demais que o reflexo que a havia impelido de um desafio ao seguinte durante toda a sua vida profissional a impelira a deixar passar uma escolha importante. Quando seu neto nasceu, ela recebeu uma proposta de assumir uma grande organização. Quando a poeira levantada pela mudança para o novo emprego baixou, seu filho havia se mudado com a família para o outro lado do país e ela havia perdido a possibilidade de manter contato diário com aquela criança que mudava todos os dias. "Creio que cometi um sério engano", ela admite. Suas prioridades mudaram sem que ela tomasse consciência disso.

Para Sarah, por outro lado, que estava marcando passo em um emprego de nível intermediário, as prioridades tornaram-se claras como o cristal. "Quero pôr minhas coisas em ordem", ela disse, "de forma que, quando meus filhos já não precisarem tanto de mim, eu possa me lançar numa mudança. É bom ter interesses variados, mas não quero me dispersar. Quero ser como um foguete que vai decolar!"

No caso de Crystal, o acaso a encontrou no exato momento em que seu filho mais novo partia para cursar a faculdade. Um encontro casual com um mestre ceramista que seguia a tradição cherokee abriu a porta para Crystal, também uma norte-americana nativa, e seu talento veio à tona. Recentemente, ela foi citada como uma das "artistas índias cujo trabalho se deve conhecer", e isso depois de apenas cinco anos de atuação. "Todos nós temos paixões na vida", ela diz. "Quando atingimos certa idade, devemos nos concentrar em persegui-las. Para mim, essa é uma maneira de contribuir com a sociedade e obter realização pessoal."

Para reconsiderar o aspecto profissional em nossas vidas, temos de abrir mão de crenças ultrapassadas sobre o que esperamos e o que precisamos extrair do trabalho que realizamos, e sobre o que estamos dispostos a oferecer a ele agora. É importante para cada uma de nós — sobretudo para aquelas que têm alimentado antigos sonhos quanto a trabalhar, mas ainda não os puseram à prova — reavaliar com seriedade "o que importa" em um trabalho em termos do que é importante para nós *agora.*

Não somos as trabalhadoras que éramos, simplesmente mais velhas

Para muitas, o ingrediente determinante na experiência de trabalho desenvolvida até aqui tem sido a tensão entre o trabalho e a família. Nós nos tornamos a geração da troca, trocando tempo por dinheiro, vida por sono e ambição por uma aproximação do equilíbrio. Entre mulheres que não se casaram ou tiveram filhos, encontramos algumas que afirmam ter feito a maior de todas as trocas, e é possível que elas queiram recuperar algumas experiências de vida já ultrapassadas em sua segunda adolescência. Para aquelas que percorreram a dura estrada profissional, muitas dessas demandas desaparecerão com o tempo, e o mundo do trabalho vai parecer muito diferente.

Como resultado dessa disputa entre trabalho e família, acabamos moldando um caminho profissional anômalo. O modelo convencional (masculino) de desenvolvimento profissional é a *escada* — geométrico, se preferirem. O nosso é mais orgânico. Duas professoras de administração, Connie J. G. Gersick, diretora do Instituto para Liderança em Yale, e Kathy E. Kram, da Escola de Administração da Universidade de Boston, identificaram o que chamam de padrão de trabalho "ziguezague" em mulheres que hoje têm cerca de 50 anos. Começando com expectativas modestas — fomos aconselhadas a obter um diploma de professoras, só por segurança —, elas foram envolvidas pela dinâmica de trabalho da década de 1970 e suas expectativas e satisfações cresceram. Depois, veio um patamar no qual a vida familiar e a profissional entraram em conflito, e uma mulher teve de correr tanto quanto podia só para se manter no mesmo lugar. Agora, relata o estudo, as mulheres entrevistadas "descrevem um sentimento de encontro consigo mesmas, de uma confiança recém-descoberta em suas habilidades, de um entusiasmo e de um novo aprendizado que antes não haviam experimentado". Empregadores podem se mostrar céticos quanto ao ziguezague, mas ele pode nos ser muito útil enquanto seguimos em frente. Afinal, escadas levam a um ponto determinado no alto, com espaço para um só no último degrau; ziguezagues podem ser infinitamente inovadores, repletos de recursos e abrangentes.

A HISTÓRIA DE RITA

"Não me importaria se tivesse um marido que beijasse meus pés. Ainda assim, eu teria odiado aquele emprego!"

É difícil se libertar de suposições, com base na experiência em ziguezague, sobre como demandas de trabalho e família vão interagir no futuro — e onde a *vida* se encaixa. A história de Rita é um exemplo de como essas forças gêmeas podem estar indissociavelmente ligadas para algumas mulheres. Ela se casou aos 21 anos, enquanto ainda cursava a faculdade, com um advogado alguns anos mais velho. Um ano depois, ficou grávida. Um aborto espontâneo quase a desviou do caminho, mas uma professora a incentivou a continuar trabalhando em sua tese. Ela a concluiu: "70 páginas, e todas em francês!" Esta ainda é uma de suas mais caras realizações. Quando ficou grávida e sofreu outro aborto, ela se sentiu devastada. O que lhe dava ânimo para sair da cama todos os dias era o novo emprego de professora de francês. "Sempre adorei idiomas", ela conta. "E adorava lecionar."

Quando seus problemas ginecológicos foram resolvidos, ela teve três filhos num curto espaço de tempo. Eles se tornaram sua prioridade máxima — e sua grande satisfação. Depois de uma década, quando conseguiu retornar ao trabalho ainda em meio período, ela criou um curso em uma faculdade comunitária local para pessoas que desejavam aprender francês antes de viajar para Paris. "Foi um curso maravilhoso", lembra. "Os alunos eram presidentes de bancos, superintendentes de escolas, pessoas realmente ótimas." Em pouco tempo, o trabalho (em meio período) e a família (em tempo integral) estavam em equilíbrio. Ela vivia o que o estudo ziguezague identifica como um "padrão conservado".

Quando o filho mais novo foi para a escola, ela aceitou um emprego para lecionar na escola local em tempo integral. "Odiei aquilo. Você vê 150 crianças por dia. Cinco turmas e deveres de casa. É tortura. Principalmente se você é uma pessoa intensa que quer fazer bem o trabalho." Mais ou menos na mesma época, seu casamento chegou ao fundo do poço quando ela descobriu que o marido estava tendo um caso. A terapeuta consultada pensava que "meus problemas de auto-estima eram causados pelo caso extraconjugal mantido por meu marido", ela diz, mas Rita compreendeu que havia outro fator na equação. "Eu simplesmente odiava meu trabalho de professora. Não me importaria se tivesse um marido que beijasse meus pés. Ainda assim, eu teria odiado aquele emprego!"

Ela e o marido resolveram seus problemas, e ela encontrou um emprego de professora que a agradava mais. Com a ajuda dele em casa, ela também voltou a estudar — o que significava uma hora de viagem todos os dias —, com o intuito de obter o certificado com o qual poderia lecionar também espanhol, além de francês. O sentimento de realização crescia rapidamente. "Aquele foi um dos melhores anos, embora tenha sido multada duas vezes por ultrapassar o limite de velocidade entre os dois trechos de minha vida."

Hoje, Rita leciona inglês como segundo idioma na prisão federal local. Esse é o ponto mais elevado de sua vida profissional. "Quando você leciona para presidiários, eles dão o sangue — e isso é tudo o que têm —, ao contrário das crianças, que sugam nossas veias." Por medida de precaução, ela usa um alarme preso ao corpo, mas nunca teve de usá-lo. "Algumas das lições que tive ali foram incríveis. Tenho a sensação de que me tornei uma excelente professora. As aulas têm três horas de duração, o que me obriga a fazer muito. Às vezes, ensino canções, porque adoro música; falei sobre *West Side Story* (*Amor, sublime amor*) e a canção *There's a Place for Us*. Em alguns dias tenho a impressão de que há alguém colado em mim, fazendo tudo dar certo..."

Mesmo assim, Rita, que acabou de completar 55 anos, é inquieta. Com os filhos cuidando de suas vidas e o marido sem pressa para se aposentar, não há impedimentos. Ela começa a mudar de lugar as peças que formam sua vida. "Vai ser interessante descobrir o que vou fazer em seguida", ela diz. Uma coisa pela qual está ansiosa é o novo estágio da vida familiar, tornar-se avó — "Esse é meu sonho, se quer mesmo saber a verdade" —, mas isso não faz parte das possibilidades atuais. Com relação ao trabalho, "Eu gostaria de fazer algo completamente diferente". O que antes foi sua profissão, idiomas, pode ser reformulado de forma a tornar-se um *hobby*. "Eu ainda não contei", ela anunciou entusiasmada ao final da nossa conversa, "mas estou começando a aprender chinês. Tenho muitos alunos chineses na penitenciária e estou começando a aprender com mais velocidade. O problema é encontrar um curso. Tenho uma amiga, uma jovem de Pequim. Ela acabou de comprar um piano, e já acertamos que vou ensiná-la a tocar piano e ela vai me ensinar a falar chinês..." Rita consegue imaginar-se como instrutora de ioga, ou talvez no ramo da horticultura, mas, quando tenta visualizar-se em um contexto profissional diferente, ela percebe que, para isso, vai precisar de qualidades que nunca antes relacionou ao trabalho. "Posso ter alguma dificuldade para ficar quieta, sentada, trabalhando com plantas", ela imagina. Mas talvez *não* seja tão difícil. Os elementos separados em compartimentos — trabalho, família, *hobbies*, *eu* — podem interagir de maneiras que a profissional que fomos no passado jamais conseguiu imaginar.

Trabalhar cuidando de alguém — e recebendo cuidados

Relacionar-se bem com os outros tem sido quase um estilo de vida desde a infância. Muitas mulheres encontram alegria prestando serviço em funções que tiram proveito da sensibilidade interpessoal que os neurocientistas chamam de habilidade social executiva e na qual somos excelentes. Carreiras de vendedoras, advogadas, professoras e psicólogas têm proporcionado *status* e satisfação a milhares de mulheres nos últimos anos. As mesmas habilidades proporcionaram sucesso a mulheres que atuam por trás da cena. Cada escritório tem a administradora maternal que parece sempre saber quando algo está errado e pára tudo para ir resolver o problema. Cada companhia tem aquela mulher que toma providências para que os executivos temperamentais não derrubem todo o lugar a cada explosão. Existem incontáveis mulheres cuja missão é não deixar a equipe afundar. Por ter sido um princípio diretor para muitas de nós por muito tempo, é importante nos desligarmos da colocação "Eu gosto de trabalhar com pessoas" — pelo menos por tempo suficiente para reconsiderá-la.

As recompensas por ser capaz de sintonizar as necessidades de outras pessoas — e algumas vezes atendê-las — são muitas, como sabemos, mas o preço para nossas próprias necessidades pode ser alto. Quando as mulheres com quem conversei refletiram sobre o que havia feito falta em sua primeira fase adulta, cuidar de si mesmas assumiu o primeiro lugar da lista. Como, então, reconfiguramos nossos dias para cuidar de nós mesmas com a mesma atenção com que nos dedicamos aos outros? Para algumas, desempenhar o próprio trabalho — porque é excitante, importante ou financeiramente compensador — é a maneira de cuidar de si mesma. Para outras, distanciar-se um pouco do ambiente de dedicação e cuidados em que transformamos nosso local de trabalho vai liberar um sentimento de novas possibilidades semelhante ao que sentimos quando demandas do compromisso inicial de provisão de cuidados são removidas.

É claro, trabalhar com pessoas tem um componente crucial de *receber cuidados*, também. Como observou a socióloga Arlie Russell Hochschild em *The Time Bind*, levando em conta a falta de apoio para a vida familiar, muitas pessoas sentem que a vida profissional é mais enriquecedora e fácil de administrar que a vida doméstica. Ela escrevia sobre as esmagadoras demandas de criar filhos, mas parece igualmente verdadeiro que, quando a casa começa a se esvaziar, a outra família pode parecer ainda mais convidativa. Mesmo assim, esse pode não ser mais o tipo de relacionamento que uma determinada mulher busca em seu trabalho. Ela pode desejar encontrar a noção de comunidade em outro lugar. Essa foi minha experiência.

Quando deixei de integrar uma equipe para atuar sozinha, meus 30 anos de comunidade representaram o componente de minha noção de trabalho do qual foi mais difícil de me desligar. Durante minha primeira fase adulta, contei com o apoio de um grupo de mulheres em quem confiava. Lembro, durante uma fase particularmente difícil de meu casamento, que uma colega e eu formamos o que chamávamos de "Clube graças a Deus é segunda-feira" em reconhecimento de como, depois de um final de semana de dúvidas e conflito, nós nos orgulhávamos do trabalho que fazíamos juntas e, mais importante, ainda podíamos *rir* de tudo aquilo.

Quando deixei aquela comunidade unida e acolhedora para ir trabalhar como autônoma, tentei abordar a situação ocupando um espaço físico no meio de uma organização amistosa e compatível, mas, para minha surpresa, sentia falta de privacidade. O quociente de companheirismo havia mudado da camaradagem divertida e casual no trabalho para interações mais íntimas e focadas com alguns poucos escolhidos — na vida. Agora estou lidando de maneira cuidadosa com um punhado de amizades, dando a cada uma delas uma prioridade muito maior em termos de tempo e planejamento do que jamais tinha dado a amigos e colegas em um grupo. Quando considero essa transição, lembro-me de um dos subprodutos das mudanças cerebrais estudadas pela neurocientista Francie Benes: é como se precisássemos de menos atividade social genérica — menos afirmação de um grupo do qual somos parte — do que antes. Isso certamente é verdadeiro para mim.

Cuidando de si mesma financeiramente

Progredi muito mais no departamento da realização pessoal do que no das finanças. Enquanto minhas amigas vão, uma a uma, deparando com circunstâncias que exigem decisões que dependem de informações — ou até mesmo decisões de vida ou morte — relacionadas ao dinheiro, eu me preocupo com a rapidez com que posso ganhá-lo. Como muitas de nós, eu também acalentei a idéia do "espaço próprio" do chamado à auto-realização de Virginia Woolf, sem me dar conta de que sua fórmula era "*dinheiro* e um espaço próprio". De fato, Woolf dedicou grande parte do ensaio grandioso à questão do dinheiro. Ela insistia em dizer que a dependência e a inexperiência financeiras com as questões monetárias impossibilitavam a participação das mulheres no mundo como cidadãs plenas. A mensagem, aquela que ainda precisamos ouvir, é que o dinheiro — e a habilidade de lidar com ele — é libertador em todos os níveis. Sem ele, um espaço próprio é só mais uma prisão.

Meio século mais tarde, outra mulher abordou esse mesmo tema de maneira clara. "Dos 14 aos 40, (uma mulher) precisa de boa aparência, dos 40 aos 60 ela precisa de personalidade, e eu estou aqui para dizer que depois dos 60 ela precisa de dinheiro", afirmou Mary Kay Ash (citando uma fala de Sophie Tucker), que tinha 45 anos quando fundou a companhia de cosméticos que se tornou a maior vendedora direta de produtos para cuidados com a pele nos Estados Unidos.

O maior obstáculo isolado para recalibrarmos nossa vida profissional e tomarmos decisões importantes sobre o modo como usar nosso tempo é a instabilidade financeira; o segundo maior obstáculo é a falta de refinamento quanto à administração do dinheiro. Todos nós temos consciência de que as economias global e nacional intensificam essa realidade: nos Estados Unidos, três quartos das mulheres empregadas ganham menos de 30 mil dólares por ano, e a aposentadoria média para uma mulher equivale à metade do valor pago a um homem, só para mencionar duas estatísticas alarmantes. Mas, apesar dos variáveis graus de experiência e confiança, estamos tentando tomar decisões importantes sobre nosso futuro financeiro. Não há como evitar. Antes de seguir adiante, cada uma de nós simplesmente vai *ter* de se familiarizar com os detalhes de nossos rendimentos — a natureza dos investimentos que temos, as exigências dos nossos orçamentos, as peculiaridades do nosso seguro e dos nossos benefícios e a confiabilidade e disponibilidade de conselheiros. De fato, a menos que uma mulher possa projetar um rendimento mais do que razoável, as escolhas da segunda adolescência podem representar um luxo ao qual ela não terá acesso.

Num esforço de controlar suas finanças, milhões de mulheres em todo o país matricularam-se em cursos e grupos de orientação para administração financeira. Um exemplo típico é *Women Stuff*, um livro que oferece conselhos práticos e dicas sobre investimentos e como navegar na rede em busca de informações financeiras, discussões de acordos pré-nupciais, divórcio e viuvez e, mais adiante, uma seção intitulada "Ainda estamos acordadas?". Outros milhões de mulheres procuram os conselhos de Suze Orman e outros gurus financeiros, ao passo que outras ainda formaram seus próprios clubes de investidoras autodidatas. Todas essas mulheres estão ganhando experiência, mas a confiança sempre demora mais a chegar. Terri, talentosa agente e mãe de um filho já adulto, não é nenhuma leiga no departamento de administração financeira. Durante 30 anos, ela manteve em ordem os livros de negócio do marido e os dela mesma. Renegociou financiamentos e reconfigurou o portfólio de ações da família. Mesmo assim, quando os negócios do marido começaram a fracassar na mesma época em que ela estava tentando vender os dela, Terri perdeu a calma. Toda sua experiência e o sólido registro de uma administração competente deram lugar ao pesadelo que ela julgava ter superado. "Acordo todas as noites suando frio", ela me contou. "Fico nos imaginando na rua sem nada além de algumas sacolas de papel cheias de roupas. Pensava ter superado a síndrome da mendiga, mas ela voltou."

A *síndrome da mendiga* é o nome dado ao quadro composto por um medo furtivo desenvolvido por mulheres da idade de Terri (e da minha), um temor de um dia acordar e ver-se privada dos recursos para cuidar de si mesma. Por maior que seja nosso conhecimento na área financeira, por mais sucesso que tenhamos, ou por mais ou menos dinheiro que tenhamos, de onde quer que ele venha, somos vulneráveis. Oprah Winfrey, uma das maiores empresárias do país, guru do autofortalecimento e multimilionária, contou à revista *Fortune* que já chegou a manter 50 milhões de dólares em dinheiro como seu "fundo de sem-teto".

No grupo "Aposentadoria ou o que vem depois" de Ruth e Karen, cada uma das mulheres admitiu ter medo de acordar sem nenhum dinheiro. "Cada uma delas pensa que esse é seu segredo", diz Karen. "E isso nos paralisa. Pode manter-nos em empregos medíocres, em casamentos falidos, fazendo coisas que odiamos. É uma tirania. Ouvimos uma voz dizendo: 'Você não vai sobreviver se deixar esse emprego, esse casamento... O que for.'"

A síndrome da mendiga é, em parte, uma antiga memória. Há não muito tempo — antes do crédito, da reforma do divórcio e da legislação sobre a discriminação no emprego mudarem o panorama de alguma forma —, Gloria Steinem apontou com precisão que muitas mulheres casadas e com filhos estavam "a um homem do bem-estar". Isso é em parte um resíduo do nosso sonho de um cavaleiro em seu cavalo branco que vai nos levar para a eterna segurança — e o repentino despertar de que esses cavaleiros, com freqüência, cavalgam para o pôr-do-sol sem nós. Finalmente, em parte é ambivalência sobre o dinheiro propriamente dito. Muitas mulheres foram ensinadas, por um lado, que uma mulher é *boa demais* para preocupar-se com dinheiro — sua devoção à família era um chamado além da medida monetária — e, por outro lado, que *não éramos boas o bastante* no aspecto cerebral para lidar com dinheiro. (Essa concepção errada recebeu o nome de "ansiedade da matemática" da autora Sheila Tobias: a dedução de uma aluna que é gerada pela insegurança pessoal e sugere que, mesmo que ela tenha resolvido corretamente um problema, foi por acidente e isso nunca mais vai acontecer, simplesmente porque ela não tem um "raciocínio matemático".)

Graças a Deus, nossas filhas nem reconhecem o termo. Quando pedi à minha pesquisadora de 26 anos de idade para checar a síndrome da mendiga, ela me olhou como se não me compreendesse; a noção de preocupações irracionais relacionadas ao dinheiro simplesmente não fazia sentido para ela. Sua geração é muito mais versada em questões econômicas e menos confusa emocionalmente. E a geração depois da dela será ainda mais confiante. Muitas meninas em idade escolar e mulheres universitárias hoje em dia consideram o conhecimento financeiro uma necessidade e dispõem de cursos que incluem de tudo, desde calcular os juros em uma fatura de cartão de crédito até preencher formulários de imposto de renda.

Às vezes, colaboramos com nossa ignorância. Sally, uma dedicada voluntária em sua comunidade, me contou que, ao longo dos 20 anos de seu primeiro casamento, o marido sentava-se a seu lado quando era hora de ela assinar a declaração conjunta de imposto de renda e colocava a mão sobre a linha onde constava os rendimentos do casal. "Ele dizia que não queria que eu me preocupasse com os nossos investimentos", ela explicou. O segundo marido de Sally é um pouco mais aberto. Ela está começando a entender — e, sim, a preocupar-se — com seus investimentos, mas sente-se menos insegura do que quando as finanças da família eram um mistério e "cuidavam dela". Beatrice, uma administradora de sucesso, cuidou do orçamento doméstico durante os 30 anos de seu casamento, mas, quando o marido tenta explicar como as economias estão sendo investidas, ela admite sentir um profundo tédio. É ela — não um marido machista — que "não quer aborrecer sua linda cabecinha com questões de dinheiro".

Até mesmo uma executiva ou empresária pode desmoronar quando se trata de dar um valor em dólares ao próprio trabalho. Uma mulher que conheci havia integrado o mundo financeiro durante toda a vida e sabia possuir habilidades indiscutíveis, mas, quando se tornou consultora, ela teve medo de cobrar caro demais por seu tempo. "Os homens não têm esse problema", ela observou. "Eles têm um cartão de visitas; são consultores. Cobram 250 dólares por hora, e é isso!" Outra profissional liberal faz jogadas com ela mesma — e com a mendiga, considerando a síndrome mencionada anteriormente. Ela autorizou o banco a depositar um valor mensal em sua conta-corrente, dinheiro que é retirado de sua poupança. "Na maior parte do tempo, não preciso desse dinheiro, porque tenho o meu trabalho", ela relata. "Então, simplesmente devolvo o dinheiro à poupança. Mas, como estou sempre em pânico, gosto da idéia de contar com uma quantia mensal."

"Administrar o dinheiro é uma habilidade", insiste a terapeuta Ruth Neubauer. "Não é que você não seja capaz disso; você simplesmente não tem essa habilidade. Quando você diz 'Não sei como fazer tal coisa', está dizendo que há algo de errado com você. É um modelo de deficiência. Mas você pode aprender essa habilidade como aprendeu tantas outras coisas na vida. Não é uma incapacidade irremediável. Você não tem de se apavorar com isso." Como os outros saltos assustadores que nos descobrimos enfrentando na segunda adolescência, esse também pode nos levar além do medo. David Bach, que escreveu o melhor livro de aconselhamento dentre os sucessos de vendas, *Smart Women Finish Rich*, observou como a experiência do aprendizado pode ser fortalecedora. "Assim que uma mulher aprende a comandar suas finanças, ela nunca mais será a mesma", ele escreve em uma nova introdução para o seu livro. Mas essa é apenas a metade da história. "O crescente fortalecimento financeiro das mulheres não é uma moda", ele acrescenta, "... e vai mudar nosso destino." Tome essa, mendiga!

Números cristalinos: nossa arma secreta contra locais de trabalho inóspitos

O contínuo fortalecimento das mulheres no local de trabalho é um fator de grande importância na mudança do nosso destino. Em nossa geração, mulheres que trabalhavam fora de casa tornaram-se o padrão pela primeira vez desde que a industrialização tomou o lugar da agricultura como principal campo de trabalho. Famílias com duas rendas mensais tornaram-se comuns e, ao longo de nossas vidas adultas, tem sido raro um casal que mantenha a casa com apenas um salário. Essas mulheres empregadas em caráter contínuo, com suas envolventes expectativas quanto ao próprio futuro profissional, estão recebendo no mercado de trabalho a companhia de uma crescente população de viúvas e divorciadas recentes que precisam muito do dinheiro e de um objetivo em suas vidas, e por outras mulheres com ambições tardias e novos diplomas, gente que se sente ansiosa para pôr em prática seus conhecimentos recém-adquiridos. Sara Rix, analista política da Associação Norte-americana de Aposentados (AARP, sigla em inglês), atribui nossa presença sem precedentes no mercado de trabalho a vários fatores econômicos — manter planos de saúde, reunir investimentos que as sustentem depois da aposentadoria, obter benefícios do seguro social no nível mais elevado possível —, bem como um dado que é único em nossa geração. "Hoje, contamos com muitas profissionais talentosas de meia-idade", ela aponta, "que afirmam estar no auge de suas carreiras".

Apesar de nossos diferentes objetivos e motivos, formamos uma massa relevante na mão-de-obra em atividade. À medida que nossos números se elevam continuamente, a participação dos homens de nossa faixa etária nesse mesmo grupo está diminuindo. De fato, nosso grupo é o *único* a desfrutar de crescimento da oferta de empregos durante a recente recessão. A expressividade dos números é nosso poder oculto. Ela nos proporciona uma força a ser enfrentada pelas próprias instituições que hoje em dia fazem do local de trabalho um local inóspito para as mulheres de nossa idade e com nosso histórico de empregos.

O ambiente de trabalho típico é inflexível e impaciente, e atitudes determinadas pelo preconceito contra a idade marginalizam os trabalhadores maduros. Trabalhadores mais jovens são ambiciosos e enérgicos, ouvimos dizer, e aprendem mais depressa. Portanto, deduz-se que eles "dominam" a tecnologia. Não posso nem enumerar quantas mulheres descreveram sentir uma onda de desprezo cada vez que precisavam de ajuda para lidar com um computador, ou tentavam produzir "recursos visuais" tão radiantes quanto os de uma colega mais jovem. Ou quando, Deus as impedisse, elas passavam pela sala de alguém, em vez de mandar um *e-mail*. Como relata uma mulher que "mandou tantos currículos que já estava até tonta", "Sou uma mulher fisicamente em forma, atraente, com aparência jovem, cheia de energia e brilhante, e tenho muito a oferecer a uma companhia, mas, de alguma forma, sinto que essa coisa de discriminação por idade é o que me atinge pela primeira vez na vida".

Mesmo aquelas que têm bons empregos estão muito conscientes de que qualquer segurança financeira que tenham estabelecido é extremamente instável. Nosso salário é inferior ao dos homens e, numa economia de restrições, os benefícios são reduzidos, o que é um problema maior para as mulheres do que para os homens, porque vivemos mais tempo. Essa é uma ameaça particularmente assustadora para a crescente população de mulheres divorciadas (mais de 2 milhões) que representam o dobro de viúvas no grupo etário dos 50 aos 59 anos. (Os números tornam-se mais equilibrados na década seguinte.) Muitas delas perdem acesso à pensão paga pelos maridos no acordo de divórcio, e muitas que haviam ficado em casa para criar os filhos vêem-se atrasadas na corrida para a construção de uma aposentadoria nos empregos que elas encontram com a finalidade de se sustentar. Recuos recentes da economia têm obrigado os empregadores a se protegerem. Os desempregados recém-demitidos engrossam a voz dominante que discrimina os trabalhadores mais velhos, desestabilizando o cenário já tão abalado do mercado de trabalho para mulheres na segunda adolescência.

O que temos para vender

Mas essas mesmas qualidades que começamos a descobrir em nós, como flexibilidade e "suavidade" para assimilar os golpes, confiança crescente em nosso próprio julgamento e um compromisso recém-encontrado que harmoniza nossos valores públicos e privados, terão um lugar no local de trabalho que nossa geração ainda está redefinindo. Naomi Wolf, autora de *O mito da beleza* (Rocco, 1994), é co-fundadora do Instituto Woodhull (cujo nome é uma homenagem a Victoria Woodhull, feminista do século XIX, corretora de ações e candidata à Presidência), que se dedica a treinar a próxima geração de mulheres líderes. Para obter sucesso no mundo do futuro, Wolf me disse, jovens mulheres deverão reconhecer e emular certas qualidades em suas colegas mais velhas: "A capacidade de pensar a longo prazo, não só num curto espaço de tempo; considerar fatores emocionais, pressão familiar ou oportunidade em qualquer decisão a ser tomada; deixar (em comparação aos homens da geração do *baby boom*) o ego de fora quando é importante resolver as coisas num nível prático; liderar a partir de uma perspectiva holística (levando em conta o ambiente ou os recursos humanos), não vendo apenas um redutor ponto final."

Ken Dychtwald, Ph.D. e autor de *Age Power: How the 21st Century Will Be Ruled By The New Old*, é um gerontologista que vê aquelas virtudes funcionando a nosso favor no presente. "Mulheres da geração do *baby boom*", disse ele em uma teleconferência de executivos de que participei, "têm educação mais elevada e maior autoridade; elas são as mais impressionantes mulheres que nosso país jamais viu!" Ele incentiva diretores de recursos humanos a atraírem, reterem e criarem benefícios (em especial, horários flexíveis) para nós. As empresas só terão benefícios, ele afirma, valendo-se das qualidades que mulheres mais velhas estão preparadas a oferecer.

O fato de muitas mulheres que se aproximam da aposentadoria não manifestarem o desejo de deixar seus empregos é uma bênção, ele diz. É mais lucrativo retê-las; os benefícios para empregados retiram menos da margem de lucro do que os benefícios para aposentados, que são cumulativos, em proporções alarmantes. (A Ford Motor Company aproxima-se rapidamente de um ponto em que terá mais empregados aposentados do que trabalhadores ativos.) O treinamento é um investimento que surte melhores resultados em funcionários mais velhos do que nos mais novos, gente mais ambiciosa que logo estará partindo e levando os aperfeiçoamentos recém-adquiridos, deixando os funcionários mais antigos, se existirem, com a responsabilidade de transmitir o conhecimento necessário. Além do mais, jovens trabalhadores são escassos se comparados à geração do *baby boom*, a maior geração demográfica que já existiu. Difícil de determinar, mas significativo da mesma maneira, é nosso "entusiasmo" pelo trabalho, combinado a uma atitude mais filosófica com relação a subir a escada. E há toda aquela experiência — de vida e em outros aspectos. Uma explicação para o crescimento de empregos sem precedente relacionado ao nosso grupo, apesar das circunstâncias de desemprego amplo e generalizado, é que os empregadores podem contar conosco para "estarmos ali e realizarmos o trabalho, talvez melhor que alguém mais jovem e que enfrenta mais complicações rotineiras", diz Jared Bernstein, do Instituto de Política Econômica em Washington.

E há também aquelas famosas habilidades pessoais. A próxima onda de crescimento econômico, Dychtwald lembra a seus ouvintes, será no setor de serviços, e, embora pessoas mais jovens possam ser gênios tecnológicos, "as relações com os consumidores não são seu ponto forte", ele aponta. Todos os dias, surgem novas descobertas sobre a habilidade particular das mulheres para captar mensagens não-verbalizadas, formar redes profissionais amistosas e promover interações harmoniosas. Esses atributos se tornarão incrivelmente importantes e requisitados mais tarde, quando a economia tornar-se mais dependente de estruturas de trabalho cooperativas e produtos de serviço e informação.

A todas essas vantagens, Dychtwald acrescenta uma que pode atingir os empregadores mais insensíveis: "Os trabalhadores mais velhos são injustamente acusados de serem ociosos. Isso vai mudar. A geração do *baby boom* começará a ser demitida, e vai processar, processar e processar, e ficará tão violenta que os empregadores terão simplesmente de eliminar o problema." De fato, o número de queixas por discriminação por idade nos Estados Unidos levadas à Comissão de Oportunidades

Iguais de Emprego cresceu 24% entre 2000 e 2002, fazendo dessa a categoria que mais rapidamente cresce entre os casos de discriminação.

É claro que, considerando nossa atitude e nossos números, vamos continuar mudando o local de trabalho como nossa geração tem feito nos últimos 30 anos. Mas a questão para algumas de nós é: quero continuar enfrentando o sistema?

Seguindo sozinha

Nosso recorde é impressionante. Lutamos contra a discriminação no local de trabalho e popularizamos a idéia de licença familiar e horários de trabalho flexíveis; abrimos à força nosso caminho para instituições e profissões e níveis de liderança que nem mesmo os mais otimistas ousaram prever para a nossa geração. Mas, para muitas, ativismo demais é excesso. Elas querem parar de lutar contra o sistema e investir essa energia em si mesmas. Para outras, as prioridades que mudam na segunda adolescência as impelem a seguir um caminho solitário.

As mulheres abrem novos negócios numa proporção duas vezes maior do que a média nacional. Elas representam a maior e mais progressiva fatia do setor de pequenos negócios (e alguns são realmente muito pequenos) na economia e originam os empregos mais recentes. Mais surpreendente, estima-se que dois terços dos 6,2 milhões de mulheres proprietárias de pequenos negócios nos Estados Unidos tenham mais de 45 anos. (Pouco mais da metade desses negócios está — como era de se esperar — no setor de serviços, mas o segmento que cresce mais rapidamente é o da indústria não-tradicional, encabeçado pelo da construção.) Para esse empreendimento, levamos uma vida de soluções de problemas variados, um recém-adquirido sentimento de aventura relacionado ao “Dane-se” característico dos 50 anos e uma dose saudável de autoconhecimento. Acima de tudo, contamos com nossa tática de sobrevivência para todos os propósitos — a formação de redes de contatos.

Empreendedoras mais velhas "são cheias de recursos", diz um executivo aposentado que atuou como mentor para vários empresários iniciantes. "Se não detêm o conhecimento, elas encontram quem o tenha. Creio que são mais sofisticadas nessa área do que as empresárias mais jovens. Elas são mais capazes de reconhecer os próprios pontos fortes e fracos e encontrar recursos para as áreas nas quais precisam de suporte." Muitas empreendedoras não deixam ao acaso essa questão crucial do suporte; elas estão formando pequenos grupos de mulheres com uma mistura particular de experiência e um plano. "Nós nos ajudamos a projetar peças de *marketing* para os clientes", conta uma delas. "O crescimento dos negócios é a preocupação número 1 na mente de muitos empreendedores." Essas chamadas *equipes de sucesso* estabelecem objetivos e trocam conhecimento, apoio moral e referências. Estão fazendo pelas empresárias o que os campos de golfe e o vestiário esportivo fizeram pelos homens ao longo de todos esses anos. Na verdade, trata-se do que as mulheres têm feito umas pelas outras em outras áreas o tempo todo. "Existem dias em que você se pergunta por que está fazendo isso e se é maluca", conta Linda Hollander, autora de *Bags to Riches: 7 Success Secrets for Women in Business.* "Sua equipe está lá para garantir que você não é."

Medida em números, a média de sucesso das mulheres proprietárias de negócios é impressionante. De acordo com a revista *BusinessWeek*, suas vendas coletivas atualmente "ultrapassam 1 trilhão de dólares graças aos índices de crescimento que continuam excedendo as médias dos negócios nacionais... Mais uma vez, elas empregam um terço a mais de pessoas que o *ranking* da revista *Fortune 500* e exibem melhor registro de pagamento de empréstimos. Se a evidência relatada informalmente serve de indicação, elas também tratam melhor seus empregados. "Qualquer que seja o resultado, elas também só pagam a si mesmas três quartos do que os empresários pagam a si mesmos."

O verdadeiro pagamento para a mulher empreendedora é a chance de controlar sua vida profissional e, igualmente importante, seu *estilo* de trabalhar. "Muitas mulheres escolhem ser empreendedoras para poder controlar as próprias opções, não só para alcançar outras coisas na vida, mas também para que os valores e os negócios que dirigem possam estar realmente sob seu comando", diz a consultora Carole Hyatt. Alguns desses valores refletem diferenças de gênero entre negócios administrados por homens e negócios administrados por mulheres que falam às satisfações da segunda adolescência. Um estudo realizado pelo Centro para Pesquisa de Empresas de Mulheres concluiu que, embora "homens e mulheres empresários concordem que o sucesso é mais do que o ganho monetário... homens empresários descrevem o sucesso em termos de obter satisfação pessoal com um trabalho bem-feito e atingir objetivos desejados". As mulheres, por outro lado, "obtêm satisfação e sucesso a partir da construção de relações com clientes e empregados, do controle sobre o próprio destino e da realização de algo que consideram digno de importância".

Em *Chapters,* um livro sobre mudança de carreira, Candice Carpenter, co-fundadora do iVillage.com, descreve um "momento de total clareza" no qual percebeu que era tempo de assumir o controle de seu destino profissional e tornar-se uma empreendedora. Ela trabalhava para a American Express, liderando um grupo que estava "realizando um grande trabalho e divertindo-se muito", quando um executivo do escritório vizinho disse a ela que havia solicitado a mudança do grupo dela porque "suas gargalhadas estavam distraindo a equipe dele". Ela ficou perplexa. "Para mim, o humor é uma das capacidades mais importantes para a sobrevivência no mundo profissional... Dois anos depois, finalmente deixei a companhia... Mas, naquele momento, o compartimento que eu era desligou-se da nave mãe que era a American Express e nunca mais voltou."

Deixando o ambiente de trabalho — gradualmente

À medida que reformulamos nossas prioridades, e para muitas o trabalho perde várias posições nessa lista, um horário reduzido ou flexível é a maneira mais desejável de abrir espaço para os outros componentes da vida e ainda permanecer conectada com nossas competências e receber um pagamento regular. Se consultores como Dychtwald forem ouvidos, os negócios tirarão mais e mais proveito da variedade de talentos encontrada nas mulheres na segunda adolescência. Atualmente, 20% das mulheres empregadas com idade entre 45 e 69 anos trabalham em regime de meio período. Para muitas, isso representa uma dificuldade econômica, mas, para outras, é a melhor oferta disponível. Carol Atwood, uma dinâmica empreendedora de 49 anos de idade, emprega 5 mil funcionárias em regime de meio período em sua empresa de *marketing*, e cerca de metade delas tem a mesma idade que ela ou mais. Elas reconhecem, segundo a própria Carol, "que, se você não tem flexibilidade para construir outras coisas em sua vida, o tempo escoa e você não terá dado um significado à sua vida. Você não a terá enriquecido e não terá tido o espectro de oportunidades que realmente desejava e pelo qual ansiava". É claro, ela acrescenta, que há uma troca: muitas dessas funcionárias de idade mais avançada são "excessivamente qualificadas".

Muitas mulheres anteriormente empregadas que nunca mais desejam "voltar ao trabalho", nem mesmo um dia em suas vidas, insistem que não querem deixar de "trabalhar" completamente. Mas, quando contemplam o trabalho voluntário, deparam-se com um preconceito cultural já bastante conhecido para as donas-de-casa: o trabalho voluntário é visto como uma forma inferior de produtividade. Como o trabalho feminino não-remunerado — seja ele executado dentro ou fora de casa — não é computado para o cálculo do Produto Interno Bruto (embora fórmulas tenham sido desenvolvidas para facilitar esse cálculo), a mensagem transmitida é a de que ele não tem valor para a sociedade como um todo. (A única ocasião em que o trabalho de uma dona-de-casa recebe um valor monetário é quando ela morre e a justiça tem de estipular um valor com o qual compensará o marido pela perda de seus serviços.) A perspectiva de não ser capaz de participar de um trabalho *digno de valor* é uma das razões pelas quais muitas mulheres com quem conversei relutam em se aposentar — mesmo que tenham essa possibilidade financeira.

Uma nova e dinâmica organização na área de Nova York chamada The Transition Network (TTN) é composta por mulheres profissionais que, por escolha ou circunstância, aproximam-se da aposentadoria. Uma pesquisa entre seus membros mostrou que 70% viram como uma preocupação maior "sustentar um sentimento de realização", ao passo que 55% escolheram "divertir-se" e 45% desejavam substituir aquele sentimento de identidade e estrutura que um local de trabalho oferece. Para todas elas, o maior desafio é ligar-se a uma fonte de energia profissional coletiva. Sua abordagem pode ser chamada de resposta de atender e agradar — uma rede de contatos que proporciona apoio e colaboração.

Redefinindo o trabalho voluntário

A TTN oferece grupos de apoio direcionados a preocupações específicas, difunde informações importantes sobre oportunidades de trabalho, assistência médica e planejamento financeiro, e está fazendo experiências com "novos modelos de trabalho". Uma das prioridades de maior importância para a organização é reinventar o voluntariado. "As organizações de voluntariado não sabem o que fazer com mulheres como nós", diz Susan Ralston, ex-editora de livros. "Temos de praticar um ato de caridade ou encher envelopes, ou essas organizações se sentem tão ameaçadas por podermos fazer o que elas fazem, e ainda sem cobrar nada, que nem querem saber de nós." Um modelo alternativo que está sendo testado pelo grupo é o de "isolar um projeto e tratar dele como se fôssemos uma equipe de consultoria, com a diferença de estarmos trabalhando em caráter voluntário. Nós nos envolvemos, desenvolvemos o projeto e, quando o concluímos, partimos para outro projeto". Assim, o trabalho vai tirar proveito de todas as habilidades das voluntárias, e o pessoal assalariado não se sentirá ameaçado.

A aposentadoria — ou "*religamento*", como é chamada pelos autores de *Don't Retire, Rewire* (Não se aposente, reinvente-se) uma abordagem voltada para a autodescoberta e para a reinvenção — está sendo redefinida por grupos como TTN, bem como por toda mulher que encara sua decisão de se aposentar de um jeito diferente. Os estudos de uma professora de 63 anos descrevem assim sua perspectiva em *Women Confronting Retirement: A Nontraditional Guide*, uma coletânea de experiências editada por Nan Bauer-Maglin e Alice Radosh: "A aposentadoria... foi uma chance de mudar do trabalho para o eu, da responsabilidade para a liberdade... Eu podia voltar minha atenção para as áreas negligenciadas de minha vida em que ainda era possível fazer restaurações e regenerações."

Percebemos o redimensionamento da equação tempo/dinheiro/satisfação na mudança de foco do trabalho para o "eu". Esteja uma mulher se aposentando, como a professora concentrada em "restaurar e regenerar", ou esteja ela se preparando para "decolar como um foguete", como a executiva que estava emergindo de um padrão profissional constante, ela não é a profissional que era, é só alguém mais velha. Em muitos sentidos, ela nem é mais uma profissional. Os ingredientes podem ser os mesmos que nos motivaram no passado, mas não necessariamente ansiamos por eles nas mesmas proporções de antes. De fato, o trabalho como o conhecemos não será mais o tudo e o fim para nós; nosso verdadeiro trabalho consiste em nossas vidas como um todo, e isso pode ou não incluir "trabalho". E semear nossos campos de sonhos.

CAPÍTULO SEIS

Redescobrir sua paixão, encarar seu medo

Há uma vitalidade, uma força vital, uma energia, uma aceleração que, por seu intermédio, é traduzida em ação — e por só haver uma de você em todos os tempos, essa expressão é singular. Se você bloqueá-la, ela jamais existirá através de qualquer outro meio e será perdida. O mundo não a terá. Não cabe a você determinar quanto ela é boa ou valiosa, nem como ela se compara a outras expressões. Cabe a você mantê-la clara e diretamente sua, manter o canal aberto.

— Martha Graham, citada por Agnes DeMille, *Martha: The Life and Work of Martha Graham*

Quando o compromisso com o trabalho perde intensidade e os laços de família são afrouxados pelas circunstâncias, estamos em uma posição que nos permite a concentração em nossos mais profundos impulsos, nossas paixões. O que *realmente* importa. O que não quer dizer que a clareza venha com a oportunidade. Quando participei de uma reunião da TTN em que 50 mulheres foram interrogadas sobre quem ali possuía uma paixão que desejava realizar, apenas duas mãos foram erguidas. Todas olhamos para elas com grande inveja. Tínhamos listas de possibilidades em nossas mentes, mas esperávamos pelo incentivo de nossos corações. Todas ansiamos por um contato com aquele impulso interno único que serve de combustível para nossas mais importantes decisões. Muito do que acontece no vácuo fértil dá a impressão de ser uma escavação arqueológica buscando por isso. Paixão é o "entusiasmo pós-menopausa" que, esperamos, vai nos inspirar com relação às escolhas que fazemos para o trabalho, o dinheiro, os relacionamentos, e como vamos passar o resto de nossas vidas.

No entanto, é difícil reconhecê-la mais em nós mesmas do que nos outros. É claro para mim que a paixão de Rita é o estudo dos idiomas: "Fico muito entusiasmada com os idiomas", ela me disse mais de uma vez. Tenho certeza de que o que quer que ela faça com sua segunda adolescência, ser-lhe-á possível abrir um espaço para seu amor pelos idiomas e tirar satisfação e energia desse compromisso. No entanto, quando participou de um *workshop* que prometia ajudar os inscritos a encontrar seus sonhos, ela não foi capaz de identificar uma paixão em si mesma. Só no final de nossa conversa Rita tomou consciência de que sua história de vida possuía um pulso muito claro e persistente, algo que já começava a nutrir sua segunda adolescência. Como muitas de nós, ela não levou em consideração o brilho estável e constante da chama-piloto acesa em sua alma; ela pensa na paixão como algo que a tiraria do chão.

Não existem dois iguais

Tenho amigas cujas paixões são claras. Uma, escritora, pode se deixar transportar para tão longe pelo trabalho que, às vezes, quando telefono, ela nem reconhece minha voz. Outra jogou tênis quase todos os dias, às sete da manhã, durante 30 anos, superando numerosos parceiros ao longo do caminho — tal é seu amor pelo esporte. Para muitas pessoas que conheço, a música é o ingrediente que faz a vida digna de ser vivida, aperfeiçoando os bons momentos e amenizando os maus. Para Margô, a executiva que se tornou voluntária do Corpo da Paz, o único aspecto desfavorável em sua permanência de dois anos na África era limitar suas aulas semanais de balé clássico a visitas semestrais, quando ela voltava para casa por alguns dias. Minhas amigas politicamente comprometidas não se incomodam em passar noites inteiras redigindo e distribuindo panfletos divulgando seus pontos de vista; na verdade, elas retiram energia da intensidade da experiência. Eu as invejo. Invejo sua capacidade de perder o senso de tempo e espaço quando estão engajadas na busca "do que importa" para elas.

Sou capaz de reconhecer a paixão quando a vejo, mas tenho dificuldades para senti-la. Adoro pintar e, ocasionalmente, esqueço o tempo quando estou com minhas tintas, mas isso não ocorre com muita freqüência. Adoro esquiar e sinto-me transportada pela euforia quando estou em uma encosta coberta de neve, mas chegar lá parece ser sempre muito complicado. O que sempre amei é o meu trabalho, mas estive sempre ocupada demais trabalhando para explorar a parte do trabalho que realmente me estimula. Agora, com a clareza do vácuo fértil, vejo qual é o aspecto sem o qual eu não poderia viver: mesmo que não ganhasse mais nenhum centavo com isso, o que realmente me importa é tentar entender o que acontece com as pessoas que me cercam e tentar expor em palavras essas descobertas. Na verdade, eu faria isso de qualquer maneira, mentalmente, como acontece quando viajo de trem ou estou sentada num café, mesmo que eu nunca tenha a oportunidade de registrar as palavras no papel. A paixão é a observação e o pensamento; a alegria é expressar os resultados. No entanto, com a alegria vem o medo, medo de expor ao ridículo meu presunçoso ser levando a público meu trabalho. Mas é isso o que eu faço, e o que eu faria de qualquer maneira. Até acordo cedo por isso. Para mim, isso é paixão.

Não é uma conflagração estrondosa. Não é o que domina minha vida. Não creio que pudesse abrir mão de todo o resto para me dedicar somente a isso. Até este momento, eu não teria me descrito como alguém com uma paixão para entender as pessoas e traduzir essa compreensão em palavras. Mas, de agora em diante, pensarei nisso como minha chama-piloto. Muitas vezes, acreditamos que a paixão na segunda adolescência tem de envolver a descoberta de um novo ofício ou o aprendizado de um talento inteiramente novo, ou viagens para lugares desconhecidos. Todas essas coisas podem ser divertidas e enriquecer nossas vidas, mas o objeto real nem sempre é tão fácil de identificar — ou mesmo tão radical.

Todos temos sonhos e vontades; o mais difícil é ter acesso a eles. Para alguns, como Rita com seu amor pelos idiomas, a paixão é familiar, porém ignorada. Para outros, como eu, ela é obscurecida pela luta diária e por uma crença de que só outras pessoas têm esse tipo de coisa. Para outros, ainda, ela está ali — desligada de qualquer experiência vivida até o momento — e precisa ser revelada. "Existe alguma idéia completamente inusitada que surge em sua cabeça quando você pensa no que gostaria de fazer em seguida?", perguntei a Betty, que encontrou seu "Não!" durante a doença que atormentou seu filho por um ano. Estávamos no final de uma longa conversa sobre sua prontidão para decolar — mas para onde? Um fator que contribuía para seu senso de oportunidade era (nesse ponto, Virginia Woolf sorriria com ar de conhecedora) uma pequena herança que havia recebido depois da morte do pai aos 97 anos de idade. "Pela primeira vez, eu tinha meu próprio dinheiro. Isso me deu uma grande segurança... e uma sensação de poder que eu jamais havia experimentado antes."

Mesmo assim, ela não era capaz de determinar essa sensação de poder. Percorrera uma gama de interesses que haviam surgido borbulhantes depois de sua aposentadoria como professora. Anos antes, escrevera um romance para pré-adolescentes e o abandonara quando ele foi rejeitado por uma única editora. Ela havia adorado os meses que passara escrevendo diariamente e estava determinada a retomar essa atividade. "Se eu estabelecer alguns horários, posso dizer às pessoas que me solicitam que eu sinto muito, mas a manhã em questão já está comprometida com meu ofício de escritora, o que nunca fiz, porque acho que nunca senti ter realmente o direito de dizer tal coisa." Ela me contou como havia tido aulas de desenho no passado e ainda desejava aprender a desenhar. "Fran Austen é uma de minhas romancistas favoritas", ela explicou. "Naquele tempo, toda mulher sabia desenhar. Ela era capaz de criar uma 'semelhança'. As heroínas tinham 'o dom', mas todas eram capazes... Se eu conseguisse me desenvolver até o ponto em que fosse capaz de esboçar alguma coisa, sei que sentiria um grande prazer." E ela me contou como tinha certeza de poder "fazer o projeto da melhor mala". Ela e o filho haviam conversado, sem levar o assunto muito a sério, sobre a possibilidade de abrirem um negócio. "Sou uma especialista em malas", ela admite. "Fui a primeira pessoa fora das companhias aéreas a utilizar aquelas com rodas pequenas..."

Enquanto revíamos esses projetos, ficou claro que ela se sentia motivada por eles, mas sua energia só chegava ao máximo quando eu a convidava a pensar no inusitado. "Eu gostaria muito de fazer alguma coisa com animais", disse ela numa torrente de palavras. "Posso imaginar-me envolvida com o trabalho de resgate de animais. Isso me interessa de verdade." Algo na voz dela sugeria medo, como se ela estivesse assustada. Eu estava apenas começando a entender o que fazia dessa idéia um sonho tão ousado, quando ela me falou sobre como se via nele. "Em um ambiente mais selvagem, talvez, com os animais", e acrescentou: "Normalmente, não me vejo como uma pessoa selvagem nesse sentido." Então, ela lembrou sua participação em uma marcha de protesto contra as guerras na década de 1960. "Gosto dessa minha imagem. Além do mais, não tenho sido uma ativista verdadeira. Talvez possa escrever um livro doutrinando as crianças contra a crueldade praticada com os animais... Não me imagino fazendo nada violento, mas talvez possa agir usando minha caneta." Ela havia encontrado o que sempre estivera procurando — não o projeto, mas a paixão. E ela veio acompanhada pelo medo.

Quero mesmo me deixar levar?

A idéia de se tornar possuída por uma força irracional é assustadora. A palavra paixão é em si mesma assustadora. Muitas mulheres a associam com o território desconhecido de perder o controle, seguir instintos irracionais e dedicar essa energia a si mesmas. Também a associamos a outro tabu — raiva, a raiva verdadeiramente capaz de matar. E muitas mulheres relutam em visitar esse território. Ou relutavam. À medida que a jornada se desdobra, muitas mulheres vão descobrindo que confrontar uma vida de ressentimentos, desapontamentos e rixas — com a atitude desafiadora dos "50 do 'dane-se'" — pode liberar todo tipo de energia, incluindo, para algumas, a paixão que até então estava sufocada pelo desprezo ou pela negligência de alguém importante. A palavra também é fortemente carregada de conotações sexuais. Não se pode viver meio século — muito menos nossos 50 anos, ou 60, até — sem acumular sérias dúvidas e lamentações relacionadas à espontaneidade. Assim, talvez seja necessário adotarmos uma palavra menos carregada. "Fluidos", como quando falamos em "mobilizar seus fluidos" é um termo de sonoridade abrangente que sempre acaba aparecendo em minhas conversas. Várias mulheres falaram sobre terem encontrado suas extravagâncias — vôos impulsivos da imaginação — depois de toda uma vida de regras e contenção.

Essas palavras invocam uma espontaneidade descuidada que algumas começam a vivenciar quando brincam com os netos, mas a maioria mal consegue recordar. Estamos mergulhadas em nossa primeira fase adulta, mais estruturada e "pé no chão". Brincar é atravessar uma ponte de volta ao tempo em que éramos mais livres. Carol Gilligan e outros apontam que, para ter uma idéia de que como poderemos ser em nossa segunda adolescência, precisamos encontrar o caminho de volta para os nossos dez, 11 anos de idade, quando éramos mais livres e nossas paixões mais acessíveis.

A perspectiva de resgatar sua criança interior por meio da espontaneidade das brincadeiras pode ser tão divertida quanto tentar aprender dança do ventre usando um cinturão. Ridículo. Sentir-se tola e parecer ridícula enquanto testamos novas válvulas de descarga emocional são coisas de que certamente não precisamos agora. Já é muito difícil preservar nossa dignidade diante de tantos eventos desconcertantes. Mas o Dr. George E. Vaillant, um gerontologista de Harvard, insiste em dizer que, à medida que envelhecemos, podemos e devemos expor-nos à tolice. Nesse esquema de coisas, brincar não é uma busca frívola, mas um importante "orientador para uma vida mais feliz". O truque, ele sugere, é "aprender como manter o respeito por si mesmo enquanto abre mão da presunção". Em seu livro *Aging Well*, ele celebra a euforia de brincar depois de toda uma vida de atividades direcionadas a objetivos determinados; isso "produz alegria, e a alegria não requer reforço ou recompensa". Experimentamos nossa cota de recompensas. A alegria — que é a paixão externalizada — é uma das aventuras disponíveis na segunda adolescência.

Brincar também produz riso. O riso tem as características — deixar-se levar, resmungar bobagens, perder o controle — de outras expressões emocionais, mas sem os "perigos". Quando foi a última vez que você riu até perder o fôlego? A terapeuta Ilana Rubenfeld, que cunhou a expressão "vácuo fértil", chama o humor de "arte marcial", porque ele combate o medo. O riso, como o sexo, afeta o corpo por meio de "estimulação seguida de relaxamento". Além do mais, o riso "melhora a circulação sangüínea, a digestão, reduz a dor (por causa da liberação da endorfina, a energia com a qual o próprio cérebro produz prazer) e, o melhor de tudo, fortalece o sistema imunológico". Rubenfeld recomenda começar, se necessário, com um sorriso falso. "O simples ato de erguer os cantos da boca — ioga bucal — afeta a química do corpo e faz você se sentir melhor", ela explica. Isso realmente funciona. Pratico alguns sorrisos falsos e exagerados enquanto pedalo na bicicleta ergométrica todas as manhãs, e quero dizer que isso eleva o espírito. E também desconcerta aqueles que se exercitam à minha volta, o que satisfaz meu senso de maldade próprio dos "50 do 'dane-se'" e me faz rir de verdade. Melhor ainda, reúna seu círculo de amigos mais chegados e contem uns aos outros o que os faz rir, seja o que for. Depois, quando estiver no chão gargalhando, deixe aflorar alguns de seus sonhos mais inusitados.

As duas histórias a seguir são tão únicas quanto as paixões em cada uma das mulheres. Uma é sobre a paixão perdida no trabalho e a outra é sobre a paixão encontrada no trabalho. Joanne descobriu que suas energias eram radicalmente redirecionadas a seu aspecto físico, então em pleno despertar, depois de toda uma vida concentrada em sua mente. Joanie descobriu a própria força pela primeira vez ao dar um "mergulho" assustador e não-premeditado. Para cada uma delas, uma onda de força interna foi detonada pelo ato de dizer "sim" quando o "não" era a resposta apropriada. Ambas usaram a palavra *alegria* para descrever o que foi acrescentado a suas vidas. Ela está lá, também em cada uma de nós.

A HISTÓRIA DE JOANNE

"Eu podia me abaixar e levantar rapidamente sem ficar tonta. Era uma coisa simplesmente mágica."

Embora tenha crescido no Sul, Joanne é a antítese do estereótipo da feminilidade sulista; ela é aberta, franca e sem frescuras. Sua postura, enquanto ela se acomoda numa poltrona de seu ensolarado quarto-e-sala, sugere a de uma estóica pioneira. Até bem pouco tempo, sua vida era direcionada por uma força poderosa; ela a chamava de paixão, mas, no fim, parou de alimentá-la.

"Não sei ao certo de onde veio minha paixão por salvar o mundo", ela começa. "Talvez tenha sido na vontade de salvar a mim mesma como uma criança infeliz que fui, e depois desejando salvar o mundo porque, se outras pessoas eram infelizes, eu entendia o sentimento e também queria salvá-las..." Ela recorda como era na idade escolar: "Uma pessoa que vivia muito mais em sua própria mente e deixava-se escapar por meio dos livros. Quando entrei na faculdade, tinha um interesse muito maior por política do que por bailes. Talvez isso esteja relacionado ao fato de eu ter ido para a faculdade no Mississippi na década de 1960, e a política era infinitamente mais interessante."

Ela sempre viveu sozinha. A política, o ativismo social e seu trabalho para uma organização que fazia *lobby* a favor dos direitos humanos compunham toda a sua vida. "O trabalho era duro, mas divertido, com todas as passeatas e as estratégias políticas." Seus amigos eram do trabalho, a vida social fora do trabalho era nula e seu senso de realização vinha do processo coletivo. Foi assim até ela completar 40 anos. Um dia, uma colega desafiou Joanne — considerada uma notória sedentária entre os amigos — a acompanhá-la a uma academia e matricular-se nas aulas de ginástica. Sempre pronta a servir, ela ingressou no programa de seis semanas e, ao final, "Eu conseguia tocar meus dedos dos pés! E aprendi que podia fazer aquelas coisas, e podia melhorar".

Ao mesmo tempo — como resultado? —, ela começou a se sentir "esgotada. Era como se não estivesse fazendo o bastante por mim. Não creio que pudesse ter articulado a idéia naquela época, mas estava me esforçando muito para perceber que, se você se doa o tempo todo, não sobra nada. Está em minha natureza dar tudo de mim sempre". Como muitas de nós, quando começou a recalibrar sua vida profissional, ela descobriu que suas prioridades haviam mudado. Servir aos outros já não ocupava o topo da lista.

Para começar a prestar atenção em si mesma, Joanne pediu um afastamento de três meses e começou a pesquisar não o Grand Tour, mas programas mais aventureiros. Ela estava dizendo não a tudo que se esperava de uma dama sulista bem-educada e criada para o auto-sacrifício. Vasculhou as revistas de esportes radicais (isso aconteceu antes da Internet) e ingressou num grupo ambiental que organizava projetos em lugares exóticos. Foi um salto e tanto. Ela nunca havia viajado sozinha — "nunca havia sequer tirado férias" — e só recentemente começara a testar sua capacidade física. "Não tinha a menor idéia se podia ou não fazer tudo aquilo", ela admite. Mesmo assim, impelida por uma força interior que não podia identificar, ela partiu para três duras viagens — caminhadas por trilhas na Nova Zelândia e na Austrália e um projeto de observação em Bali. "Estivemos em todos os teatros de sombras e marionetes e passávamos a noite inteira acordados... E eu aprendi a utilizar um daqueles gravadores de fita para fita", conta ela exultante. "E conheci pessoas realmente incríveis."

Até então, Joanne percebe agora, ela "não tinha mais nada acontecendo em sua vida além do trabalho. O dia inteiro, todos os dias, inclusive nos finais de semana. Para mim, foi um verdadeiro presente perceber que existem outras coisas. E, quando voltei, mantive toda a atividade física. Ela me tornou mais alerta e mais enérgica, mais capacitada para realizar meu trabalho, que ainda é meu propósito na vida".

Pouco depois de completar 50 anos, várias coisas mudaram. A organização para a qual ela trabalhava faliu, e os membros daquele ambiente de trabalho, quase uma família — gente que havia se apoiado e se ajudado por tanto tempo —, foram forçados a seguir caminhos distintos. Foi devastador, mas

Joanne conseguiu encontrar um trabalho no qual lidava com política social — mais uma vez, exercendo atividades do tipo "salvar o mundo". Mas, ela compreendeu, "não tinha uma nova família, somente um novo trabalho".

Nesse ponto, o compromisso com a mudança que se revelava como um despertar de seu corpo já havia proporcionado a Joanne um novo e energético *hobby*, mas foi necessária uma ajuda do destino para realmente acender sua verdadeira paixão. Um dia, quando foi à associação atlética para se exercitar, havia uma longa fila de espera para as bicicletas ergométricas, e ela decidiu verificar que outras atividades estavam em andamento. Joanne encontrou uma aula denominada AIN (Ação Integrativa Neuromuscular). "Havia muita gente ali, e todos estavam descalços, e havia uma música maravilhosa, e as pessoas riam! Nunca antes havia visto ninguém rir em uma aula de aeróbica." Ela entrou "toda pronta, de meias e tênis" e experimentou aquela atividade. "As pessoas atravessavam a sala de um lado para o outro, iam e voltavam, e dançavam livremente. Tive a sensação de possuir três pés esquerdos, e ia me retirar, mas..." — sempre a dama bem-educada — "... não me senti à vontade para abandonar a atividade no meio. Achei que não seria muito delicado. Então fiquei e, no final da aula, eu ainda não era capaz de executar os movimentos, mas de alguma forma ela me conquistou." Ela havia, literalmente, tropeçado na descoberta do Dr. Vaillant sobre o brincar. "Havia alegria naquela sala", ela afirma com simplicidade.

Três meses se passaram até que ela tirasse os tênis, porque não conseguia acreditar que estava assumindo um compromisso com a dança, entre todas as coisas. "Eu me lembro do momento em que descobri que era capaz de me abaixar e levantar rapidamente sem ficar tonta. Era uma coisa simplesmente mágica." Na verdade, a AIN é mais do que correr descalço de um lado para o outro. Trata-se de uma combinação de três artes marciais, ioga, várias formas de trabalho corporal e movimentos de dança do *jazz*, do balé moderno e da arte de Isadora Duncan. Para Joanne, essa foi a receita para a satisfação pessoal. Quando se tornou "fisicamente livre", ela voltou a si mesma aos cinco ou seis anos, quando sufocou sua personalidade cintilante e alegre. "Lembro-me de como era dançar pela sala e girar até cair, e como isso era maravilhoso." Ela estava começando a conectar as peças de sua vida, a criança e a adulta, o aspecto intelectual e o físico.

E também se ligava a algumas emoções profundas. "Alguns movimentos traziam coisas que eu não entendia inteiramente e, de fato, ainda não entendo, embora tenha começado a terapia e tenha explorado tais coisas, e isso foi realmente assustador. Raiva. E tristeza. Nunca me dei permissão para ficar triste. Mas, com os movimentos do corpo ao ritmo da música, é difícil censurar sentimentos dessa natureza."

O compromisso de Joanne com a AIN colocou-a dentro de uma nova família, uma que, pela primeira vez em sua vida, não tinha ligação com o trabalho. Muitos de seus amigos são muito mais jovens do que ela e a colocam diante de novos modos de olhar o mundo. Na noite em que a entrevistei, Joanne ia para a casa de uma mulher cuja mãe havia morrido recentemente e que desejava cercar-se de todos os amigos no intuito de descrever os dias que ela e a mãe passaram juntas. "Não foi trágico", Joanne conta que a amiga relatou; "houve alegria, também." Aqueles amigos — somados aos amigos mais importantes da vida que levava anteriormente — apoiaram Joanne ao longo da dolorosa experiência de se afastar de um antigo emprego e acompanharam seus esforços para solidificar seu negócio de consultoria empresarial.

Agora, o equilíbrio entre vida e trabalho mudou completamente. O treinamento de AIN é sua alavanca propulsora, a paixão, o foco de suas energias. Ela tem se esforçado para alcançar o nível de instrutora e aprecia a comunidade recém-descoberta. O negócio de consultoria proporciona rendimento e clientes — mas não amigos próximos —, e essa atividade permite que ela tire um ou dois dias de folga para participar do treinamento de AIN. Ela tem de ser disciplinada com relação ao tempo. Por ser tão apaixonada e dedicar-se tão integralmente à dança, ela também melhorou muito quanto a dizer "não", quando, no passado, teria considerado mais fácil — mais educado ou mais "generoso" — aceitar.

Os dias de Joanne davam a ela uma sensação de harmonia — e autenticidade — jamais experimentada antes. Ela é mais apaixonada e, ao mesmo tempo, mais suave. O impulso de salvar o mundo perdeu parte da intensidade, e ainda é a maior satisfação em seu trabalho — mas o trabalho já não é sua vida. "Agora, também me importo com o que posso aprender ou como posso melhorar minha flexibilidade ou postura, apesar da idade que tenho. E também me importo com o tempo que passo com os amigos que não dedicam tanto tempo assim falando sobre como salvar o mundo. Sou muito mais relaxada do que antes." Ela acrescentou mais uma preciosa dimensão à sua vida. "Passo mais tempo com minhas sobrinhas, que amo muito. Elas estão no estágio de vida em que eu estava quando ainda adorava dançar e girar, antes de perder essa habilidade."

A HISTÓRIA DE JOANIE

"Isso é o que eu aprecio em mim... Minha extravagância."

Joanie foi criada em São Francisco em uma família rica. Ela era uma mulher realizada e cordata de 26 anos quando se casou, em 1978. Desde o início, o casamento foi tradicional, e os familiares do marido eram bastante exigentes, mas ela propôs algumas abordagens nada tradicionais ao fazer o que era esperado dela. Para começar, ela manteve seu próprio nome. "Aquela era quem eu era", ela diz com objetividade. "Eu considerava ridículo que, por ter me casado, tivesse de mudar minha identidade, quem eu era." Ela não encontrou nenhuma oposição do marido, "talvez por ele já ter sido casado antes...". Quando assumiu as esperadas responsabilidades do voluntariado, ela se uniu a um grupo que se dedicava aos direitos médicos para as mulheres. "Naquela época, todos eram meio *hippies*, mas, de alguma forma, eu sempre conseguia me encaixar no grupo." E, quando começou a se juntar a grupos mais organizados, ela escolheu a Associação Norte-americana para os Direitos Civis (American Civil Liberties Union). À medida que a família cresceu — atualmente ela tem três filhos, de 21, 19 e 14 anos —, ela concentrou seus esforços no voluntariado em escolas.

Sua vida adulta de esposa e mãe agora parece, em sua opinião, "uma espécie de trabalho de parto. Gostei do trabalho de parto? Não. Mas a magia que provém dele faz você esquecer tudo que há de ruim no processo". Como Joanne, ela tem consciência de se ter tornado mais relaxada com a idade. "Quando penso no que me abalava naquela época, tudo parece muito bobo. Agora, minha sogra comenta sobre como eu nunca permiti que meus filhos ingerissem açúcar antes dos dois anos de idade. E respondo: 'Puxa, eu era mesmo controladora.'"

Ela começou a apreciar o processo de abrir mão de arrependimentos e responsabilidades. "Também percebo que não houve um questionamento sobre ter ou não ter filhos. Eu fazia parte da cultura que pregava que uma mulher não se realiza sem ser mãe. Então, eu era feliz? Sou feliz por ter tido meus filhos. Quando tive o terceiro, já me tornara uma mãe melhor. Amo os seres humanos que eles são. Essa é a glória do presente. E também me ajuda a abrir mão do passado. Dei tudo que pude. Agora, deixe-me observá-los... e aprender com eles. É aí que o processo de envelhecimento se torna útil — ajudando-nos a abrir mão do controle e a ser mais livres."

Ela comprou um pequeno apartamento — não passou a morar nele, só o utiliza quando precisa — na cidade de Nova

York, um lugar que fica a quatro horas de trem de sua casa. "É o lar de minha segunda adolescência", ela explica, tudo que "um espaço privado" deve ser. De fato, foi Joanie quem me lembrou da parte relativa ao "dinheiro suficiente" na citação de Woolf; de todas as mulheres que conheci, aquela com mais dinheiro era a que tinha mais respeito pelo impacto de ter pouco. Talvez por ter passado grande parte de sua vida adulta distribuindo-o e observando as mudanças que ele poderia causar.

O apartamento tornou-se "uma fuga... uma espécie de santuário. Eu ia para lá quando queria descansar da adolescência de meus filhos, de todos os assuntos domésticos, e adorava aquele lugar. Ali me sentia uma pessoa livre". Ela decorou o imóvel de acordo com o próprio gosto, com uma coleção de móveis com formas inusitadas, ao melhor estilo Alice no país das maravilhas, e fotografias dela mesma. O objeto mais estimado é um espelho que ela encomendou a uma artesã. Ele é emoldurado por madeira entalhada e pintada, decorado com frases que têm significado especial para ela e que estão em consonância com a jornada da segunda adolescência. Sob o espelho há três lemas: "Não precisa brilhar", "Não precisa correr", "Não precisa ser ninguém além de você mesma".

Ela comprou o apartamento por um capricho "totalmente inusitado" antes de ter qualquer relacionamento com a companhia de dança moderna que dominou sua vida. No entanto, possuir o apartamento tornou possível — até misticamente necessário — aceitar a atribuição. De início, ela e o marido foram convidados a integrar o conselho. Ele recusou o convite e ela se preparou para fazer o mesmo, também; a última coisa de que precisava era outro compromisso voluntário. Mas, mesmo enquanto acreditava ter tomado a decisão de dizer "não", uma voz dentro dela dizia "sim!". "Minha filha é bailarina", Joanie explica. "Desde que ela era pequena, fazíamos o que costumávamos chamar de 'encontros só nossos', indo a espetáculos de dança. Havia assistido a uma apresentação daquela companhia, e lembrei-me de ter ficado fascinada." Assim, ela criou sua própria versão do salto do precipício e disse "Sim!".

"Honestamente", ela suspira, "não sabia em que estava me metendo". Quanto mais ela aprendia sobre a companhia, mais problemas via para o conselho; mas ela era impelida a prosseguir pela "quase extravagância de dizer 'Sim, por que não?'. E esse foi o princípio. Continuo pensando no livro de Gloria Steinem, *Outrageous Acts and Everyday Rebellions*", ela explica. "Ela recomenda: 'Apenas faça.' Mesmo que outros considerem ultrajante, se você tem vontade de fazer, faça. Creio que o que acontece comigo é que minha mente parece desligar, e o coração segue em frente, e eu o acompanho..."

Nos três anos desde então, ela seguiu em frente muitas vezes. Concordou em se tornar presidente do conselho e tornou-se "uma obstinada angariadora de fundos". Ela também aprendeu a fazer algo que a aterrorizava — falar em público. Quando estava desistindo, disse a si mesma: "O que tenho de fazer? Vou aceitar a responsabilidade por acreditar no que estou fazendo. Acreditar no que está fazendo liberta você de alguma forma. Eu me perguntei se precisava alcançar o sucesso. Bem, a resposta foi que eu não iria fracassar, porque não queria desapontar aquela companhia."

Como muitas de nós, ela descobriu que, quanto mais eloqüente se tornava, distraía-se cada vez menos por idéias não expressas — e ficava mais preparada para ouvir os outros. "À medida que me acostumo a gostar de ouvir minha voz por aí, realmente desejo ouvir outras vozes que ainda não ouvimos. Sobretudo aquelas de pessoas que não querem falar — e que dizem coisas como 'Não tenho nada a dizer' ou 'Só funciono bem em pequenos grupos'. É impressionante."

Ela também descobriu que seu compromisso e sua disposição para falar em público a desafiaram a desenvolver um estilo de liderança. “Gosto de um modelo que é mais próximo das mulheres, em que se trabalha mais em conjunto. Não é contra os homens, mas é contra a hierarquia. Creio que a maternidade me preparou para isso. Como escuto? Estou pressionando demais? Ou não pressiono o bastante?” Quando pensa no poder, ela faz uma pausa. “Onde quer que eu coloque minha paixão, lá também está o meu poder.”

Por mais sério que seja o trabalho que ela executa onde quer que esteja, Joanie experimenta a alegria de brincar nos vários dias que passa por mês em seu apartamento. Ela faz o próprio horário e é mais eloqüente e livre para se movimentar. “Sou mais livre e ousada aqui”, ela afirma. Mas, como muitas das reformulações na segunda adolescência, o compromisso recém-encontrado de Joanie desequilibra alguns dos outros componentes de sua vida. “O trabalho é simples”, ela diz. “Lidar com as mudanças nos relacionamentos é... horrível. Tudo isso”, ela continua, abrindo os braços para mostrar o ambiente que a cerca, “está mudando a dinâmica que tínhamos como um casal, como uma família. Também tenho uma sogra que é minha vizinha, e por isso escuto sempre coisas como: ‘Você está indo para a cidade *outra vez*?’”

Ela está descobrindo que a reinvenção de seu casamento é particularmente estressante. “Perceber que seus filhos são realmente capazes de se sustentar sozinhos é uma coisa, mas existem as obrigações com o marido/parceiro. Compreendo que é difícil, porque, como muitos homens, ele imagina que agora que está se preparando para a aposentadoria, eu estou livre para fazermos o que bem entendermos. Mas saber que não vou segui-lo pelo mundo... que não vou acompanhá-lo aos lugares que ele escolher...” Vai ser difícil esclarecer tudo isso, ela conta, mas está aprendendo mais sobre intimidade todos os dias. “Já não culpo mais meu marido pelo que ele não é ou pelo que preciso, porque talvez a questão seja eu mesma providenciar essas coisas. E agora vejo e realmente acredito que esse homem me ama por minha paixão."

Acima de tudo, ela está começando a conhecer seu verdadeiro eu colocando em prática sua paixão. Não se trata de ser presidente do conselho de uma companhia de dança, embora essa seja uma experiência transformadora em sua vida. O que a torna especial e o que ela tem a oferecer às pessoas e aos projetos que considera importantes é a qualidade que ela chama de extravagância. Por isso, ela quer se referir, como finalmente compreendi, ao impulso de seguir os próprios sentimentos, aqueles sentimentos mais íntimos e instintivos — seus caprichos —, e deixar que seus instintos encontrem suas paixões. "Isso é", ela diz, "o que aprecio em mim. Minha extravagância".

Quando acionada, seja ela uma chama-piloto ou uma luz ofuscante, uma paixão ilumina os recantos mais secretos e interiores de quem somos. E seja sua expressão um *hobby* ou um compromisso maior, a paixão implica abrir mão. Por isso, ela provoca medo. Mas, como na lição de minha descida pelo paredão do precipício, a resposta ao medo pode ser "Sim!". "Faça de seus medos a ordem do dia", disse um filósofo junguiano a um paciente. Por essa razão, creio que ele quis dizer que as experiências que foram relegadas pelo medo à categoria de impossíveis eram justamente aquelas que continham a maior promessa de descoberta. E, como Joanie e Joanne e muitas mulheres com quem conversei descobriram, a paixão enfrenta o medo. Até mesmo uma pequenina paixão é uma expressão autêntica de curiosidade sobre alguma coisa que existe no mundo exterior e que vem de dentro, em cada uma de nós.

CAPÍTULO SETE

Redefinir a intimidade

Amor, sexo, amizade e a nova versão de Você

(...) Este corpo
que foi sugado e esvaziado como um ovo.
Mas o coração não tem noção
de tempo. Ele não é um gato
que posa de indiferente ao seu retorno,
mas um cão que salta
para lamber seu rosto. Independente de
ter chafurdado no lixo ou
lambido o próprio traseiro, ele não pode
conceber que você não desejaria ser lambido.

— Ellen Bass, "Falling in Love At 55"

Meus devaneios da adolescência a respeito do amor me acompanharam por um bom tempo durante a primeira fase de minha vida adulta. O fato de não terem sido realizados só os tornava mais românticos. Meu ideal era a fadada consumação da paixão de Heathcliff e Cathy em *O morro dos ventos uivantes*. Quando ela gritou, em um paradoxo de angústia: "Heathcliff *sou* eu!", e ele gritou mais tarde, numa angústia ainda maior: "Não posso viver sem minha vida! Não posso viver sem minha alma!", meu coração gritou: "É isso aí!"

Percebi o quanto me havia afastado dessa visão de intimidade de total imersão quando uma amiga anunciou de maneira objetiva: "Estou saindo do ramo da administração emocional" e todas as células do meu ser gritaram: "É isso aí!" É a idéia de *não* ser consumida pela devoção que agora me encanta.

Quando percorremos o vácuo fértil, muitas de nós anseiam por tempo e espaço para absorver, avaliar e experimentar o que estamos descobrindo. E, quando nos tornamos mais firmes e confiantes, o prazer de ser livre é real. O que importa agora é a necessidade de solidão e a alegria de seguir as próprias diretrizes, e isso vai de encontro à intimidade como talvez a tenhamos conhecido. Mas, juntos, esses imperativos criam o cenário para o que pode funcionar: uma devoção reduzida — uma avidez por compartilhar, mas sem se desgastar. Esses impulsos nos levam à fronteira de um novo tipo de intimidade — mais suave e não-invasiva —, baseada em novas prioridades.

Ao mesmo tempo, elos estabelecidos sob os antigos termos podem exigir atenção. Maridos que se aposentam exatamente quando suas esposas sentem um segundo sopro profissional acabam fazendo exigências emocionais e de que precisam receber cuidados — ou oferecendo viagens de sonhos para locais exóticos — que podem provocar a pressão familiar de necessidades e prioridades. Assim é também com os filhos, que retornam ao ninho vazio em tempos de necessidade econômica ou emocional. E assim pode ser com pais enfermos — num sentido mais amplo.

Nessa reformulação particularmente sensível, as novas prioridades emergem das descobertas oriundas da jornada até aqui. A primeira é a *autoridade*, o poder de descobrir e afirmar seu verdadeiro eu. Essa é a força que dispara o gatilho dos "50 do 'dane-se'" e se fortalece à medida que aprendemos a contar com ela. A segunda prioridade é o *espaço* — como em *Um teto todo seu* (Nova Fronteira, 2005), de Virginia Woolf —, o reconhecimento de que cada uma de nós necessita acalentar a própria companhia. Como com relação à autoridade, o espaço para respirar é um gosto adquirido que se torna uma força provedora de vida na segunda adolescência. Quando Rosalyn Carter foi interrogada sobre o segredo de seu longo e bem-sucedido casamento com o ex-presidente, respondeu com uma intensidade que se opunha a seu doce modo arrastado de falar característico dos sulistas. "Espaço!" É possível obter companhia e afeição com os outros, como estamos descobrindo, mas não a completude.

Restaurar a intimidade pode ser um dos aspectos que causam mais confusão na segunda adolescência, porque cada relacionamento é único, e a mudança pode gerar abalos ou ser imperceptível. Amigos podem requerer atenção especial ou tornar-se estranhos. Cônjuges podem desenvolver necessidades que precisam ser atendidas — como quando ficam doentes, por exemplo — ou enfrentadas. Donas-de-casa cujos maridos aposentaram-se recentemente têm sido ouvidas declarando "Eu me casei para a alegria e a tristeza, mas não para o almoço!". Ao mesmo tempo, estamos sendo pressionadas pelas circunstâncias a reavaliar nossas responsabilidades — e o espaço de que necessitamos — em relação a nossos filhos e nossos pais. Como Joanie (a extravagante) confessou com angústia, embora o resto de sua vida estivesse se agregando de um jeito muito alegre, "lidar com a mudança nos relacionamentos é horrível!".

Um mais um

A equação romântica sempre foi complicada. Se algum dia compartilharam do meu modelo Heathcliff-Cathy, muitas mulheres o superaram. Sabemos que um mais um nunca será igual a um. Muitas de nós também aprendemos que, se um mais um resulta em não mais do que dois — duas pessoas sem qualquer território comum —, a intimidade é inexistente. Se tudo vai bem durante nossa primeira fase adulta, no entanto, nossos relacionamentos mais íntimos adquiriram uma vida própria na qual um mais um é igual a três — ou duas pessoas, mais uma criação única entre elas que possui uma dinâmica própria. Conheci uma terapeuta de casais que me explicou que não tratava os pacientes, mas o que há entre eles, "o relacionamento". Na segunda adolescência, o foco muda novamente, com o intuito de reconfigurar os parâmetros daquele espaço compartilhado. Depois de termos passado a maior parte de nossas vidas adultas tentando acabar com a *de*pendência e tentando construir nossos recursos de independência, estamos prontas para fazer o que a já falecida e grande Bella Abzug chamou de "declaração de *inter*dependência".

Para mim, a área de maior sucesso da nova interdependência em meu casamento foi nossa vida social; atualmente, meu marido e eu fazemos nossos planos noturnos com regularidade e autonomia. Consultamos um ao outro, é claro, e fazemos muitas coisas juntos, mas há cinco ou seis anos eu nunca teria sequer pensado em aceitar um convite para jantar ou ir ao cinema, se o convite fosse apenas para mim. As circunstâncias facilitaram essa alteração — não tinha mais de me preocupar com as crianças nem com as tarefas domésticas noturnas —, mas a simples teoria de que não havíamos nascido grudados um no outro precisou de algum tempo para se sustentar na prática. Com regularidade, fazem-me lembrar como o "estado mental Arca de Noé" ainda está profundamente enraizado quando convido um casal para jantar e a esposa diz que eles não poderão comparecer porque o marido tem uma reunião marcada para essa noite; ela se surpreende quando sugiro que venha sozinha assim mesmo. Em sua hesitação, reconheço o medo de não saber comportar-se entre outros casais e a preocupação de que o marido possa se sentir ameaçado pelo fato de ela estar comparecendo a um compromisso social sem ele. Tais emoções podem tornar traumáticos até os menores ajustes em um relacionamento de longa duração.

Mudar as regras pode ser um desenvolvimento particularmente alarmante para aqueles que estão inseridos em nossas vidas e que sempre contaram com nossa devoção. Nossas prioridades, após terem sido revistas, podem dar a impressão de uma rejeição. É difícil fazê-los entender que a nova intimidade a que estamos dando forma se baseia na criação de um espaço entre nós, algo que vai melhorar nossas vidas. Os homens em especial ficam bastante perplexos com a maneira como estamos nos redefinindo em relação a eles. Como não sabemos quase nada a respeito de como esse estágio de vida os está afetando, é difícil prever o nível de pânico que atingirão com a perspectiva de vácuo que nosso "espaço" cria na vida deles. E como as mudanças efervescentes dentro de nós afetarão o relacionamento que resistiu a tantas condições diferentes.

O fator hormônio

Em todos os estágios de nossa jornada, os temas da segunda adolescência se cruzam de novas maneiras, e a variação hormonal — que pode ser um assunto recorrente — desempenha um papel especialmente dilacerador na drástica mudança familiar. Christiane Northrup, autora do sucesso de vendas *A sabedoria da menopausa*, descobriu, em primeira mão, como a perda de estrogênio pode desempenhar um papel relevante no desgaste de uma parceria íntima. Quando se preparava para uma cirurgia para retirar um fibroma, ela recebeu medicamentos que a colocaram rápida e prematuramente num estado temporário de menopausa. Pouco tempo depois de ter começado a fazer uso do medicamento, uma noite absolutamente inocente assistindo à televisão no sofá transformou-se em um marco de mudança conjugal. Enquanto assistiam ao seriado *Plantão Médico*, o marido dela fez um comentário sobre a profissão de médico, algo que antes acontecia com freqüência. Mas, dessa vez, explicou a Dra. Northrup, ela explodiu. "Após anos e anos silenciando minha verdade pessoal para me tornar aceitável aos olhos de meu marido e de todas as figuras de autoridade como ele na faculdade de medicina", ela escreve, "senti-me simplesmente incapaz de continuar quieta por mais um minuto que fosse". A discussão progrediu, mas, em vez de se sentir intimidada pela intransigência do marido, ela se sentiu "crescer e ganhar altura com a própria verdade". Tudo foi dito — "sobre o que eu acreditava, sobre a medicina, sobre nosso relacionamento, sobre a iniqüidade na maneira como havíamos vivido durante todos aqueles anos —, e eu não me desculpei pelo que disse, nem fiz qualquer tentativa de tornar mais fácil o ato de me ouvir... No final, meu marido não parecia tão elevado quanto no início, e falava macio enquanto me pedia desculpas. Esse foi o ponto de transformação em nosso casamento. Não havia como voltar atrás". Ela havia estabelecido sua autoridade.

Embora essa menopausa tenha sido temporária, ela precipitou sua viagem pelo vácuo fértil, durante o qual começou a explorar seu próprio espaço. "Coloquei todos os relacionamentos significativos sob um microscópio", ela escreve, "comecei a curar as coisas inacabadas de meu passado, experimentei os primeiros tormentos do ninho vazio e estabeleci um relacionamento inteiramente novo e excitante com minha criatividade e minha vocação".

Mudança e compromisso

Joan e Robert Parker experimentaram, literalmente, a redistribuição de espaço. Sua história envolve tentativa e erro. Quando o primeiro filho do casal saiu de casa, eles descobriram que seus temperamentos e interesses não eram mais compatíveis. Ela gostava de ter uma vida social ativa e ficar acordada até tarde; ele preferia ficar em casa lendo e ir dormir cedo. Assim, os dois se mudaram para apartamentos separados. Mas ainda apreciavam a companhia um do outro e não havia nenhuma animosidade entre ambos. Depois de dois anos, eles experimentaram outro ajuste — uma grande casa no estilo vitoriano com um apartamento isolado no andar térreo e uma escada externa para outro apartamento no último andar. Ele ficou com o imóvel que continha a maior cozinha, por ter o hábito de cozinhar. Ela ficou com o sótão, por ser romântica. Joan quase nunca utiliza a escada externa, mas ela confirma seu sentimento de liberdade. Eles se divertem juntos e separados e fazem os próprios horários. Até começaram a trabalhar juntos em roteiros para a televisão baseados nos romances detetivescos que ele escreve. Robert chama a relação que mantém com a esposa de "ligação amorosa e monogâmica". Joan prefere chamá-la de "segundo casamento com o mesmo marido".

Para Carolyn Heilbrun, em seu livro clássico *Writing a Woman's Life*, um reajuste tão benéfico quanto esse na meia-idade torna-se de fato um novo casamento. Em um bom casamento, ela escreve, "tudo é discutível e enfrentado; nada se torna lei ou política. As regras, se existem, são conhecidas apenas pelos dois envolvidos, que não buscam conquistar troféus públicos".

As circunstâncias podem ajudar a amenizar a trajetória. Quando o estresse da família e do trabalho diminui, as duas personalidades podem vagar para um meio-termo de potencial companheirismo. As três fontes geradoras de movimento para o homem — dinheiro, poder e sexo — são amenizadas, ao passo que a franqueza, a autoridade e a assertividade aumentam para a mulher. Mas, em um relacionamento que se cristalizou em seus próprios meandros, a redistribuição de poder não é fácil.

O desequilíbrio de poder que sentia em meu casamento, mas nunca havia realmente definido para mim mesma, tornou-se de uma clareza ofuscante quando deparei com essa descrição de uma dinâmica familiar no livro de Mary Catherine Bateson, *Composing a Life*: "Durante pelo menos 20 anos, sempre que interrompia meu marido quando ele estava ocupado, ele terminava o que estava fazendo antes de responder. Quando ele me interrompia, eu abandonava imediatamente minha atividade para atendê-lo, conferindo prioridade a suas preocupações." Suas palavras invocaram o estado de ansiedade e animação suspensa que eu associava com o fato de estar em casa. Quantas vezes deixei para trás um pensamento que nunca recuperei, ou deixei por concluir uma tarefa até estar cansada demais para realizá-la como julgava apropriado, ou descartava um plano de fazer alguma coisa por mim mesma — algo tão simples quanto lavar os cabelos — porque surgia alguma coisa que eu precisava fazer por alguém? Paralelamente à raiva que periodicamente borbulhava por conta dessa iniqüidade de mais 30 anos, tomei consciência de um fator ainda mais relevante: eu havia desistido de meu poder — e seria possível recuperá-lo. Não sem alguma luta, é claro, não sem a oposição daqueles que estavam habituados a meu pronto atendimento aos seus chamados. Mas, cada vez que me ouvia dizer "Irei atendê-lo assim que terminar aqui", ou "Agora estou ocupada, podemos falar sobre isso mais tarde", sentia minha autoridade afirmar-se. E cada vez que me convenço a usar os poucos minutos necessários para o que preciso ou quero fazer, respiro o frescor de um espaço aumentado entre mim e aqueles que amo.

Alexis, cuja criação não-intencional do acrônimo PISS para seus esforços de reinvenção provocou tão boas gargalhadas, diz que ela e o marido estão "tentando rever o que gostam de fazer juntos", mas o "juntos" é mais difícil de redefinir do que as "coisas a serem feitas". "Jogamos golfe e esperamos viajar juntos, mas ainda somos duas pessoas muito diferentes. Às vezes, tenho uma visão de nós dois nadando, tentando atravessar um grande lago para nos encontrarmos. Nessa travessia, penso que não tenho a energia para chegar até meu marido, mas no final nos encontramos, e isso é maravilhoso. Fomos namorados no colégio, e por isso passamos por todos os estágios de nossas vidas juntos e, por mais que isso possa parecer tedioso para algumas pessoas, é excelente para nós."

"Companheirismo", o simples prazer de estar na companhia um do outro, é o termo que surge muito freqüentemente em conexão com a interdependência adquirida depois de uma longa caminhada. Jenny havia vivido absolutamente feliz com Jay por 20 anos, tempo durante o qual eles criaram cinco filhos provenientes de casamentos anteriores. Quando as crianças saíram de casa e ambos reduziram a carga de trabalho, surpreenderam-se ao descobrir como era divertido "Estar junto — fazendo as tarefas da casa, qualquer coisa!". Então, eles decidiram se casar — não para cimentar o compromisso que tinham com eles mesmos ou com os filhos, mas para comemorar a nova dimensão de companheirismo no relacionamento. Ironicamente, foi Hillary Clinton quem melhor definiu a intimidade compatível para todas nós que enfrentamos as batalhas de um casamento de longa duração. "Tudo que sei é que ninguém me entende melhor e ninguém é capaz de me fazer rir como Bill", ela escreveu em resposta àqueles que a julgavam louca por não largá-lo. "Bill Clinton e eu começamos uma conversa na primavera de 1971, e hoje, passados mais de 30 anos, ainda estamos conversando."

Hillary Clinton passou por mais coisas que muitas mulheres têm de enfrentar, mas, em minhas conversas com mulheres casadas, ouvi por diversas vezes o tema "Hoje simplesmente abro mão de mais coisas". "Tento não perder tempo ficando obcecada pelas nuances de nosso casamento", disse Beatrice. Para ela, abrir mão de lamentações do tipo "deveria-faria-poderia" gera uma autoridade revigorada. "Ao mesmo tempo, não o deixo sair ileso por coisas que me corroem internamente por ter medo de começar uma briga. Provavelmente, brigamos mais agora, mas as brigas são mais curtas e menos devastadoras que antes. Eu simplesmente tento apreciar o que há de bom. E esse bom *é* bom", ela acrescenta com um sorriso malicioso. Ela está entre as muitas (46%, segundo um estudo) mulheres casadas que há bastante tempo descobririam que a vida sexual está melhor do que nunca. "Embora a freqüência do sexo não seja a mesma de antes, quando o fazemos, sabemos que podemos contar um com o outro para encontrarmos meios de fazer a coisa funcionar. Às vezes, é maravilhoso; outras vezes, temos até surpresas." Ela tem uma grande queixa. "O ronco. Uma cura para o ronco seria mais importante que o Viagra — e salvaria mais casamentos também!"

Seguindo em frente

Alguns casamentos não podem — nem devem — ser salvos. Muitas mulheres precisam, literalmente, sair de suas vidas anteriores a fim de criar espaço para si mesmas. Quase um quinto das mulheres com idade entre 50 e 60 anos é separada ou divorciada. Um número crescente de mulheres dá início ao processo de divórcio, e também cresce o número daquelas que não se arrependem por isso, embora saibam que o processo não vai ser fácil emocional, financeira e socialmente. É uma prova de fogo. "O divórcio reconfigura a identidade", escreve Ashton Applewhite em *Cutting Loose: Why Women Who End Their Marriages Do So Well.* "Isso exige que as mulheres descubram novas maneiras de se ver e as testem inúmeras vezes sob circunstâncias duras." O desafio para a habilidade de uma mulher de estabelecer a própria autoridade e a enormidade do espaço que está abrindo para si mesma ao fazê-lo podem ser opressores.

"A questão do dinheiro é a pior", disseram-me diversas mulheres. Se até a síndrome da mendiga está aí para amedrontá-la, isso se dá nessas circunstâncias vulneráveis.

Mas, assim que o divórcio é concluído, muitas mulheres emergem revigoradas por saber que nunca mais serão tão dependentes — financeiramente ou em outro aspecto. Lenore J. Weitzman, que realizou mais de 200 entrevistas para seu notável livro *The Divorce Revolution*, descobriu que "mesmo as donas-de-casa mais velhas e casadas há mais tempo, aquelas que sofrem as maiores dificuldades financeiras após o divórcio (e que se sentem mais privadas economicamente, mais ressentidas e mais lesadas no processo de separação de bens) dizem estar 'pessoalmente' melhores do que durante o casamento... Elas também relatam auto-estima elevada, mais orgulho de sua aparência e maior competência em todos os aspectos de suas vidas".

Elas também têm melhor saúde. A idéia convencional de que o casamento faz bem — o chamado benefício matrimonial — está sendo posta em questão. Embora seja verdade que pessoas casadas, sobretudo os homens, vivam mais tempo do que seus correspondentes solteiros, novos estudos estão mostrando que um mau casamento é prejudicial, particularmente para as mulheres. O poder, ou a falta dele, é um indicador especialmente importante. Um estudo realizado há 15 anos no Oregon descobriu, por exemplo, que uma desigualdade no poder de decisão estava associada a um risco mais elevado para a saúde das mulheres, mas não para a dos homens (talvez porque as mulheres não têm outras oportunidades de exercitar o poder, o que, tradicionalmente, não ocorre com os homens). A falta de poder contribui largamente para o estresse e a depressão. A tensão constante e as discussões podem provocar hipertensão, reduzir a imunidade e tornar mais lenta a cura de ferimentos e até de ataques cardíacos. O Dr. James Cayne, que estudou esses efeitos do casamento na recuperação da parada cardíaca congestiva diz que, "se os cônjuges de algumas dessas pessoas dissessem que deveriam respirar pela meia hora seguinte, eles seriam capazes de tentar não respirar". Ele continua: "Essa teimosia excessiva pode surgir num mau casamento." As inúmeras mulheres que dizem ter iniciado o processo de divórcio a fim de salvar suas vidas podem estar literalmente certas.

A HISTÓRIA DE SAMANTHA

"Enquanto você não assume o controle da própria vida, as coisas não acontecem."

Samantha passou mais de 30 anos casada com um alcoólatra inveterado. Ela continuava com ele por causa dos filhos, e também por acreditar quando ele lhe dizia que nunca seria capaz de sobreviver sozinha. Então, um dia, depois de seus filhos terem seguido seus caminhos, ela se sentou em sua cadeira de balanço, olhou para o marido e disse a ele que havia acabado. "Você só vai quebrar a cara; não vai conseguir fazer o que está pretendendo", foi o que ele disse. "Espere e verá!", foi a resposta dela.

O catalisador para sua atitude foi a conversa com uma mulher com quem havia trabalhado, mas de quem não era amiga íntima, que acabou sendo uma dessas pessoas que aparecem no lugar certo e na hora certa. "Ela me convidou para tomar café e disse que queria me ajudar. Eu não tinha idéia do que ela pretendia dizer. Então, essa mulher me contou que era uma alcoólatra e que me ajudaria a sair do relacionamento com meu marido." As duas mulheres viviam numa cidade pequena, e o problema de alcoolismo do marido de Samantha era bastante conhecido.

Durante dois anos, enquanto os advogados se enfrentavam, ela continuou vivendo na mesma casa com o homem que passara a odiar. Mal conseguia dormir, porque ele deixava a televisão ligada a noite toda, enquanto jazia desacordado no sofá. Também havia grandes problemas financeiros. Seu marido, antes um executivo, já havia se afastado do trabalho três anos antes do início do processo de divórcio e, sem que ela tivesse conhecimento, havia contraído empréstimos que comprometiam quase todo o valor da pensão que recebia, e fora acumulando multas relacionadas ao não-pagamento de impostos. Mas ela tirou coragem da convicção de que, "enquanto você não assume o comando de sua vida, as coisas não acontecem".

Ela retomou a profissão que abandonara na área de corretagem imobiliária e reciclou seus conhecimentos. Também começou a correr: "O exercício me ajuda a extravasar a raiva e todo aquele estresse, e assim me vejo livre dos maus sentimentos", ela explica. Houve momentos, no entanto, em que nada era capaz de animá-la. No dia em que Samantha descobriu que a transação para vender a casa onde moravam havia ido por água abaixo pela segunda vez, ela lembra: "Eu simplesmente não conseguia respirar. Quando recebi a notícia, comecei a chorar e não conseguia parar. Pensava que aquela sensação deveria ser idêntica à de estar morrendo. Não havia mais esperança dentro de mim..."

Por fim, ela foi capaz de mudar-se sozinha para uma casa menor, mas foram necessários mais dois anos até a conclusão do divórcio. No último encontro, ela olhou para o homem que em breve seria seu ex-marido e foi tomada pela tristeza. "Finalmente, abri mão de toda aquela raiva e do ressentimento. Ele estava tão triste! Nunca mais reergueria a própria vida." Mas ela se reergueu. "Muito bem", disse a si mesma naquele dia. "Minha vida começa aqui, agora. Não vou ficar vivendo no passado."

"Não sinto ter 56 anos de idade. Sinto-me forte. Sinto-me cheia de vida", ela relata hoje com grande orgulho. "Fui capaz de me sustentar. Arrumei minha casa de acordo com meu gosto... e há um bom homem em minha vida." De início, no entanto, ela não conseguia aceitar as atenções desse homem. "Não estava pronta para isso e fui muito dura com ele. 'Saia de perto de mim, quem você pensa que sou, saia do meu caminho...'" Finalmente, ele me disse: "Posso entender que você precise de algum espaço. Você é digna de minha paciência, e por isso vou esperar, de forma que tenha tanto espaço quanto considere ser necessário. Saiba que estarei esperando." E espaço *era* o que ela necessitava naquela época para consolidar sua autoridade recém-descoberta.

Um por um

Quando uma mulher assume o comando da própria vida, o apelo de se casar novamente já não é o mesmo da primeira vez. Não agora que espaço e autoridade são prioridades. Mary estava divorciada há 20 anos. Durante esse tempo, ela criou os filhos, obteve um diploma e mudou-se do Meio-Oeste para Washington, onde conheceu uma pessoa ao chegar. Ela havia acabado de comprar uma casa nova no estilo da década de 1950, um imóvel que ela amava, e havia sido indicada para um cargo em uma organização profissional, quando conheceu um homem que parecia ser, em muitos aspectos, seu parceiro ideal. Ele era aposentado, mas demonstrava interesse por seu trabalho. Gostava de espaços abertos tanto quanto ela e tinha dinheiro suficiente para planejar férias adoráveis para os dois. Ele lia muito e gostava de música. A vida sexual do casal era cheia de ternura e satisfatória. E, às vezes, ele partia para velejar sozinho em seu barco por uma ou duas semanas, o que dava à relação um tempo precioso para a renovação.

Então, ele anunciou que desejava se casar com Mary e levá-la para conhecer o mundo. Um sonho, sim, mas o sonho *dele.* Os planos de Mary eram bem diferentes. Ela estava ampliando os negócios e se encontrava bem no meio de uma reforma na casa. Prosperava em sua nova cidade, ia a concertos, conhecia pessoas diferentes todos os dias e desfrutava da companhia dos netos. Mary tentou explicar tudo isso ao parceiro, mas ele insistiu que, se tivessem de ficar juntos, seria no mar. "Não me faça escolher entre mim e você", ela respondeu. "Porque eu me escolheria." Ele a fez escolher. Ela escolheu. E apesar de às vezes sentir saudades do romance, ela não lamenta a decisão tomada.

De um ponto de vista real, muitas mulheres não terão de fazer essa escolha difícil com que Mary se deparou. Aquelas com quem conversei estavam, em sua maioria, tentando aceitar o fato de que a probabilidade de levarem a autoridade recém-descoberta para um espaço compartilhado de modo eqüitativo com um novo parceiro era muito pequena. Elas não teriam feito a colocação de maneira tão direta, mas compartilhavam da estimativa da socióloga Pepper Schwartz — que escreveu numerosos livros de sucesso sobre questões sexuais nos últimos 30 anos —, de que uma mulher que considera trair seu voto de fidelidade nessa idade deve estar provavelmente passando por "terríveis dificuldades emocionais, senão físicas". Um homem em seus 50 ou 60 anos, ela acrescentou em uma conversa direta que tivemos, "pode ser muito gentil, pode ser muito brilhante e pode ter muito dinheiro — enfim, ele pode ser a personificação de tudo que há de bom, mas será menos vital do que ela em muitos aspectos. Assim, viver com ele vai exigir muitas coisas que ela realmente não quer fazer. E a probabilidade é que a situação se torne pior... Para mulheres que têm seu equilíbrio assegurado — estão financeiramente bem, fisicamente bem e levam vidas cheias de energia —, aceitar alguma coisa que as afaste de tudo isso, em vez de ajudá-las a construir ainda mais, não é uma aposta muito segura. E elas não vão topar essa aposta. Acho que as mulheres são práticas. Eu realmente acredito nisso."

De vez em quando, porém, todas as peças se encaixam. De vez em quando, a nova intimidade parece muito com a velha intimidade. Quando uma amiga querida se casou pela primeira vez aos 66 anos, não consegui compreender por que uma mulher independente e corajosa de grande experiência e importantes realizações estava subitamente se tornando toda melosa por um amor. Sua resposta me fez lembrar que nada parece ser igual quando você não é quem era, é só alguém mais velha. Ela me explicou que, depois de dúzias de relacionamentos que não proporcionavam a sensação de serem realmente íntimos, ela estava em um ponto na vida em que a relação amorosa — que já tirou do curso as vidas de muitas mulheres quando vem (e vai) cedo demais — se encaixava perfeitamente. Por quê? Porque agora, que havia demarcado seu território, havia espaço suficiente para um certo encantamento, muito companheirismo e, depois de um longo período de privação, um pouco de sexo surpreendente.

Autoridade, espaço... e sexo

Somos a geração que foi sexualmente definida pela pílula e pela decisão da Suprema Corte no caso "Roe contra Wade" que, em 1973, legalizou o aborto. O que alguns chamaram de revolução sexual foi, na verdade, uma revolução nos direitos reprodutivos. Pela primeira vez desde que se tem lembrança, as mulheres puderam assumir o controle sobre suas gestações. As conseqüências em todo o mundo estão apenas começando a se fazer sentir. Para espanto dos demógrafos, a explosão populacional que eles tanto temiam está se transformando em uma recessão populacional com grandes conseqüências econômicas para os países mais e menos desenvolvidos economicamente, sem distinção. Para a nossa geração, a conseqüência pessoal foi igualmente histórica: a distinção entre sexo e reprodução. Os parâmetros de nossa primeira fase adulta foram traçados pelo fortalecimento do controle sobre nossos corpos. O evento marcante de ter filhos ou não — e quantos e quando — já não era mais um fato da vida, e sim uma escolha que nos possibilitou planejar nossas vidas e investir em nós mesmas de um jeito que nossas mães jamais poderiam ter imaginado.

Enquanto agora nos movemos para mais um estágio sem precedentes, a habilidade de distinguir reprodução e sexo assume novo significado. Embora a menopausa possa representar o fim de nossa vida reprodutiva, ela não é o encerramento de nossa vida sexual. Uma das mais importantes considerações na redefinição pessoal que cada mulher faz de intimidade é que papel ela quer que o sexo desempenhe. De acordo com um estudo da Associação Norte-americana de Aposentados, o sexo pelo sexo parece ser menos uma prioridade para as mulheres com mais de 45 anos. Elas relacionam diversas outras expressões de intimidade como sendo mais importantes, incluindo "o relacionamento com o marido, laços fortes com amigos e familiares, bem-estar espiritual". Mas uma sólida maioria também insiste que uma vida sexual satisfatória é "importante para sua qualidade de vida". De certa forma, a redução do desejo sexual e a emergência dos "50 do dane-se" formam uma combinação libertadora. Ela torna possível distinguir desejo de luxúria, carência de solidão e servidão emocional de compromisso.

Não deve ser nenhuma surpresa para a geração que tantas vezes mudou as regras o fato de estarmos novamente em processo de mudança. Muitas mulheres, mais do que nunca, sentem-se mais confortáveis com sua sexualidade. Em uma pesquisa da *Newsweek* (outono/inverno de 2001), 30% das mulheres entre 45 e 65 anos disseram pensar que o sexo era melhor em seu tempo do que para os jovens de agora, e outros 41% disseram que "era a mesma coisa". Muitas estão aliviadas por terem algum tempo para a privacidade e a sedução, tempo que elas estão recuperando depois de anos de ritmo acelerado — dois empregos/filhos/estilo de vida consumista que foi um subproduto duvidoso da revolução. Fui lembrada do período de abstenção sexual que minhas amigas e eu enfrentamos naquela época (uma antiga capa da *Ms.* estampou "Como está sua vida sexual? Melhor/Pior/Esqueci"), quando li sobre uma variedade de livros com títulos como "Não estou com disposição" ou "Tudo bem, então eu não tenho uma dor de cabeça", que afirmavam dizer a verdade sobre as maneiras que mulheres cansadas e estressadas da geração seguinte encontravam para evitar acrescentar mais um item à lista de tarefas, o de fazer sexo. Os subterfúgios incluíam fingir estar dormindo e envolver-se com projetos domésticos que tomavam a noite toda, como retocar o verniz dos móveis ou fazer conservas. Algumas coisas não mudaram.

As impressões sobre a vida sexual de nossa geração estão a um passo de serem alteradas por descobertas impressionantes. O Instituto Kinsey está engajado no primeiro grande estudo sobre a sexualidade na meia-idade. Ele inclui pesquisas realizadas por uma ampla gama de disciplinas e inúmeras entrevistas aprofundadas, e as descobertas causarão, provavelmente, maior furor do que o original Relatório Kinsey em 1953. Uma primeira conclusão é que as pessoas mais velhas estão contrariando o estereótipo de desistir do sexo. Seis em cada dez pessoas com mais de 45 anos que têm parceiros continuam fazendo sexo uma vez por semana durante todos os anos de sua quinta década de vida, e pelo menos uma vez por mês depois dos 70 e até dos 80. Os que não se incluem nessa categoria atribuem a perda do desejo a problemas de saúde (o único desvio mais constatado) ou a simples falta de interesse, embora os pesquisadores suspeitem de que o verdadeiro problema seja a falta de informação sobre como seus corpos estão mudando e que tipo de satisfações ainda estão disponíveis.

A situação é complicada para as mulheres por dois fatores. Um deles é o acesso. Como relatou Marian E. Donn ao Instituto Kinsey: "Pode ser difícil manter o interesse e o impulso sexual quando a possibilidade de encontrar um parceiro saudável e disponível diminui." O segundo obstáculo para aquelas que se encontram em um relacionamento é bem conhecido: "A questão da administração emocional." As mulheres, Donn continua relatando, tendem a agir de forma protetora. "Quando um parceiro adoece, torna-se incapaz de manter-se ativo sexualmente ou está desinteressado", ela explica. "Não é incomum que as mulheres digam que o sexo não é importante para elas. Elas não querem magoar o parceiro ou provocar nele um sentimento de inadequação." Outra explicação é dada pela Dra. Lana L. Holstein, que conduz *workshops* para o despertar sexual de casais. Muitas mulheres, ela descobre, são "virgens de meia-idade" que "tiveram muitos encontros sexuais, geraram filhos, mas ainda não se apoderaram de seus interesses sensuais, sexuais".

No geral, entretanto, o sexo que fazemos é mais criativo e desinibido do que se considera decoroso para pessoas de nossa idade. Os pesquisadores do Kinsey estão descobrindo um significativo hiato entre gerações quanto à questão da experimentação sexual. Mulheres que cresceram nos anos 1960 e 70 relatam maior interesse no sexo, mais disposição para experimentar, para praticar sexo oral, masturbar-se, buscar mais de um parceiro, do que as mulheres mais velhas que participaram do estudo. Um pesquisador do Kinsey pergunta: "Qual será o efeito nas atitudes e nos relacionamentos sexuais no futuro?" Outro estudo propõe uma questão ainda mais instigante quanto às perspectivas das mulheres que hoje vivem a segunda adolescência: "Que recursos — sexuais, sociais, econômicos — as mulheres mais velhas podem trazer para o mercado sexual com o intuito de superar preconceitos culturais profundamente arraigados contra sua participação?" Em outras palavras: nossa geração vai erotizar a imagem de uma mulher experiente e ousada, dinâmica e independente, e levá-la além de um punhado de atrizes do cinema europeu, mulheres como Simone Signoret, Anouk Aimee, Catherine Deneuve, Sophia Loren?

Muitas mulheres solteiras com quem conversei estão buscando essa resposta. Elas estão por aí procurando uma versão para aquelas na faixa dos 50 do "sexo sem zíper" de Erica Jong — descrita em seu escandaloso romance de 1973, *Medo de voar* (Record, 1991). Elas podem estar frustradas, mas não desanimadas. Fran, que se masturba duas vezes por semana por prazer "e para não perder a prática", pensa "em seu impulso sexual como Nelson Rockefeller considerava suas ambições presidenciais; ele as deixava de lado, mas, caso surgisse a ocasião, saberia exatamente onde procurá-las".

Mas, para quase todas nós, o sexo — seja qual for a freqüência com que o praticamos — tornou-se uma forma de auto-expressão. Estamos finalmente rejeitando o jogo de sedução de alto risco e cheio de artifícios e manipulação em benefício de um sentimento mais honesto e franco de nossos próprios desejos. Mas como alguém passa a conhecer seu "eu sexual" aos 50, 60 anos? A poetisa e conselheira Ellen Bass, que durante três anos conduziu *workshops* de autodescoberta, notou como muitas mulheres estavam privadas do tipo de apoio que recebem dos amigos para explorarem outras áreas de suas vidas. "Se alguém está enfrentando problemas sexuais, um amigo pode dizer: 'Ah, isso é muito ruim', mas não nos apressamos em ajudar da mesma maneira que fazemos quando eles têm outros tipos de problemas. Não dizemos: 'Muito bem, pessoal, o que devemos fazer quanto a isso?'" Seguindo essa mesma linha, também não compartilhamos nosso entusiasmo. "Soa engraçado quando digo isso", Bass acrescenta, "mas agimos como se reconhecer que alguém faz sexo, de um jeito puramente natural, seja algo muito ousado. Como se você se sentisse muito bem numa determinada manhã por ter feito um sexo satisfatório na noite anterior e, então, o que é muito raro acontecer, chegasse proclamando aos amigos mais íntimos sua felicidade por ter feito um sexo tão maravilhoso na noite anterior!"

A HISTÓRIA DE FRAN

"Minhas respostas sexuais são tão fortes quanto sempre foram."

Fran, uma mulher divorciada de 59 anos e mãe de dois filhos adultos, é a exceção. Ela é particularmente honesta sobre suas necessidades e satisfações sexuais, e sobre as limitações de suas circunstâncias. Ela se sente à vontade com a própria sexualidade e tomou decisões realistas sobre o lugar dela na segunda fase de sua vida adulta. Seu relato direto revela uma mulher no comando da própria vida sexual:

"Minha libido ainda está por perto, definitivamente, mas hoje em dia é muito mais seletiva. Ela raramente é estimulada por um impulso visual, ou seja, um bumbum gostoso já não me anima mais. Agora, avalio os homens de minha idade (ou um pouco mais jovens) em termos da possibilidade de sermos capazes de rir depois do sexo e de quanto eles se sentirão à vontade comigo se não tiverem uma ereção, o que acontece com freqüência.

"O sexo para uma mulher solteira costuma diminuir gradualmente. Era bastante disponível quando eu tinha 30 e 40 anos, mas, depois dos 50, só estive com dois homens. Tim era sensual e um amante excepcional em termos de carícias e jogos, mas não me proporcionava muita satisfação, por não conseguir manter uma ereção. Eu sempre ficava muito frustrada quando tudo acabava, embora fosse bom dormir ao lado dele e ser abraçada a noite toda.

"Jay é exatamente o oposto, nada sensual, mas muito vigoroso (com o auxílio do Viagra, sobre o qual ele fala abertamente). Em alguns sentidos, também não me sinto satisfeita com isso. Gostaria que ele me tocasse mais e me acariciasse, mas cada um é de um jeito. Sempre me pergunto se vale a pena tentar ensinar a ele meu jeito; um cão velho pode aprender novos truques? Ele pode ser o último amante que tenho e, se isso for verdadeiro, talvez eu deva tentar mostrar a ele. Jay, certamente, aceita conversar (e trocar *e-mails*) sobre esse assunto. Mas, francamente, não quero correr o risco de afastá-lo de mim, nem no nível emocional, nem no sexual.

"O que amo em ter Jay na minha vida é que posso antecipar que, em algum momento, sempre que o vir, *farei* sexo, e a antecipação é quase tão boa quanto o ato em si. E podemos rir, e rimos, o que faz do encontro mais do que um simples friccionar de corpos. Também há algo de maravilhoso em estar com um parceiro de longa data que viu seu corpo mudar e não se incomoda com isso.

"Com ele, também, não há dúvida sobre o rumo que o relacionamento está tomando — nós dois sabemos que jamais seremos algo permanente, mas ambos temos consciência de que, se um dos dois se apaixonar por outra pessoa, sentiremos muito falta do que vivemos. Estamos menos interessados em mudar nossas vidas a essa altura do que podemos ter estado um dia. Ele se mudou para o Sul recentemente, e conversamos por *e-mail* a respeito de quando nos encontraremos. Eu gastaria 220 dólares para ir visitá-lo e ir transar com ele? Certamente. E sei que muitas mulheres que conheço também iriam.

"A única coisa pela qual invejo minhas amigas casadas, além da segurança econômica muito maior do que a minha, é a disponibilidade (pelo menos em teoria) de fazer sexo com regularidade. Gostaria que houvesse o tipo de lugar sobre o qual li certa vez em uma história de mistério inglesa — um clube chamado Uma Certa Idade ou, essencialmente, um bordel para damas de nossa idade. Eu, provavelmente, iria. Minhas respostas sexuais são tão fortes quanto eram antes, e agora sou muito mais capaz do que antes de separar sexo e amor."

Novas fronteiras de intimidade

Outras mulheres descobrem-se dispostas e capazes de *unir* sexo e amor de um jeito que não haviam considerado antes — com outra mulher. Ellen Bass, a poetisa, já foi casada e tem uma filha adulta, mas, durante os últimos 20 anos, ela tem vivido com uma mulher. Em seus *workshops* sobre sexualidade, há sempre algumas mulheres de meia-idade que "sentem que seus relacionamentos com os homens não foram como esperavam que fosse. E muitas sentem que simpatizam mais com outras mulheres", ela me contou. "Esse é um sentimento relativo à esfera emocional, e talvez seja nesse ponto que elas finalmente completem o cenário. Sentem que as mulheres são melhores ouvintes, mais solidárias, compartilham melhor — brincam umas com as outras —, e que elas apreciam essas qualidades nas mulheres. Elas gostam de estar na companhia de mulheres. Gostavam de fazer sexo com homens, mas os relacionamentos não eram, em alguns aspectos, tão satisfatórios quanto eram as amizades com outras mulheres. Nessa situação, elas podem então dizer: "Ah, bem, que se dane... sim!"

Pepper Schwartz notou a mesma vontade de experimentar. "Creio que o impulso é ajudado pelo fato de provavelmente terem existido muitas experiências quando as mulheres eram mais jovens, no final dos anos 60 e durante a década de 1970, e isso ajudou a derrubar o tabu. E mesmo que não tenhamos explorado essa possibilidade quando éramos mais jovens, mesmo que não as tenhamos ativado, alguma amiga o fez, ou lemos sobre o assunto, ou pensamos nele, ele compõe nossas fantasias... e para quem sempre foi heterossexual, ainda há a vantagem de isso ser uma novidade. Somos um animal que saliva pelo novo e, nesse caso, ele tem o doce sabor da mistura entre coisas com as quais nos sentimos mais confortáveis, ou seja, nossas amigas, de quem recebemos o maior retorno emocional, e o fato de, mesmo sendo novo, não ser assustador como seria, caso não gostássemos tanto das mulheres."

Um círculo de amizades

Mulheres solteiras, viúvas e divorciadas dizem que seu círculo de amizades é a principal fonte de apoio e confiança, e muitas mulheres casadas dizem o mesmo. Um estudo sobre o bem-estar na vida de mil mulheres que trabalhavam conduzido pelo Dr. Daniel Kahneman, que já ganhou um prêmio Nobel, confirma a "enorme importância das amigas. As pessoas são realmente mais felizes com os amigos do que seus familiares, seu esposo ou seus filhos". Algumas boas amigas são parte integrante da nova intimidade, tanto quanto nossos companheiros de vida ou parceiros no sexo. Elas são as companhias escolhidas para o jantar, como no meu caso. São companheiras de viagem, como no caso de Vivi e suas viagens anuais para destinos desconhecidos. Elas estão em nossos testamentos e nossas listas de companheiras. Acompanhamos umas às outras às consultas médicas e nos sentamos ao lado de seus leitos quando estão doentes. Mesmo quando não mantemos contato regular, acabamos tendo facilidade para retomar a conversa do ponto em que foi interrompida. Margô, a voluntária do Corpo da Paz, descobriu ao longo dos dois anos de raras visitas ao lar que, com bons amigos, "Você não esquece os pontos; apenas interrompe o tricô".

Tenho uma amiga que é, para mim, um modelo de intimidade na qual se pode falar besteira à vontade, rir até sentir dor de barriga, ser solidária, compreensiva e confiante. Nossos telefonemas periódicos sempre começam não com um cumprimento, mas com uma pergunta para a qual empregamos um tom formal: "Está acenando ou se afogando?" A questão é uma referência aos versos em um poema de Stevie Smith: "Eu estava muito mais longe do que pensava/e não acenava, mas me afogava." Costumamos rir — com amargura, felicidade ou gratidão — da pergunta. Depois, dependendo da resposta — que é sempre honesta —, a conversa pode ser terna ou distante. ("Tudo bem, só estava perguntando.") Mesmo quando estou me afogando, ela respeita meu *espaço* e minha *autoridade*. Não me dá conselhos que eu não pedi sobre o que devo fazer, e eu nem sempre entro em detalhes a respeito do problema que me aflige. O que ela sempre me dá é uma mensagem clara de que não vai permitir que eu me afogue.

Para muitas de nós, relacionamentos desse sincronismo são o modelo que dá certo para a nova intimidade. Somos mais nós mesmas, expressamos melhor nossa autoridade e temos mais chances de sermos levadas a sério nesse círculo de franqueza que criamos. A honestidade do tipo que tudo conta, essa em que estamos nos aprimorando, é moldada na segurança desses círculos. Conseqüentemente, o mesmo acontece com a intimidade. Somos muito mais abertas sobre nossas falhas e nossos fracassos, mais corajosas para buscar e aceitar conselhos, menos arrogantes sobre dar conselhos e muito menos interessadas em despertar compaixão.

É nesses círculos de amizades que também experimentamos a interdependência que fornece a medida do espaço de que cada uma de nós necessita para se aproximar das outras. Nós ouvimos, perguntamos, intuímos e perdoamos. Os ajustes são refinados pelas características do gênero — nosso radar de empatia, nosso estilo de administração de crises que busca ajudar e solidarizar-se, nossa abordagem holística para a solução do problema. Uma recente pesquisa que utilizou técnicas de imageamento cerebral esclareceu o quanto nos beneficiamos com o trabalho em equipe. Quando as mulheres foram estudadas em um jogo no qual podiam escolher entre estratégias de cooperação ou competição, o cérebro ganhava uma cor mais intensa quando elas escolhiam a cooperação — e só aumentava enquanto a cooperação continuava. (Os homens ainda não foram testados com relação a essa reação.) De acordo com um relatório feito por Natalie Angier para o jornal *The New York Times* a respeito desse estudo, as áreas do cérebro cujas cores ficavam mais intensas por conta da cooperação eram aquelas que demonstram reação a "chocolate, rostos bonitos, dinheiro, cocaína e uma ampla gama de prazeres lícitos ou ilícitos". Tudo isso levou a psicóloga Carol Gilligan a concluir que "a fraternidade é prazerosa". E ela só se torna ainda mais prazerosa com a idade.

Recalibrar amizades

Mesmo que nossas amizades nos sustentem, elas ainda são suscetíveis ao impacto causado pela alteração em nossas prioridades. Um círculo de amigos testado e verdadeiro pode precisar de uma reconfiguração; e novos amigos podem atender a novas necessidades. A psicóloga britânica Terri Apter descobriu que uma das razões pelas quais as mulheres retornam à escola é com o propósito de "conhecer outras mulheres". E uma razão que as faz procurar novos amigos é que "Amigos são sempre vistos como necessários ao crescimento — tatear no escuro em grupo é sempre mais construtivo do que fazer o mesmo sozinha". Judy, que se aposentou recentemente e se mudou para a costa do Maine, dá grande importância à necessidade de construir um novo grupo de apoio para enfrentar novos desafios. "Reinventar-se implica readaptar-se", ela diz. "Da mesma maneira que mulheres que estão abrindo um negócio formam rapidamente uma rede de contatos, precisamos encontrar conselheiros que possam nos ajudar a descobrir o que vem depois. Nem todos os seus amigos atuais podem ser bons nisso."

Particularmente quando nossas circunstâncias mudam, o tipo de apoio de que precisamos também muda. Samantha teve muito trabalho para se libertar de um longo e desgastante casamento: "Era eu quem permitia que tudo virasse um inferno." O que a salvou foi a rede de pessoas que gravitava da periferia de sua vida para seu círculo mais íntimo. Por terem vivido o que ela estava enfrentando, elas foram capazes de dar a mensagem que ela necessitava ouvir: "Você tem o poder e é suficientemente forte para fazer isso."

Às vezes, temos de renegociar uma amizade dos dois lados, a fim de corrigir um desequilíbrio de poder. Carole Hyatt, que organiza seminários para executivas, prega a doutrina da formação de rede, inclusive entre os amigos. "É um talento", ela diz. "E existem pessoas que não querem formar redes porque, para isso, precisam dar alguma coisa. Minha mãe não gostava de apresentar seus amigos uns aos outros, como se, de alguma forma, eles fossem tirar algo dela. É como aquela receita em que você deixa de fora o ingrediente mais importante. Existem dois tipos de mulheres", ela descobriu. "Aquelas que doam o tempo todo, mas nunca querem pedir, e aquelas que pedem." Ela prossegue descrevendo um esclarecedor confronto com uma amiga enquanto relaxavam em um ofurô.

"Ela havia me chamado pelo menos três vezes por semana nos últimos 20 anos para pedir alguma coisa. É sua natureza... E lá estávamos nós naquela banheira quente, e ela desperdiçando 30 minutos de seu precioso tempo para formular aquele grande pedido. Fiquei muito zangada e, batendo com uma das mãos na água, disse: 'Sabe de uma coisa? Estou ouvindo essa conversa há 20 anos e você nunca me ofereceu nada!' Ela me encarou perplexa. E respondeu: 'Carole, você nunca me pediu nada! Parece ter tudo. Eu nem saberia por onde começar minha oferta. Eu me sentiria uma tola.' Eu argumentei: 'Bem, você administra um negócio próprio.' Ao que ela disse: 'Mas você sempre parece ter clientes. Sempre exibiu essa fachada maravilhosa.' Então, eu me dei conta de que nunca havia pedido nada. Nunca me *rebaixei* a ponto de pedir. Era eu quem doava. E, no entanto, misteriosamente, sentia que ela deveria oferecer. Que todos deveriam oferecer. E o fato é que ninguém nunca oferece, a menos que você peça!" Em todos os seus relacionamentos, Carole está se conscientizando da necessidade de dividir o poder.

Vivi tinha especial consciência da natureza tanto doce quanto amarga das inconstantes demandas de uma amizade. "Existem amizades que a envolvem, que mudam e crescem com você", ela me disse. "E existem amizades que mudam, nas quais você sente que foi além das restrições da antiga configuração. Mas ainda há muito amor e afeto... e isso é intrincado." Fazer novos amigos também é complexo, ela diz, "porque você não compartilhou de toda aquela história e precisa tentar reconstruir sua história pessoal". Vivi conheceu Abigail por meio de um interesse comum: cantar no coro de uma sinagoga que Vivi ajudou a criar (e da qual acabou se desligando). "Ela se tornou uma espécie de mentora para mim... É dura. E muito autoritária. Mas é muito correta, e por isso aceitei." A amizade é hoje uma das coisas mais preciosas para ambas. "Abigail disse algo engraçado há alguns dias. Ela falou que não costuma fazer novos amigos, a menos que alguém morra."

Nossas amizades nos proporcionam um modelo de intimidade em maneiras mais diversas do que em uma estrutura de interdependência. "A única recompensa por envelhecer", diz a socióloga Pepper Schwartz, "é o sentimento de haver uma amizade honesta consigo mesma, um espaço onde você se conhece — e aceita as coisas que são e não são." Você vê sua vida "filtrada através de uma lente única, em vez de usar uma lente cultural". Em outras palavras, a intimidade começa em casa. Antes de poder estabelecer sua autoridade, você precisa conhecer o som de sua própria voz. Antes de poder ter mais espaço, é preciso ter consciência de seus limites — e de seu alcance. "A melhor cura para a solidão", escreveu a poetisa Marianne Moore, "é estar só".

CAPÍTULO OITO

Confrontar a adversidade

O tempo e os problemas vão domesticar uma avançada mulher jovem, mas uma avançada mulher idosa é incontrolável por qualquer força terrena.

— Dorothy L. Sayers

Sempre me senti cativada pela frase de caminhão "Meu carma atropelou meu dogma". Eu a considero uma espécie de prima extravagante (de novo essa palavra!) da imortal "A vida é o que acontece com você enquanto você está ocupado fazendo outros planos", de John Lennon. Ambas servem para lembrar que, por mais que eu faça listas, por mais conflitos emocionais que eu negocie, ou por mais que eu pesquise assiduamente as eventualidades para uma determinada ação, a vida vai penetrar em minha fortaleza e romper a muralha. Em algum lugar de nossa luta com o desconhecido do vácuo fértil, muitas de nós vamos nos deparar com essa constatação, mas é necessário um ato de vontade — ou um ato do destino — para colocá-la em prática. Nossos recursos internos são o que descobrimos quando somos convocadas a lidar com o que não podemos controlar.

A perda do controle já foi a experiência que mais temíamos, e boa parte de nossa energia era investida em sua preservação a qualquer custo. A vida ainda é assustadora, mas agora, na segunda adolescência, estamos transferindo nossas energias da administração de nossas circunstâncias para a aceitação da responsabilidade por nossas vidas — medos, fracassos e tudo mais. Um grande componente na lista de prioridades de minha segunda adolescência é superar o hábito de assumir a responsabilidade por tudo. Minha família tem me mostrado, nem sempre com tolerância, que tentar microadministrar a vida é um desperdício de energia e um aborrecimento para todos os envolvidos, e o registro mostra que meus esforços têm alcançado um sucesso moderado. Eles são ainda menores à medida que meus filhos assumem os próprios carmas. Hoje, eu literalmente mordo a língua para não dizer "Você se lembrou de..." e, pela primeira vez em minha vida, estou tentando *não* ouvir conversas que contenham a palavra "problema". Estou tentando deixar a natureza (humana) seguir seu curso. À medida que abro mão da responsabilidade e passo a navegar suavemente pelas águas que me cercam, descubro que estou nadando com maior espontaneidade.

Até aqui, nada de cataclísmico aconteceu. Minha média de sucesso é mais ou menos a mesma que sempre foi. Mas, em alguns exemplos, o desfecho não antecipado tem sido — bem, não antecipado. Pelo menos uma vez por semana, o que parece ser um desastre ferroviário de pane na logística se encaixa milagrosamente — alguém cancela um compromisso (uma opção que nunca me permiti considerar quando estava no controle), outros se oferecem inesperadamente para buscar alguém, alguém ainda aparece com um plano melhor (inacreditável!). E, pelo menos uma vez por mês, alguma atividade que não julguei merecedora de minha atenção para o planejamento em seus mínimos detalhes, nem mesmo para o planejamento da rota que eu teria de seguir para desenvolvê-la, encontra seu caminho até minha agenda e eu acabo descobrindo que me divirto em realizá-la.

É claro, aqui estou falando sobre a rotina diária, não sobre as coisas maiores, mas espero estar desenvolvendo uma visão de mundo mais filosófica — abrindo mão do que realmente não tem importância, testando o que parece funcionar e prosseguindo com o que quer que venha depois. Se não agir assim, temo perder o resto de minha vida encolhida, tentando inutilmente escapar do olhar do demônio. Controlando toda eventualidade concebível, prossegue a lógica ilógica, serei capaz de superar as forças da catástrofe. O estado mental mais relaxado que estou tentando implementar combina uma abertura com o que surge em meu caminho, seja bom ou ruim, com a sabedoria de fazer quaisquer escolhas e julgamentos que estejam de acordo com meus interesses. E, depois, seguir em frente.

Esse tipo de autonomia tranqüila é uma nova experiência para as mulheres; pense em qualquer personagem de Edith Harton dominada por forças sociais e econômicas além de seu controle. Até a nossa geração, a área na qual uma mulher comum podia exercer o controle se limitava às quatro paredes de sua casa ou, mais precisamente, à cozinha e ao quarto dos filhos pequenos. O resto da vida acontecia *para* ela; era isso que tornava a vida tão assustadora. A liberdade de assumir riscos por ter a confiança de poder lidar com as conseqüências é o que torna esse estágio da vida tão excitante.

Mireille Guiliano, CEO francesa da filial americana da Clicquot Inc., tem assumido riscos profissionais ao longo de toda sua carreira. "As pessoas têm pavor de fazer uma escolha errada", ela diz. Ela também fica assustada, mas, quando se depara com um momento crucial em sua vida, ela escuta a mãe perguntando: "O que pode acontecer de pior?" A ironia, é claro, é que o pior que pode ser antecipado nunca é tão ruim. Então, qual é o problema de uma eventual falha? Que importância tem se chover? Que importa se não gostarem de você? E o pior que *realmente* acontece em geral não foi previsto.

Como descobri quando dei aquele passo e saltei do precipício de costas, assumindo o controle sobre minha gravidade, segurando com firmeza a corda de segurança, ganhar controle sobre nossas vidas também implica abandonar o apoio da estrutura projetada para manter todas as coisas juntas, mas que, com a mesma freqüência, mantém a vida distante. A verdade — especialmente dura para mulheres cuja missão tem sido manter todas as coisas juntas — é que assumir o comando não é controlar tudo; é lidar com o inesperado.

Nada é mais verdadeiro para nós no presente. Embora a segunda fase da vida adulta seja um tempo de agradáveis descobertas fortuitas, também é um momento de grande vulnerabilidade. As grandes e estressantes questões que antes se mantinham encolhidas nas sombras agora estão abaixadas no horizonte — perda do emprego, perda de um ente querido, uma mudança, a saúde abalada por uma doença, um divórcio e todos os tipos de rejeição. O inesperado está em todos os lugares.

Domínio, sua voz de autoridade

Embora certamente não tenhamos controle para isso, estamos mais bem equipadas para lidar com o que há de ruim do que antes, em outros estágios de nossas vidas. A segunda adolescência traz o que os antropólogos chamam de um senso de *domínio.* É uma espécie de instinto que o leva a saber o que está fazendo, mesmo que outras pessoas não tenham essa impressão. Há não muito tempo, as mulheres se sentiam compelidas a buscar e seguir os conselhos de especialistas, médicos, revistas, homens. Acreditávamos que, em algum lugar por aí, havia um especialista que iria nos oferecer a resposta correta. Agora, sabemos que os especialistas são recursos, mas cada uma de nós precisa ter sua própria voz de autoridade.

Converse com alguém do grupo, cada vez maior, de mulheres na faixa dos 50 anos que pede o divórcio. Elas sabem que podem acabar mais sozinhas do que estão agora; sabem que estão se expondo a um risco financeiro; sabem que alguns de seus conhecidos e talvez até mesmo alguns de seus filhos se afastarão; mas elas também sabem — e sabem *de verdade* — que a escolha é certa para elas. Elas são as únicas especialistas que merecem ser ouvidas.

Os antropólogos denominam essa atitude obstinada de sobrevivência de domínio, nós a chamamos de experiência de vida, e pelo menos um humorista a chama de arma secreta. Pouco depois do início da ação militar no Afeganistão, uma sugestão sarcástica apareceu de maneira anônima na Internet:

> Mulheres como nós deveriam se alistar na luta contra o terrorismo porque...
>
> Sobrevivemos à dieta da água, à dieta das proteínas, à dieta do carboidrato e às dietas propostas em academias de ginástica e saunas em todos os cantos dos Estados Unidos sem nunca perdermos um só quilo. Podemos sobreviver com facilidade no hostil território do Afeganistão sem nenhuma comida! Passamos anos acompanhando nossos maridos ou namorados em bares, lojas de ferramentas, ou eventos esportivos... encontrar Bin Laden numa caverna qualquer não vai ser problema.
>
> Unificar todas as tribos afegãs num único governo? Ah, por favor... Planejamos jantares de Ação de Graças com lugares marcados para familiares dos maridos e parentes distantes durante anos... entendemos a arte da guerra.
>
> Reunidas, já nos divorciamos de maridos suficientes para conhecer todos os truques que existem quanto aos lugares onde eles escondem, lavam ou encobrem contas bancárias e fontes de rendimento. Sabemos como encontrar aquele dinheiro e como pôr as mãos nele... Com ou sem a ajuda do governo!
>
> Deixem-nos lutar. O Talibã odeia as mulheres. Imagine o terror deles quando rastejarmos como formigas sobre seu território no fim do mundo.

Uma descrição mais acadêmica é feita por David Guttman, diretor recém-aposentado do Programa do Adulto Idoso (Psicologia) na Universidade Northwestern. A pesquisa antropológica confirma um padrão de independência e autoconfiança feminina emergindo com a idade, ele escreve: "Enquanto os homens adultos começam a oprimir a partir do Domínio Ativo e progridem para o Domínio Passivo, as mulheres são primeiramente oprimidas pelo Domínio Passivo, caracterizado pela dependência e até por deferência ao marido, mas surgem na porção mais tardia da vida rumo ao Domínio Ativo, que inclui a autonomia do marido e até mesmo seu domínio. Em diversas culturas, e com a idade, elas parecem se tornar mais autoritárias, mais eficazes e menos dispostas a negociar submissão por segurança."

Quando a poetisa e novelista May Sarton descobriu-se confrontada por uma jovem que se negava a aceitar sua afirmação de que a idade entre os 60 e os 80 anos eram os melhores anos de sua vida, ela respondeu oferecendo a melhor descrição de domínio que jamais encontrei: "Sou mais eu mesma do que jamais fui. Há menos conflito. Sou mais feliz, mais equilibrada e (ouvi-me dizer com certa agressividade) mais poderosa. Senti que a palavra soava um pouco estranha, *poderosa*, mas acho que é verdade. Talvez fosse mais preciso dizer que sou mais capaz de usar meus poderes. Tenho mais segurança quanto ao significado de minha vida e tenho menos dúvidas sobre mim mesma a enfrentar."

A trajetória que Guttman descreve tem sido particularmente dramática para a nossa geração. Forças políticas e sociais reforçaram o padrão cultural que impulsiona nossa emergência da dependência para a independência. Nesse processo, desenvolvemos habilidades únicas que nos serão muito úteis à medida que nos aprofundarmos mais e mais nos anos que Bette Davis pronunciou notoriamente como "impróprios para os fracos". À medida que me falavam sobre acontecimentos que as desviavam de seus caminhos, as mulheres revelavam os recursos internos que as sustentavam e levavam de volta ao rumo, qualidades que estão emergindo nesse momento de nossas vidas, quando precisamos delas.

Chega de "coitadinha de mim"

As histórias seguintes dramatizam a combinação de pragmatismo e convicção, domínio e força de vontade — aliadas a um delicado grupo de apoio — que ajudaram essas mulheres a superar momentos difíceis. *Anti-sentimentalismo* é como entendo o ponto de vista que parece tão inusitado para esse período da vida. Considerando o que sei sobre a segunda fase da vida adulta, esse deveria ter sido o termo-chave para a revelação, mas só foi depois de eu ouvir diversas mulheres que escolhi com base na naturalidade com que cada uma recontava sua experiência. A mensagem subliminar, como eu a interpretei, é que estamos fartas de noções românticas e emoções determinantes. Não precisamos mais delas; qualquer que seja a realidade, podemos enfrentá-la.

Uma mulher descreveu seu novo pragmatismo como um impulso de "resolver". E seguir em frente. Para ela, isso inclui "antigos rancores, expectativas desgastadas, levar as coisas às últimas conseqüências e bobagens em geral...". A autopiedade está fora de questão. Barbara Sher, autora renomada de obras de auto-ajuda, tem pouca paciência para aqueles que "têm usado a esperança para substituir a ação". Seu conselho também é resolver. Afinal, ela lembra em *It's Only Too Late If You Don't Start Now*, "mais cedo já passou e mais tarde acaba de aparecer". Uma crise inesperada pode acelerar esse processo.

A HISTÓRIA DE MAXINE

"Há algo de libertador em não ter escolha."

Maxine jamais teria sido considerada uma mulher prática e não-sentimental. Como escritora, e como esposa e mãe efusiva e afetuosa, ela parecia se mover sobre suas generosas emoções. Ela criou três adoráveis e generosos cidadãos do mundo ao lado do homem por quem se apaixonara perdidamente 40 anos atrás. Mark havia sido um pai de família devotado, mas um marido distante. Sua frieza a magoava, mas ela adorava o lar cheio de vida e afeto que haviam construído para os três filhos, um lugar onde sempre havia boa música, conversa e boa comida, além de um profundo compromisso religioso. Durante todos esses anos, Maxine manteve uma paixão de certa forma ilícita: as peças que ela estava sempre escrevendo, pois não podia conter-se, e que às vezes eram produzidas em teatros locais. Mark considerava seu "*hobby*" problemático, embora ela também conseguisse contribuir com um valor mais do que justo para as despesas da casa, graças ao dinheiro que recebia por outras atividades autônomas como escritora.

Mesmo assim, Maxine e Mark se dirigiam para águas mais calmas, ou era isso que esperavam. Eles faziam planos para dedicar mais tempo ao que gostavam de fazer juntos e cuidar melhor deles mesmos fisicamente, tudo isso assim que Mark retornasse de uma última viagem de negócios. Então, ela recebera o telefonema: Mark fora retirado do avião desorientado e violento. Quando Maxine chegara ao hospital uma hora mais tarde, os médicos disseram suspeitar de um derrame. Os filhos chegaram e, juntos, tomaram a decisão de autorizar uma cirurgia que aliviaria a pressão no cérebro de Mark. Ele passou seis semanas em coma. Nos 18 meses desde então, utilizando um jargão médico, ele "só se recuperou em cerca de 20%".

Esse pesadelo conduziu Maxine a uma espécie de hégira de um ano de um hospital para outro, incluindo UTIs, bons centros de reabilitação, terríveis centros de reabilitação e, finalmente, um asilo para vítimas de derrame sem expectativa de recuperação. Cada transferência envolvia longas viagens para visitar instituições alternativas, e cada instituição era mais e mais distante de sua casa. Mas isso não era tudo. Um segundo pesadelo consistia em lutar contra as companhias de seguro a cada passo do caminho; sem mencionar as assistentes sociais e os administradores que também ofereciam suas contribuições. Maxine passava os dias dividida entre a cabeceira de Mark, onde massageava seus pés, cantava para ele, implorava para que ele acordasse, e a luta contra o sistema. Ela superou toda essa batalha com a confiança de que poderia enfrentar qualquer coisa, considerando que já havia enfrentado muitas brigas pessoais no passado. Depois de toda uma vida lançando mão do afeto para vencer pessoas distantes e enfrentando as objeções dos críticos com relutantes mudanças em seu trabalho, "Não quero me relacionar de forma alguma com pessoas que me amedrontam ou intimidam", ela anuncia.

Até esse ponto na vida, Maxine havia pensado em si mesma como "uma pessoa que é conduzida pelos acontecimentos", em seu caso, alguns bem traumáticos. O pai morreu quando ela ainda era muito jovem e a irmã pereceu vítima de uma doença degenerativa quando era adolescente; já adulta, ela passou por decepções profissionais e conjugais, e nas duas circunstâncias conseguiu superar e seguir em frente. "Existe uma ausência de expressão, uma impossibilidade de escolha nesses eventos que faz o caminho parecer mais claro, não porque eu o escolhi, mas porque ele me escolheu", ela explica. Mas ela não é fatalista; pelo contrário. "Há algo de libertador em não ter escolha. Porque essa ausência de opções é uma âncora, e qualquer lugar para onde você nade e se afaste dessa âncora *é* uma opção."

Quando Mark estabilizou, Maxine entrou na fase que ela chama de "pré-viuvez". De um jeito muito metódico, ela se dedicou a reorganizar os negócios do marido e desmontar a casa da família, onde eles haviam criado os filhos. "Eu me livrei de tudo", ela diz sem sentimento, "exceto de alguns móveis que eu havia pintado para meus filhos. E os livros". Após a venda da casa, todos presumiram que ela se mudaria para Nova York, onde estavam seus filhos e seus amigos, e onde havia florescido a comunidade de teatro que tanto a apoiava. Mas não foi isso o que ela fez.

Para começar, não podia pagar o preço da mudança. "Não tinha dinheiro suficiente para ir morar lá. Não havia nem mesmo a opção de me deixar levar por um sentimento quanto a essa questão." Assim, ela buscou uma alternativa realista. Durante meses, ela estivera viajando 400 quilômetros até a instituição onde Mark ficara internado, perto de Boston. Então, sem hesitação ou alarde, ela procurou um apartamento naquela região, um imóvel cujo terraço fosse grande o bastante para abrigar uma versão em miniatura do jardim que ela tanto amara em sua casa. "Boston era o melhor lugar para nadar, levando em conta que eu estava ancorada pela limitação financeira", ela concluiu.

Durante os meses seguintes, Maxine entrou em contato com pessoas da área que ela conhecera no passado e, pouco a pouco, está construindo uma vida social. Atualmente, ela vai ao teatro, a concertos e palestras sobre tópicos que Mark julgava aborrecidos, e as amigas a acompanham. Ela deu início a um processo de terapia para lidar com as sombras escuras do passado, está se exercitando e já perdeu o excesso de peso que a incomodava, e está escrevendo. Peças. Romances. O que a imaginação produzir. Com mais espontaneidade do que jamais imaginou ser possível. "Tenho uma vida plena", ela revela com uma modesta dose de constrangimento.

Uma vez por mês, ela cuida dos negócios em Nova York e aproveita para visitar os filhos e os amigos. Seus filhos se revezam em visitas de finais de semana à instituição onde o pai ainda está internado. Maxine vai vê-lo todos os dias durante a semana e leva os pratos caseiros que ele parece apreciar. Em alguns dias, ele a reconhece, e em outros, não. Ela continua enfrentando os médicos e os serviços de saúde para obter os cuidados e a atenção que deseja garantir para o homem que tanto amou, mas sua atitude mudou. "Estou sempre pensando em um episódio de *Roseanne*", Maxine conta. "Ela havia conseguido um emprego de varredora em um salão de beleza. Odeia o emprego, mas é o único que consegue encontrar, e ela está desesperada, mas o trabalho acaba sendo divertido, porque as pessoas são divertidas." É o que ela sente quanto à própria situação. "Comecei a pensar na parte de minha vida que inclui Mark como um retorno à escola. Tinha de fazer aquele curso sobre Mark estar doente. É uma exigência básica. Não é um trabalho divertido. Mas as circunstâncias que o cercam, como a nova cidade, estar sozinha, sentir-se livre, as novas pessoas, tudo isso torna a situação favorável. Possível. Até divertida." Então, só por precaução, ela bate a porta contra as hesitações sentimentais. "Sei que posso soar fria, mas a realidade é que nada vai trazê-lo de volta. E não posso abrir mão de minha segunda chance só para fingir que ele vai voltar."

Encontrando um terceiro caminho

Maxine foi capaz de ir além do sonho do *se ao menos* e passar para as verdadeiras escolhas que flutuavam por ali, no final da corrente da âncora circunstancial. Mas, às vezes, as escolhas não são claras e o desafio consiste em olhar além do óbvio. Quando se está diante do que parece ser um muro de pedras, atravessá-lo (lutar) ou recuar (fugir) não são, como as mulheres continuam demonstrando, as únicas opções. Passamos uma vida inteira nos preparando para encontrar outras vias de escape. Por "não termos podido nos concentrar em objetivos únicos, desenvolvemos a tendência de conviver com a ambigüidade e a multiplicidade", escreve a antropóloga cultural Mary Catherine Bateson em *Composing a Life*, e temos muita experiência em encontrar soluções inovadoras para a confusão da vida e as prioridades que competem entre si.

Um exemplo aparentemente comum de nosso estilo está em um estudo sobre homens e mulheres que se deslocam por distâncias consideráveis diariamente para ir de casa ao trabalho e vice-versa. As mulheres, no trajeto a caminho do trabalho e na volta, seguem por desvios elaborados, sobretudo a caminho de casa, quando compram os ingredientes para o jantar, passam pela lavanderia, compram cola para um trabalho escolar ou apanham o filho na casa de um amigo. Os homens, por outro lado, traçam uma linha reta do ponto A ao ponto B e de volta. Se existe uma tarefa que não pode esperar até sábado, eles preferem sair novamente mais tarde. A antropóloga Helen Fisher chama o que fazemos de *pensamento em rede*. "As mulheres pensam de maneira contextual, holística", ela explica, ao passo que os homens têm inclinação para adotar um pensamento linear. Uma abordagem do tipo *ou tudo/ou nada* produz um conjunto limitado de resultados. Nosso pensamento abre infinitas possibilidades. Essa terceira via de solução inclusiva de problemas não é um compromisso choroso entre duas alternativas, mas uma abordagem desenvolvida pessoalmente que se adapta ao momento, às circunstâncias, ao indivíduo.

Esta flexibilidade de pensamento é a revelação de um ensaio "O caminho do meio", da romancista Ellen Gilchrist (na compilação de *The Bitch in the House*). Atualmente com 69 anos, ela só começou a escrever depois dos 40, após uma luta que incluiu quatro casamentos, três cesáreas, um aborto,

24 anos de psicoterapia e "muitos homens adoráveis". Seu compromisso e o sucesso desencadearam um debilitante confronto entre família e trabalho. Foi assim que ela resumiu a situação para si mesma: "Posso deixá-los [a família e o trabalho] em guerra, culpando-me enquanto eles destroem tudo para onde miram suas armas, ou posso permitir que eles nutram um ao outro." Esta última solução exigia alguma ingenuidade e uma certa dose de dureza desprovida de sentimentalismo. Ela precisava de considerar algumas opções que pareciam inimagináveis, como sair de casa, ou nada práticas, como pegar seu bolo e comer parte dele, também. Tinha de ser inabalável em suas análises de como se enquadraria em cada cenário.

Hoje, ela passa parte do tempo na cidade onde vivem o marido e os filhos e participa de suas vidas "tanto quanto posso... Eles não precisam pedir ajuda. Percebo o que é necessário e atuo. Então, quando me canso de tentar controlar as vidas de pessoas que têm personalidades tão voluntariosas e firmes quanto a minha, volto para as montanhas Ozark e vou escrever meus livros... E nem penso em minha família, a menos que eles me telefonem. Se precisarem de mim, estarei ali".

Ela diz ter encontrado paz. "Acho que sou feliz", ela conclui, "porque desisti de tentar encontrar a felicidade por meio de outras pessoas... Extraio a felicidade do fato de meus filhos e netos estarem vivos e bem e eu estar presente para ver suas vidas se desenrolarem. Além disso, o resto é comigo".

Prestando atenção à metade cheia do copo

Atitude — ou como interpretamos o que está acontecendo conosco — é uma escolha. Não pensar como vítima é um recurso interno crucial. Muitas histórias que ouvi poderiam ter seguido dois caminhos: o do desespero ou o da sobrevivência e do crescimento. Certamente, Maxine e Ellen Gilchrist poderiam ter caído no ou tudo/ou nada. Em vez disso, elas, como muitas das mulheres com quem conversei, optaram por continuar caminhando.

Quando conheci Paula, ela foi logo me dizendo que não se considera uma pessoa particularmente feliz. "Coisas que talvez façam as pessoas muito felizes nem sempre me fazem feliz. Tenho uma visão meio cínica do mundo." Mesmo assim, ela tem uma atitude nas fases difíceis. "Uma coisa que percebo é que, quando algo importante acontece em minha vida — como ter conhecido um homem, ter vivido com ele durante 15 anos uma relação tumultuada que acabou se rompendo —, não me deixo destruir, não enlouqueço, não começo a beber nem me envolvo com drogas. Eu penso: 'Sabe de uma coisa? Vou me reinventar!' Emagreci, comprei lentes de contato verdes (Deus me ajude!), mudei para um novo apartamento e tratei de me empenhar em obter uma promoção no trabalho."

Ela já havia retomado seu caminho quando, alguns anos mais tarde, derrubou um pouco de água no chão da cozinha e sofreu uma lesão no joelho. Quando conversamos, ela estava em casa, de licença, e reinventava-se novamente. Ela mantinha o peso ingerindo refeições leves que encomendava e recebia em casa, e havia começado a escrever. "Contratei um professor particular de redação que trabalhava comigo pelo telefone. Escrevia muitas coisas para crianças. No momento, trabalho em uma história sobre doninhas de plumagem xadrez." Embora só tenha concluído o segundo grau, ela sempre se preocupou em se manter atualizada no trabalho, submeter-se a treinamentos, e é hábil com o computador. Isso permite que ela busque assuntos interessantes sobre os quais pode aprender e faça todo tipo de compras domésticas *on-line*. Ela não minimiza essa contribuição da tecnologia para a sua independência. Pense no isolamento que uma mulher na situação de Paula teria enfrentado no passado; por mais que fosse autosuficiente em boas condições de saúde, ela teria se visto dependendo dos vizinhos e da família para tudo, do leite ao jornal diário. Graças à Internet, Paula acredita ter acesso ao melhor dos dois mundos.

Ela não tem filhos, mas mantém contato próximo com a família e os amigos. "Eles me procuram e pedem conselhos. Se estão deprimidos, se estão tristes... Nem sempre é brincadeira... Tento sugerir alguma alternativa... Sou boa em fazer essas coisas para outras pessoas. Mas não sou tão boa assim comigo mesma." Quando lê sobre como mulheres mais velhas são invisíveis, ela fica furiosa. "Existem dois tipos de entidades humanas: as mortas e as pré-mortas. Assim, enquanto estiver valsando entre a pré-morta e a morta, preencha sua vida com muitas crianças, ria muito (porque a vida é ridícula), faça sexo até a parede balançar e divirta-se." Em última análise, sua reação ao pensamento negativo é "Cale a boca! Cuide de sua vida!". Ninguém poderia chamá-la de Poliana, mas, ela parece estar falando sobre ser uma pré-morta, que, *considerando a alternativa...*

Entre os seis determinantes para uma velhice dourada que emergiram do estudo do Dr. George Vaillant sobre o desenvolvimento adulto, dois são particularmente pertinentes. O primeiro é que acontecimentos negativos nem sempre são as forças incontroláveis que às vezes pensamos ser. "Não são os acontecimentos ruins que nos sentenciam", ele escreve, "são as boas pessoas que surgem em nosso caminho, em qualquer idade, que facilitam uma velhice apreciável". (É intrigante perguntar a nós mesmos quem têm sido essas pessoas em nossas vidas e observá-las nas histórias de vida de outros.) A segunda colocação trata de como a atitude afeta o impacto dos acontecimentos: "A boa saúde física objetiva é menos importante para o envelhecimento positivo do que a boa saúde subjetiva. Por isso, quero dizer que não faz mal ficar doente, desde que você não se sinta doente."

A HISTÓRIA DE STEPHANIE
"Não serei amarga. Não serei amarga."

Stephanie, que vive em uma pequena cidade do Meio-Oeste, estava entre os 40 e os 50 anos quando foi atingida por uma série de acontecimentos deprimentes que poderiam ter despertado nela essa sensação de estar doente. Ela era filha devotada de uma mãe que sempre concentrara a própria vida na família, esposa dedicada de um advogado muito envolvido com a carreira e mãe de três filhos. Então, em pouco tempo, as três fontes externas de aprovação foram removidas. Quando a mãe dela faleceu, o golpe foi terrível. "Lembro-me de ter pensado que não havia mais ninguém para quem mostrar minha vida." Ao mesmo tempo, o último de seus três filhos passou a freqüentar a escola o dia inteiro e o marido passou a dedicar ainda mais tempo ao trabalho. Stephanie sentia-se muito sozinha, mas não se permitia experimentar a autopiedade. Ela continuava dizendo a si mesma: "Não serei amarga. Não serei amarga."

Ela se preparou para cursar uma faculdade, e o esforço não foi pequeno. Primeiro, foi necessário passar por um dos momentos mais esmagadores de sua vida. Na última vez em que considerara continuar os estudos, sua mãe ainda era viva e a encorajara. "Nós arcaremos com os custos", Stephanie se lembra de tê-la ouvido dizer. Mas, quando telefonou para casa alguns dias mais tarde para informar que tinha tudo pronto para a matrícula, seu pai a atendeu. Quando ela anunciou o custo do curso, ele indagou: "Muito bem, e quem vai pagar por isso?" "Esse foi um daqueles momentos em que não consegui falar nada", Stephanie recorda com pesar. "Meu corpo todo parecia desmoronar. Meu marido e eu já tínhamos dívidas. Obviamente, minha mãe nem havia discutido o assunto com meu pai. Quando me recuperei do telefonema, nem sei se algum dia falei com minha mãe sobre isso, a faculdade era um assunto fora de cogitação."

A situação financeira era apenas um pouco melhor dessa vez, mas a alternativa — ser amarga — era inaceitável. "Nossa casa precisava de uma pintura e, na época, pintar a casa era mais barato do que obter um diploma universitário, mas nós adiamos o projeto. Era muito difícil para mim tirar esse dinheiro da família. Eu tinha aquele sonho recorrente sobre a casa ter sido pintada, mas a tinta não aderia à parede e se soltava em bolhas. Não é assustador?" Mas sua resolução era forte.

Quando conseguiu seu diploma, três anos depois, ela estava separada do marido. "Não creio que as duas coisas estejam relacionadas... Bem, talvez estejam." Ela suspeita ter precipitado o rompimento. "Eu me sentia cada vez mais sozinha. Tinha a sensação de estar criando meus filhos sozinha. Devo ter me tornado mais exigente, e a vida ao meu lado provavelmente se tornou uma pressão grande demais para ele. Ao mesmo tempo, quanto mais eu fazia, mais ele se sentia pressionado e alienado. Nossos filhos entravam na adolescência. E isso também pode ser difícil." Mas os problemas conjugais eram mais sistêmicos. "Ele escreve com perfeição e é capaz de tornar até a mais complicada idéia compreensível, mas não se sente à vontade com outras pessoas. Ele tem grandes dificuldades quanto à interação social, e eu preciso dela para viver."

"Foi só um desencontro", diz Stephanie. "Nós dois nos esforçamos muito." Quando o divórcio aconteceu, dois anos depois, foi um alívio. Não houve rancor, e ela acredita que o arranjo financeiro tenha sido justo, mas, ao deixá-lo, Stephanie aponta, "eu me demiti de um emprego de 100 mil dólares anuais".

Ser a única mulher divorciada em seu círculo de oito colegas de faculdade só aumentou a determinação de Stephanie em não ser amarga. Ela foi contratada em regime de meio período para avaliar programas de educação. "Eu havia participado ativamente da Liga das Mulheres Eleitoras e da Associação de Pais e Alunos. E também era professora. E tinha aquele diploma recente em administração educacional." Quando os filhos se tornaram mais independentes, ela encontrou um emprego em tempo integral e descobriu que "muitas das pessoas ali eram, talvez, cinco anos mais jovens que ela, muitas não eram casadas e todas tinham doutorados. Então, comecei a pensar que precisava de um doutorado".

Então, aos 53 anos, ela começava a vivenciar seu domínio; havia alcançado um certo ritmo em sua carreira e um pouco de confiança em seus instintos. A mesma força — seu interesse nas pessoas — que a propeliu para fora do casamento deflagrou sua escolha profissional. "Eu me matriculei novamente na faculdade, dessa vez em um curso de psicologia. Não tinha idéia do que tratava essa disciplina. Se alguém me dissesse tal coisa, eu responderia que esse não é um bom motivo para estudar psicologia, mas eu sempre me interessei muito pelas pessoas. Não tenho dúvida alguma de que esse é o interesse mais premente que jamais tive." Ela havia, em outras palavras, encontrado sua paixão. Desse momento em diante, ela assumiu o comando de sua vida, enfrentando tudo que surgia. O doutorado tornou-se a força propulsora. "Eu simplesmente tinha de concluir aquele doutorado porque então aquilo seria meu, e ninguém poderia tirar isso mim", ela recorda. "E, se eu me desse mal, a culpa seria só minha."

Sua escolha excluiu outras opções. Ela não se permitia sequer pensar em conhecer novos homens, porque não havia tempo para essa distração. Também assumiu um grau de ansiedade econômica em troca dos estudos. "Se eu investisse aquele dinheiro e encontrasse um outro emprego qualquer, hoje estaria muito mais segura financeiramente", ela diz. "Mas lembro-me de ter conversado com alguém que trabalhava na sala de correspondência; ela deveria ser uns 30 anos mais velha do que eu. Ela me disse: 'Oh, Stephanie, sempre que uma mulher pode fazer alguma coisa para melhorar, ela deve ir em frente.'" Então, refletindo o princípio de influências positivas do Dr. Vaillant, Stephanie acrescenta, pensativa: "Esse tipo de apoio vem dos lugares mais inesperados e imprevisíveis, não é?"

Embora hoje tenha uma posição em tempo integral em um hospital, as finanças ainda representam um problema. "Muitos de meus amigos começaram a se aposentar. Eu não posso pensar nisso. É um resultado das decisões que tomei. Mas eu não iria querer me aposentar. Adoro meu trabalho. Sinto-me cada vez mais segura de mim. Sou cada vez melhor em defender meu território. Quanto mais velha fico, mais sou capaz de dizer: 'Não, não concordo com você nesse ponto.' E falo assim inclusive com pessoas brilhantes, bem informadas e bem-educadas. Sou mais confiante quando estou sendo desafiada... E você sabe de uma coisa? Não me sinto nem um pouco amarga!"

Uma rede de segurança

Quando falta atitude, e as escolhas parecem estar se esgotando, tudo que não se perde é a família, os amigos, os colegas e as pessoas que aparecem aleatoriamente nos lugares certos e nos momentos certos. Eles sustentam uma rede. Durante a segunda adolescência, uma mulher é freqüentemente lembrada que a comunidade que ela construiu no trabalho, a família que ela aumentou a fim de incluir os amigos, as mulheres mais jovens que ela orientou e as mais velhas, de quem buscou conselhos, bem como todas aquelas que ela, instintivamente, apoiou e amparou em momentos de estresse, tornaram-se um grupo de apoio maior do que a soma de suas partes. E podemos contar com ainda mais um nível de domínio e suporte de nosso círculo íntimo. À medida que as mulheres de nossa geração acumularam poder, recursos financeiros, influência e experiência, nós nos tornamos capazes de oferecer esses recursos também umas às outras.

Cada uma de nós que já enfrentou um contratempo grande ou pequeno tem uma história para contar sobre força, generosidade e riso compartilhado em uma comunidade de amigas. As histórias a seguir mostram dois tipos de comunidade muito diferentes, aquele que uma mulher constrói para si e outro, em que ela mergulha.

A HISTÓRIA DE TERI

"Saímos juntas para preservar a honestidade umas das outras."

"Venho de uma família realmente problemática, alcoólatra e violenta", Teri começa. "Sou a mais velha de cinco filhos, e a única menina numa família católica tradicional. Assim, o fardo de ser mulher foi... bem, um fardo. Ser mulher era como uma maldição. Quando entrei nos meus anos de *hippie*, acreditava em reencarnação, e tinha toda aquela argumentação sobre ter sido uma pessoa horrível, um *homem* realmente mau em uma vida passada, e por isso havia acabado no lugar em que estava." Olhando para trás, ela declara: "Travei muitas batalhas desnecessárias. A estrada estava aberta diante de mim, mas eu não conseguia acreditar nisso... Havia muitas oportunidades para me destacar e ser uma daquelas jovens estrelas brilhantes, e eu simplesmente não tinha o perfil psicológico para seguir em frente." Ela também não tinha o apoio de pessoas que acreditassem nela.

Para escapar de casa, Teri encontrou uma série de empregos que nunca davam certo, até finalmente matricular-se na faculdade local. "Eu havia criado uma confusão tão grande em minha vida que não acreditava que eles pudessem me aceitar, mas escrevi um ensaio sobre minha triste vida e enviei para o conselho da faculdade. E eles me aceitaram." De início, ela se deu bem e obteve boas notas, mas também estava bebendo muito — "embriagar-se naquela época era como uma atividade recreativa" — e, numa noite, em seu ano de caloura, ela foi violentada em seu apartamento. "Foi o irmão de minha companheira de alojamento, e fiquei apavorada demais para fazer alguma coisa, porque a sala de estar estava cheia de jogadores de hóquei bêbados, e, se eu emitisse um som, acabaria atraindo todos eles para o quarto..." Ela concluiu aquele ano, mas desistiu da faculdade e foi morar "com um bêbado que também era usuário de drogas". Ela conseguiu um emprego, onde "prontamente comecei um caso com meu chefe". E esses foram apenas os *primeiros* 20 anos.

Mas seu eu sobrevivente e uma paixão emergente pelo jornalismo a levaram de volta à escola. "O que realmente me fez voltar foi que, quando estive lá pela primeira vez, participei do jornal da escola e eles realmente gostaram de mim. Minha sala era formada basicamente por pessoas que precisavam trabalhar e, assim, não havia ninguém para cuidar do jornal. Ouvi dizer que, se eu me matriculasse na escola, teria uma boa chance de ficar responsável pela publicação. Isso foi o suficiente para me levar de volta."

Seu eu autodestrutivo não ficou fora de cena por muito tempo. "Acho que Dualidade é meu segundo nome", ela afirma em tom cansado. Teri continua bebendo e usa outras drogas. "Eu já havia utilizado cocaína e me livrado dela", Teri conta. "Também já havia me livrado de minha combinação favorita, barbitúricos e uísque, e ainda tinha de me livrar do Valium. Finalmente, tive um daqueles episódios em que perdia quase o dia inteiro... e, quando voltei, todas as células do meu corpo estavam gritando. Eu pedi a Deus para tirar minha vida. E não fui atendida. Assim, fui à minha primeira reunião do AA." Essa foi a primeira vez em que ela buscou ajuda, e o grupo a ajudou durante algum tempo. Ela concluiu a faculdade e foi a oradora da turma na formatura.

Como uma boa menina, Teri se casou em seguida. Como uma má menina, ela se casou com um sujeito alcoólatra e maconheiro. Quando o deixou, sete anos mais tarde, foi porque ele estava sabotando os planos profissionais de seu eu sobrevivente. "A dinâmica do relacionamento era a seguinte: ele era o passivo-agressivo e eu era a agressiva-agressiva." Quando finalmente decidiu abandoná-lo, ela conta, "foi uma coisa quase indigna, baixa mesmo. Parti com 100 dólares no bolso e nada mais. Não levei nada, porque me sentia culpada por estar indo embora. Mas, quando passei pela porta, eu me senti muito leve. Não estava feliz, porque me sentia dilacerada em muitos sentidos, mas estava leve. Apavorada, quase como se pudesse explodir, e muito leve".

Determinada a retomar sua vida — e fazê-lo inteiramente sozinha —, Teri se mudou para o Sul, para uma nova cidade, conseguiu um novo emprego e finalmente reconheceu uma atração por mulheres. Mas ela escolheu "uma jovem muito problemática com um passado familiar ainda mais atormentador que o meu", alguém que provavelmente não serviria de suporte. Então, a menopausa chegou "de forma grandiosa. Ela realmente mudou tudo. Não tenho a aparência de uma velha centenária, mas aparento minha idade, e isso nunca aconteceu antes. Fui uma menina bonita", ela acrescenta em tom suave. "É um castigo merecido." Foi como se tudo tivesse de desmoronar antes de Teri poder realmente recomeçar. "Eu realmente acabei. Todo farrapo de identidade que eu pudesse ter tido havia desaparecido. Não era mais uma mulher casada, não era mais uma jornalista, não era mais uma heterossexual. Não era nem católica. Então, que droga eu era?"

Nessa época ela estava trabalhando num emprego de "quebra-galho" onde conheceu um homem mais velho e homossexual que a ajudou a percorrer todo o processo de reformulação. Ela o descreve como "um desses anjos que aparecem em sua vida, uma pessoa mágica e adorável". A pessoa certa, no lugar certo. "Ele se aproximou de mim, me adotou e me levou para a comunidade homossexual." Foi a primeira vez que ela se sentiu à vontade para abandonar algumas defesas antigas. Logo ela começava a ouvir sobre "um grupo AA de homossexuais" que funcionava em seu bairro; ela havia passado por lá diversas vezes. Então, ela deu o *salto* que é o ponto de transformação em tantas histórias sobre a segunda adolescência. "Um dia, eu simplesmente entrei. E o que encontrei foi um encontro de meditação, um grupo de velhos *hippies* homossexuais, e foi ali que eu realmente me encontrei." Naquela comunidade, ela se sentiu segura o bastante para parar de lutar. Olhar para a sua vida e começar o processo de reagrupar os fragmentos de sua personalidade.

Um desses fragmentos era um sonho de infância. "A segunda fase de minha vida adulta inteira gira em torno dessa vida que tenho agora. Se eu tivesse tido a possibilidade e os meios para desafiar minha família, teria sido uma artista. Esse foi realmente meu primeiro amor." Durante o dia, ela trabalha como secretária, e está mobilizando sua rede recém-formada para ajudá-la a retomar o jornalismo. "É a primeira vez que peço ajuda dessa maneira", ela admite. À noite, em sua comunidade atual, ela é cantora de *jazz*. "Faço coisas malucas, também. Chamo alguém para dançar no palco, ou canto uma música com uma jovem artista que estou ajudando a lançar. Ela toca trompete, e nós a arrastamos para o palco e a obrigamos a tocar." Seu grupo não bebe nem freqüenta bares, mas "ama o que a subcultura tem a oferecer" e cria o próprio divertimento. "No final dessa semana", Addie anuncia, "estarei me apresentando num excelente *show* de talentos que envolve muitos rapazes usando vestidos..."

Ela está conhecendo sua essência entre pessoas que entendem quão intensamente ela tem resistido ao confronto. As amigas de Teri têm entre 20 e 30 anos e mais de 60, e vêm de diversificados cenários de formação pessoal e experiência profissional, mas todas são espíritos semelhantes. "Não há nada a esconder. Saímos juntas para preservar a honestidade umas das outras, porque é aí que a doença se instala, quando a negação acontece." Elas oferecem algo muito simples e precioso. "Desde que me envolvi com aquela comunidade, não consigo andar pela rua sem encontrar alguém que conheço. Assim, há sempre alguém com quem comer, tomar um café, e há pessoas que, quando começo a me isolar, telefonam para saber se estou bem."

Levando-se tudo em consideração, Teri diz num tom de reflexão que *está* bem. "Agora, sinto um conforto muito maior e mais completo comigo mesma, e me divirto muito mais do que quando era mais jovem." O que vem depois? "Há uma expressão dos AA — 'Os destroços do nosso passado' —, e eu tenho muitos destroços para administrar; alguns são relacionamentos prejudicados, e muitos são os destroços relacionados à situação econômica, mas estou trabalhando nisso. Gosto de morar sozinha, realmente, o que é um problema para quem é lésbica. Gostaria de encontrar uma parceira que não sentisse necessidade de morar comigo... Gostaria de chegar ao ponto de ter uma bela casa, morar sozinha e escrever com impunidade." Uma escolha de palavras particularmente pungente para uma autopunitiva em recuperação.

Finalmente, o que faz Teri sentir que pode ter finalmente se encontrado é o fato de ter um lugar não só em sua comunidade, mas também na família humana. A jovem artista que ela está lançando é "alguém que exige de fato muito tempo. Mas esse tempo me foi dado quando eu precisava dele, e por isso acho que o certo é que eu agora o dedique, e é realmente bom para mim... As coisas que pessoas dessa idade fazem me põem maluca. Mas, quando você se escuta dizendo as mesmas coisas que lhe foram ditas, isso também serve para, de certa forma, manter sua honestidade." Há mais um fator. "Tenho momentos de arrependimento por não ter tido filhos", ela admite. "Fiz a escolha certa para mim, mas é difícil não sentir tristeza de vez em quando. Por isso, é bom ser útil para pessoas que têm a idade que meus filhos teriam."

A HISTÓRIA DE KATHRYN

"Sou uma sobrevivente! Graças ao apoio amoroso de minha família e dos amigos."

O analista junguiano Jean Shinoda Bolen chama o câncer de "doença da sabedoria", porque seu progresso relativamente lento permite que as vítimas analisem suas vidas — um vácuo fértil de alta intensidade. O grupo de apoio de Kathryn já estava formado quando a doença chegou. Pessoa alegre e cheia de energia, ela sempre cuidou dos outros e fez da ampliação de sua família uma prioridade. Eu a conheci por intermédio de nossos filhos e sempre admirei seu lugar no círculo de amigos dos garotos: se pensasse que eles tinham de saber que sua opinião era a correta, ela anunciava as regras; se julgasse ter de saber o que eles estavam fazendo, ela os interrogava diretamente. Cada um daqueles garotos sabia que ela tentaria fazer as coisas darem certo para eles. Quando meu filho perdeu a carona para o Woodstock II horas antes de partir, sua primeira reação foi um telefonema para a "Sra. F.", e ela providenciou uma carona entre seus conhecidos.

Kathryn recebeu o diagnóstico de câncer de mama já avançado aos 52 anos, justamente quando seu segundo filho saía de casa para ir para a universidade. Toda uma vida reunindo energia e habilidade para "fazer as coisas darem certo" com os outros havia produzido um amplo círculo de amigos preocupados e colegas interessados que, agora, queriam fazer por ela tudo que fosse possível. O benefício que ela obteve com esse apoio está claro nos *e-mails* regulares que ela fez circular entre os amigos mais próximos nos 18 meses seguintes. Os trechos seguintes são testemunhos de seus recursos internos — sua honestidade e seu humor, seu domínio e pragmatismo, sua atitude de quem está doente mas não se deixa adoecer — e do papel vital desempenhado pelo afetuoso grupo de apoio que sua própria generosidade de espírito formou para ela.

> 13/8
> Tive o final de semana para digerir a informação da sexta-feira e agora percebo que tenho MUITA sorte por isso não se ter espalhado por outros órgãos. Meu médico disse que isso significa que meu sistema imunológico é realmente bom para combater esse grande tumor. Estou esperançosa, embora amedrontada, mas vou reunir informação, digeri-la e escolher o tratamento que eu sentir ser adequado para mim...
>
> P.S.: Minha atual terapia é ALIMENTAR MEU ESPÍRITO, portanto:
>
> - Amanhã: museu Madame Tussaud e *O rei leão.*
> - Vou de carro visitar [minha filha que é conselheira num acampamento] o acampamento com minha sobrinha e O BEBÊ... isso deve ser uma ÓTIMA terapia!!!
> - Quinta: Tenho um horário marcado na cidade para cuidar de minhas perucas.

> 6/9
> (EXISTE UM ALTO RISCO DE O CÂNCER RETORNAR EM LOCAL DIFERENTE!) Sendo assim, o tratamento agressivo é justificável. Serei submetida a uma forma muito agressiva de quimioterapia... Receberei a injeção no dia 1º e, novamente, no dia 8,

depois terei duas semanas de folga antes de repetir o ciclo. Isso vai continuar por seis MESES! Após esse período, então, receberei cinco tratamentos a cada três semanas de Taxol, outra droga. Depois, farei a reconstrução do mamilo, e, um mês mais tarde, serei submetida a cinco ou seis semanas de radiação. Parece que tudo isso vai consumir cerca de um ano!

Estou totalmente acovardada, mas relaxarei nesse final de semana para reunir forças. Mentalmente, sei que devo ser forte, positiva e estar feliz por haver um tratamento disponível para o meu câncer de mama — todas coisas boas, mas, emocionalmente, estou um desastre... Com medo do desconhecido... É muito difícil para alguém que, como eu, gosta de estar "no controle". Gosto de planejar e escrever em minha agenda todos os meus "afazeres". (Eu sei, vocês estão rindo, garotas...)

12/5

Passei por 13 tratamentos de radiação e ainda faltam mais 20. Estou sempre cansada, mas muito grata ao apoio amoroso de minha família e de meus amigos. SOU UMA SOBREVIVENTE!!

Hoje é Dia das Mães... Quando nos sentamos para almoçar, eu agradeci a Elliot por me ter feito mãe. Um trabalho muito excitante, exaustivo, maravilhoso e realizador.

Ele disse: "Bem, se pudesse fazer tudo de novo, você se casaria comigo?" Eu respondi: "É claro que sim!" E ele falou: "Ótimo, porque é para isso que nosso rabino e a esposa estarão aqui às quatro da tarde, para nos casar na tradição judia." Sempre me senti mal por não me ter casado numa cerimônia religiosa (nós nos casamos com um juiz de paz)... Usei a mesma roupa de nosso primeiro casamento. Na verdade, eu sabia exatamente onde ela estava! Assim, para mim, foi um dia glorioso.

17/6

Já faz quase um ano que descobri o nódulo em meu seio. Tem sido uma jornada incrível. Uma jornada que está mudando minha vida.

Quero agradecer a todos vocês pelo amor e pelo apoio. Se você esteve sentado com minha família enquanto era operada, se segurou minha mão enquanto eu morria de medo e vomitava, se preparou refeições para a minha família, fez sopa para mim quando era a única coisa que eu conseguia segurar no estômago, se me mandou flores, escreveu um bilhete, telefonou para saber do meu progresso, ou simplesmente me incluiu em suas orações...

A todos vocês, minha gratidão: AGORA, SOU UMA SOBREVIVENTE, graças a vocês!

- Meu marido, que foi minha âncora e meu treinador. Que me viu no pior estado e ainda disse que eu era linda... Sou uma sobrevivente e continuarei sendo, por causa dele. Ele é minha razão de viver!
- Meus filhos, que certamente ficaram com medo e sem saber o que fazer, mas pareciam estar sempre fazendo a "coisa certa e mais carinhosa". Eles são minha razão de viver!
- Minha irmã, que tirou duas semanas de férias para cuidar de mim depois da cirurgia, que me deu banho, lavou meu cabelo (quando eu tinha cabelo), cozinhou para a minha família e simplesmente esteve ali comigo. Ela é minha razão de viver!
- Meu sócio nos negócios, que me disse para esquecer os negócios e cuidar de minha saúde, que ela deveria ser minha prioridade número 1 (mesmo quando eu lutei para continuar trabalhando). Ele é minha razão de viver!
- Todos os meus amigos: vocês foram indispensáveis em minha jornada; ajudaram-me com a pesquisa, conseguiram consultas médicas com rapidez espantosa, ensinaram-me quanto aos protocolos dos mais modernos tratamentos, telefonaram para mim, estiveram por perto para me confortar, fizeram chá para mim, deram-me guloseimas, levaram-me de carro para raspar a cabeça e ir buscar minhas perucas, levaram-me aos locais dos tratamentos... Riam de como eu tentava dese-

nhar com lápis as sobrancelhas que eu não tinha mais, e que agora me dizem que estou ótima com apenas dois centímetros de cabelos brancos!!! Vocês todos são minha razão de viver!

Minha jornada não acabou, eu sei. Mas os tratamentos chegaram ao fim. Sou uma sobrevivente, eu sinto, por ter sobrevivido aos tratamentos. Eles foram longos, dolorosos, mas eu me sinto grata porque, com a tecnologia atual, eu sou uma felizarda... Sou grata por ter vivido uma vida maravilhosa...

23/7
Amanhã, faz um ano que me submeti à cirurgia. Um ano que me mudou para melhor. Um ano que me fez mais tolerante, grata e contente. Um ano que confirma para mim como pode ser precioso o tempo passado com a família e com os amigos.

22/11
Estou de vooooolta, por assim dizer. Acabei de chegar do meu oncologista... Todos os meus exames estão normais, meu colesterol está em 174! E me enquadro no grupo de menor risco para doenças cardíacas (uma preocupação, já que meus pais morreram de doenças do coração).

Então, feliz Dia de Ação de Graças... Não haverá mais "informações atualizadas", porque agora estou deixando essa experiência no passado e seguindo em frente...

PARA A VIDA!

Para a vida, realmente!

Quando a adversidade aconteceu, as mulheres, em cada uma dessas histórias, assumiram a responsabilidade pelo que estava acontecendo com elas e prosseguiram a partir daí. Elas não perderam tempo e energia tentando ter controle sobre o que a vida lhes estava servindo ou sentindo pena de si mesmas. Em vez disso, encontraram nelas mesmas e em suas vidas os recursos necessários para continuar em frente.

Sacudidas pelas circunstâncias, elas conseguiram se concentrar "no que importa". Desenvolveram experiência — domínio — improvisando e imaginando "o que funciona". E superaram — bem como foram modificadas por isso. Hoje em dia, cada uma delas deixou de ser quem era antes, mas é alguém mais forte. E ainda mais preparada, disponível e capaz de enfrentar "o que vem depois".

Não sei ao certo se poderia ser tão otimista quanto Kathryn, tão resistente quanto Teri, tão determinada quanto Ellen Gilchrist, tão consciente e enérgica quanto Maxine ou tão pacientemente resoluta quanto Stephanie. Ou tão completamente desprovida de autopiedade quanto cada uma delas. Mas, quando meu carma ruim me atropela, o que, eu sei, vai acontecer com freqüência crescente em minha segunda adolescência, terei esses exemplos — e meu próprio círculo de amigos queridos — a quem recorrer.

Seguindo para o que vem depois: fazer as pazes e assumir o comando

CAPÍTULO NOVE

Saúde, beleza e o que você não pode mudar

(...) Nunca fui uma beleza pré-raphaelita
e só bela o bastante para ser vista
com um homem que queria ser visto
com uma mulher passável.
Mas agora que estou apaixonada
por um lugar que não dá importância
à minha aparência e se estou feliz,
feliz é como pareço estar e isso é tudo.

— Fleur Adcock, "Weathering"

Como presente de Natal para os clientes, meu treinador físico mandou fazer camisetas com seu nome impresso na frente e uma mensagem inspiradora nas costas. Ele é um profissional sério e voltado para a realização de suas tarefas, por isso fiquei totalmente surpresa com a frase que ele escolheu: "Ninguém treina para ficar em segundo lugar." Na verdade, no início não captei o significado; a idéia de uma competição é absolutamente estranha à minha experiência com a ginástica. Para muitas mulheres que conheço, exercitar-se faz parte de um objetivo pessoal muito mais amplo: bem-estar. Isso inclui dar mais atenção ao nosso corpo, que é um só, aceitando suas limitações, e trabalhando por elas, não contra elas.

Toda a segunda adolescência está relacionada a "fazer as pazes e assumir o comando". Em nenhum outro lugar isso é mais explícito do que na área da saúde e do bem-estar. Atender aos chamados do nosso corpo em processo de envelhecimento exige habilidade, confiança e energia — bem como a sabedoria de desistir quando é prudente —, qualidades que adquirimos ao longo da jornada. Administrar nosso bem-estar físico também exige exercícios regulares do nosso tão sufocado "não" em resposta à sabedoria convencional de que é errado e aos conselhos de especialistas de que não se aplica ao corpo de uma determinada mulher. Toda mulher deve ser instruída tanto sobre seu corpo e sobre as opções que a ciência médica está oferecendo como sobre suas finanças. Se negligenciar um dos dois campos, tornando-se, nas palavras daquela canção *country*, "Cleópatra, a rainha da negação", a segunda adolescência estará perdida para ela.

Nossa abordagem dos cuidados com a saúde já é muito mais agressiva do que quando, por exemplo, homens ginecologistas executavam histerectomias a torto e a direito, e as mulheres se curvavam diante de sua autoridade. Hoje, as mulheres questionam o que é apresentado como inevitável. Pesquisamos nossas enfermidades e os diagnósticos que recebemos, compartilhamos a sabedoria homeopática, acompanhamos umas às outras em busca de segundas e terceiras opiniões. E nos exercitamos. *Em forma* substituiu *fora de forma* na tela do radar da auto-estima. Como uma mulher me disse: "Eu costumava me pesar duas vezes por dia, agora, é raro que eu me pese duas vezes por mês. Eu simplesmente adoro poder colocar minha própria mala no bagageiro superior."

Levamos a sério a tese de que 30 ou 40 minutos diários de exercícios físicos reduzem o estresse, o colesterol e a pressão arterial, preservam os ossos e aumentam a disposição e a energia. Como me disse uma mulher que nada dois quilômetros e meio por semana: "Você pensa nas coisas que podem preocupá-la, mas não se preocupa tanto, porque está fisicamente ocupada... Você se preocupa de um jeito diferente." Ela também faz ioga. "Você quase não consegue se preocupar", ela conta. "Por causa da respiração e por conta da dificuldade de algumas posições que tem de manter... Chegamos a um ponto em que saímos do ar. Para mim, isso é o melhor. Creio que é isso que me dá muita energia."

Algumas mulheres, como Joanne, a dançarina de espírito livre que desabrochou tarde na vida, descobriram que aceitar um novo desafio físico as impele além de fronteiras pessoais, também. Fran, cujo estilo de vida sedentário deixou-a com um tipo físico, digamos, exuberante, começou a praticar mergulho aos 48 anos e mergulhou diretamente em sua segunda adolescência. "Isso expandiu minha visão sobre quem eu poderia ser e o que poderia fazer. Deu-me confiança para assumir outros riscos, como me mudar para o outro lado do país, voltar à faculdade e apaixonar-me novamente."

Exercitar-se é a parte mais fácil do cuidado com o nosso corpo. Temos a situação sob controle, porque ela é só uma questão de força de vontade. Quase todo o resto, desde imaginar até que ponto considerar seriamente certas dores, a tomar importantes decisões médicas, é uma questão de pesquisa, julgamento e (levando em considerando o estado atual do sistema de saúde) determinação. Além do mais, informações novas e revisadas podem mudar o cenário de um dia para outro. Talvez o melhor conselho seja administrar nosso bem-estar de acordo com as diretrizes encontradas na antiga prece: "Senhor, dai-me força para mudar o que posso mudar, coragem para aceitar o que não posso mudar e sabedoria para reconhecer a diferença."

"O que não posso mudar"

Existem muitas mudanças físicas debilitantes e irritantes que começam a acontecer por volta dos 50 anos, além daquelas alterações específicas associadas à menopausa. Elas incluem:

- Redução de cabelos (em todos os lugares)
- Ganho de peso (em média, cerca de sete quilos) geralmente na cintura
- Necessidade de óculos para leitura
- Perda de memória
- Diminuição na habilidade de executar tarefas múltiplas com agilidade
- Perda óssea (até cinco centímetros na altura depois de 30 anos pós-menopausa)
- Perda de elasticidade da pele
- Problemas de bexiga
- Alterações no padrão de sono
- Ajustes no termostato corporal (as glândulas sudoríparas podem desaparecer, tornando o indivíduo mais suscetível ao aquecimento; a circulação diminui, aumentando a sensibilidade ao frio)

"Para mudar o que posso"

Certas condições são mais inevitáveis para algumas do que para outras, dependendo de nossas histórias pessoais.

- Dores e desconfortos
- Depressão e ansiedade
- Perda de libido e secura vaginal
- "Corcunda de viúva"
- Elevados níveis de estresse
- Articulações artríticas

"E a sabedoria de saber..." sobre importantes riscos para a saúde, novos tratamentos e as peculiaridades de meu próprio corpo

Essas fontes potenciais de tragédias exigem vigilância constante:

- Câncer de pele
- Câncer de mama
- Câncer de pulmão (a causa mais comum de morte relacionada ao câncer entre as mulheres, e os números continuam subindo)
- Hipertensão (a doença cardiovascular é a primeira causa de morte e incapacidade entre as mulheres norte-americanas)
- Doença de Alzheimer
- Mau uso de medicamentos (incluindo os fitoterápicos)
- HIV/Aids (sim, Aids!)

Aceitando o que não posso mudar

É necessária toda a serenidade que podemos reunir para aceitar algumas surpresas humilhantes que nossos corpos nos apresentam. Sabemos que isso não deve ter importância — é como vivemos, não nossa aparência, que é importante. Como afirmou a jornalista francesa Françoise Giroud, que escreveu sua última coluna poucos dias antes de morrer em 1986: "A juventude é breve. É a vida que é longa." E é isso o que importa. Temos dias em que, como reclama minha amiga Kate, nos sentimos "velhas, gordas e estúpidas". Nesses dias, precisamos de toda ajuda que pudermos obter. Felizmente, trazemos de nossa primeira fase adulta um nível excepcional de experiência em duas poderosas táticas de sobrevivência: franqueza e humor. Cada uma delas é elevada a novos ápices em nossos ousados e sensatos 50 e 60 anos.

No departamento da franqueza, sei mais do que jamai. esperei — ou quis, em alguns casos — saber sobre a secura vaginal e os seios caídos de minhas amigas, sobre suas dores nas costas e sua coriza. Um dos últimos tabus foi derrubado pelo livro de Letty Cottin Pogrebin, *Getting Over Getting Older*, que descreve o branqueamento e a queda dos pêlos pubianos. Centenas de mulheres que leram o livro comentaram como se sentiram liberadas, como sempre acontece, por descobrirem que não estavam sós nesse pudor secreto quando, como Pogrebin coloca, "o púbico veio a público".

Recentemente, a atriz Jamie Lee Curtis levou a franqueza ao nível do risco profissional para uma mulher cujo porte atlético e a silhueta perfeita têm sido suas ferramentas de trabalho; ela revelou seu corpo de 43 anos nas páginas da revista *More* sem maquiagem ou iluminação favorável e sem outros truques para "exibi-la em sua melhor forma". Em vez disso, ela se limitou a ficar parada diante da câmera usando velhas roupas de ginástica, com a cintura formando uma pequena bóia sobre o *short* de *Lycra* e com as coxas marcadas pela celulite. Referindo-se à sua imagem jovem e glamourosa, Curtis diz: "É uma fraude. E eu a estou perpetuando." Para as mulheres que responderam com gratidão, aquela foto foi um momento de verdade. Compara-se à ocasião em que Gloria Steinem rejeitou a sugestão de esconder sua idade atrás da beleza e disse ao mundo: "É essa a aparência que mulheres de 40, e depois 50, 60 e 70 anos têm."

Saber como é a aparência de alguém de 50 ou 60 anos por intermédio de uma pessoa que poderia esconder dez anos da própria idade é um grande passo na direção de desmistificar o processo de envelhecimento. Mas saber quantos anos outras pessoas têm não responde à velha pergunta: "Quantos anos pareço ter?" Sou particularmente sensível a esta questão porque, como meus filhos ainda são jovens, estou sempre convivendo com uma geração mais nova do que meus contemporâneos, que já se tornaram avós. Aquelas mulheres que esperaram para ter filhos agora dizem umas às outras que tê-los nesse momento as "mantém jovens". Isso é verdade, nem que seja apenas na medida em que não temos o luxo do tempo para lamentar o envelhecimento. Mas, quando vejo pais mais jovens tentando imaginar como vão se relacionar comigo, e quando uma professora jovem o bastante para ser minha filha se esforça para me impressionar com sua maturidade, sei que também estou confundindo os outros.

Meu corpo envia mais mensagens confusas. Sempre fui forte — nunca tive problemas para erguer as malas e colocá-las no bagageiro —, mas nunca estive realmente em forma. Sempre que ia jogar *softball* com minhas colegas ou disputar uma rara partida de tênis, eu me cansava facilmente e com freqüência tinha cãibras. A ironia é que naquela época eu era firme por fora e flácida por dentro; agora, pareço flácida, mas estou clinicamente mais em forma do que nunca.

Faço jogos comigo. Digo a mim mesma que estou segurando o corrimão mais vezes porque a escada do metrô tem menos iluminação. Convenço-me de que minhas rugas ainda são pequenas linhas de expressão, ao passo que as da senhora ali na frente são realmente rugas. Defendo cinturas com elásticos para mulheres de todas as idades. Perdi as contas de quantas vezes tive de me conter para não abordar uma desconhecida que eu julgava ser minha contemporânea e perguntar-lhe sua idade. O que me detinha, apesar de minha nova audácia, era perceber que, na verdade, eu não queria saber. Em vez disso, agora tento definir minha idade de uma forma que não dependa de minha aparência como ela se apresenta para as pessoas que passam por mim na rua, mas de como sinto ser por dentro. Quando me submeto ao filtro do "abrir mão e dizer não" (e sim), *aqui estou eu* — pelo menos por enquanto:

- Velha o bastante para saber o que faço, jovem o bastante para assumir riscos

- Velha o bastante para manter a calma com relação a muitas coisas, velha demais para ser totalmente indiferente
- Muito velha para ser levada a sério em alguns círculos sociais, jovem o bastante para me aborrecer com isso — e até responder a isso
- Velha o bastante para estabelecer como peso ideal aquele em que eu começava a fazer dieta, jovem o bastante para acreditar que posso chegar lá
- Velha o bastante para parecer tola fazendo algumas coisas, tola o suficiente para rir de piadas sobre as "velhas"

A franqueza combina com o riso da alternância entre boas e más notícias que integra o processo de fazer as pazes. E, quanto mais envelheço, mais tenho material para humor. Às vezes, ele é leve. Por exemplo, uma amiga e eu criamos uma alternativa para a frase *momento sênior*. O novo termo surgiu de minha constante frustração por não ser capaz de lembrar o nome das lindas flores que mantenho em um vaso na minha sala de estar. Todos perguntam que planta é aquela, e a cada ocasião eu tenho de percorrer todo o alfabeto, mais de uma vez, para finalmente recordar que o nome é hibisco. Quando contei isso a minha amiga, concordamos em adotar, daquele dia em diante, a expressão "momento hibisco" no lugar da outra. Havia uma doçura na frase que retirava a agudeza do lapso de memória. A poetisa Ellen Bass tem outra frase para esses momentos humilhantes. Parada diante do balcão de uma loja, subitamente incapaz de recordar o número de seu seguro social, ela reconhece o que chama de "episódio mental *I Love Lucy*". Seguindo o mesmo raciocínio, Michela Gallagher, uma neurocientista que estuda o cérebro em envelhecimento, disparou para uma audiência de colegas pesquisadores: "É claro que muitas pessoas se beneficiariam de alguma coisa como lentes bifocais para a mente."

No entanto, na maior parte do tempo, o humor é mais amargo do que doce. Embora ainda seja muito engraçado. Tenho arquivos cheios de piadas que circularam pela Internet. Aqui vai um exemplo:

Assunto: Trinta anos fazem muita diferença

1972: Mudar-se para a Califórnia porque está frio
2002: Mudar-se para a Califórnia porque está calor

1972: Plantar maconha em vasos
2002: Criar uma barriga

1972: Tentar parecer com Marlon Brando ou Liz Taylor
2002: Tentar NÃO parecer com Marlon Brando ou Liz Taylor

1972: *Rock* em alto volume e LSD
2002: Refluxo por acidez

1972: Aprender um novo movimento de quadril
2002: Receber um pino no quadril

1972: O que vier
2002: Depende

Você entendeu a idéia.

Mudar o que posso mudar — assumir o comando

Um procedimento único que sirva a todas é inválido na administração da saúde. A osteoporose, por exemplo, pode ser tratada de várias formas — com medicação, exercícios, dieta — e com variados graus de sucesso que dependem do restante do quadro médico da mulher. O mesmo vale para a artrite. A depressão e a perda de interesse sexual podem resultar de várias combinações de mudanças no corpo ou na psique. O tratamento pode envolver a combinação de várias especialidades. O ponto é não aceitar um "não" como resposta até verificar todas as alternativas e se sentir satisfeita. E, mesmo assim, vale a pena rever o processo de avaliação periodicamente.

A ameaça mais séria à administração do nosso bem-estar é o poder de dissolução do envelhecimento. Aceitar um estereótipo negativo sobre nosso grupo etário aumenta a possibilidade de uma mulher aceitar como permanente o que é muito possível mudar em seu processo pessoal de envelhecimento. "Envelhecer está relacionado ao desenvolvimento adulto", disse o Dr George Vaillant, autor de *Aging Well*, a uma platéia do Harvard Club. "Não a peixes sem refrigeração." Ele prosseguiu argumentando que o modelo de decadência é literalmente mau para a nossa saúde. Não só porque a profissão médica não está dando a atenção necessária ao processo de envelhecimento, mas porque indivíduos com um pensamento fatalista não serão proativos quanto a seu bem-estar.

O envelhecimento está em todo lugar — até mesmo em nossos corações. Às vezes, tenho dificuldade para conter minha impaciência com uma mulher, que pode ser apenas alguns anos mais velha do que eu, toda atrapalhada com seu cartão de crédito. Sei que desconsidero uma opinião emitida por uma mulher de cabelos brancos e voz trêmula. Estamos aqui falando sobre um envelhecimento exuberante — e com bom motivo —, mas nem sempre seguimos por esse caminho. Depois de afirmarmos com tanto sucesso nosso valor contra o prevalente desprezo que afetou as mulheres ao longo de toda a nossa primeira fase adulta, enfrentamos um desafio pelo menos tão grandioso quanto aquele com relação à imagem das mulheres mais velhas.

Isso é particularmente difícil de fazer quando a única imagem dos grupos de nossa faixa etária está nos rostos de nossas amigas, mas nunca nos cartazes ou nos anúncios das revistas que lemos. Uma mulher idosa não é uma imagem bonita para aqueles que vendem moda. Mulheres com mais de 45 anos gastam dois terços mais em produtos de beleza do que aquelas com idades entre 18 e 35 anos, mas os cosméticos são anunciados como se não existíssemos. Uma mentalidade do tipo "andar sobre a prancha" abreviou a carreira de modelos mais velhas. Isabella Rossellini foi destituída do posto de oradora da Lancome em 1995, logo depois de completar 40 anos, não por ter deixado de ser bela, mas porque, de acordo com relatos, grupos pesquisados convenceram os responsáveis pelo *marketing* de que mulheres mais velhas preferiam se identificar com a juventude. Se for verdade, seu desprezo é mais um exemplo desalentador do que as primeiras feministas rotularam de "hostilidade horizontal" — ou a rejeição da pessoa que guarda semelhanças com você, por ser muito amedrontador lutar contra as forças que colocam você e ela para baixo.

As mulheres podem combater esse desprezo e assumir a responsabilidade de mudar o que desejam mudar. Uma maneira pela qual fazemos tal coisa é prestando atenção à nossa aparência ou, como uma amiga minha que adora palavras antigas gosta de dizer, nossa "arrumação". Mas, para fazer corretamente, ainda temos de encarar alguns fatos. A forma como a modelo Lauren Hutton, atualmente com 60 anos, reavaliou sua aparência é um caso particularmente instrutivo a ser apontado; essa é uma história da segunda adolescência sobre reinventar não só a aparência, mas também os negócios. Ela começou nossa entrevista oferecendo um resumo sobre sua primeira fase adulta. Depois de uma carreira de modelo que começou em 1974 e chegou ao fim no início da década de 1990, e depois de um relacionamento desastroso com um homem que administrava e perdeu pelo menos 13 milhões de dólares de seu patrimônio, ela arregaçou as mangas, aprendeu tudo o que era necessário saber sobre dinheiro, negócios e seu rosto, e começou novamente.

Isso a fez encarar de perto seu eu de então 56 anos de idade como ele aparecia nas revistas. "Parecia mais um monstro alcoólico de 30 anos", ela me falou. Como sempre havia feito a própria maquiagem, ela decidiu que era a melhor pessoa para analisar e consertar a situação. Primeiro, tinha de aceitar algumas coisas. Com o envelhecimento, a pele havia perdido colágeno e água, e por isso estava mais seca e transparente. E ela havia engordado quase dez quilos após uma vida de absoluta magreza. ("Mas isso era ótimo para preencher as rugas", ela acrescenta.) Enfim, "Tudo havia mudado!". As sombras com as quais ela convivera e que escondera com a maquiagem, haviam mudado. Ela percebeu que, por exemplo, à medida que a pele sobre o nariz afinava, a cartilagem sob ela aparecia, o que fazia os olhos parecerem mais juntos. Esse rosto exigia um novo tratamento.

Para começar, a maquiagem "juvenil" usada nas fotos "horríveis" utilizava pigmentos demais. "Como há menos sangue circulando na pele, tudo desbota. Se você adota a mesma maquiagem que usava aos 20 anos, vai parecer exagerada, como uma mulher de vida fácil." Assim, ela se dispôs a desenvolver sua própria linha de cosméticos adequados para a sua faixa etária e técnicas de aplicação denominadas "Coisas boas" da Lauren Hutton, produtos que comercializou pela Internet. Hoje, sua carreira de modelo é novamente um sucesso e, tal como para milhares de outras empresárias que estão realmente mudando a economia, o mesmo acontece com sua vida econômica.

Tendo experimentado o próprio renascimento, ela acredita inteiramente no poder da mulher na segunda adolescência. "Somos parte dessa onda gigante, dessa extraordinária geração de mulheres que ainda não morreu na praia", ela proclama. "Nossa onda ainda está em seu ponto mais alto, e vai rolar por mais algum tempo. E, quando quebrarmos, teremos essa enorme parede de força."

A maquiagem é uma coisa, e muitas de nós tiramos proveito do que ela pode fazer. A cirurgia plástica é outra história, e temos mais conflitos com relação a esse tópico. Judi Dench, 69 anos, grande atriz britânica, é o rosto que anuncia uma aparência chamada natural. Sua beleza, sua postura, sua sensualidade — *e* suas imperfeições — contribuem para um modelo de autenticidade. A alternativa, nas palavras de Susan Sarandon, 58 anos, outra atriz cuja imagem facial parece desafiar o tempo, é assumir a imagem de "uma impostora de mim mesma". Para essas duas mulheres, a escolha tem conseqüências profissionais diretas, mas, para muitas outras, parecer mais jovem tem significados pessoais complexos. A cirurgia cosmética é um negócio de 7,5 bilhões de dólares. (Injeções de *botox*, a categoria de tratamentos médicos para a beleza que mais cresce, trouxe um crescimento econômico de 634 milhões de dólares em 2002.) "Quero parecer tão jovem quanto me sinto" é uma explicação comum ou "Não quero parecer tão cansada" ou "Odeio minha aparência e quero gostar dela".

Além de poder ser cara a ponto de tornar-se proibitiva, a cirurgia plástica obedece a um critério pessoal para mim: ela deve abranger apenas o que pode ser feito de uma só vez, e nunca envolver cirurgia invasiva (lipoaspiração). Há vários anos, decidi submeter-me a um procedimento cirúrgico para remover as bolsas sob meus olhos, e fiquei feliz com o resultado; sinto que minha aparência é menos cansada e expressa mais o meu bem-estar. Mas não suporto a idéia de tomar injeções que paralisariam minha testa regularmente e depois me ver envelhecer muitas e muitas vezes entre essas aplicações, embora sinta uma certa inveja daquele ar livre de preocupações. Comento fascinada com minhas cinco companheiras de jantares regulares sobre o acúmulo de pregas em nossos pescoços, mas, se uma delas decidisse passar por um levantamento facial, eu a apoiaria.

É difícil isolar nossas motivações. Estamos comprando o modelo da jovem cultura ou ainda tentamos agradar aos homens — pressões que contrariam a confiança que sentimos em muitas outras áreas? Ou estamos exercitando a preciosa opção da escolha pessoal, encorajada por um novo sentimento de confiança e autodeterminação? Só a pessoa pode saber ao certo. E ela está no processo de descoberta.

Se não somos velhas, não somos, definitivamente, homenzinhos

Ainda mais prejudicial à nossa saúde do que a idéia sobre o declínio da velhice e a atitude de desdém com relação às mulheres idosas são as deduções sobre como funciona o corpo de uma mulher idosa. A idéia tem sido de que, para todos os fins, somos meramente "homenzinhos". Não só podemos mudar nossas atitudes, mas devemos insistir para que a comunidade médica também mude a dela, porque esses conceitos afetam diretamente os tratamentos que estamos recebendo. Até muito recentemente, a pesquisa médica que não estava relacionada aos órgãos sexuais era realizada com sujeitos do gênero masculino e depois extrapolada para as mulheres ajustando-se o peso. Esse protocolo resultou em um conjunto de conhecimentos que é sempre enganoso. O mais conhecido exemplo é o de como os médicos aprenderam a reconhecer sintomas de um ataque cardíaco: dores agudas, em geral ao longo do braço esquerdo, respiração ofegante, sensação de peso sobre a área do peito. Acontece que esses sintomas eram verdadeiros para os homens, mas as mulheres apresentam um padrão diferente: tontura, suor profuso, desconforto semelhante ao da indigestão, "sensação esquisita". Essas queixas bem menos dramáticas foram regularmente desprezadas como insignificantes, sempre com conseqüências fatais.

A Dra. Marianne J. Legato, uma das primeiras a apontar essa diferença crucial entre os sintomas no homem e na mulher, apresentou um relatório abrangente sobre as conseqüências da prática da medicina do "homenzinho". "Quando comparamos homens e mulheres", ela escreve em *Eve's Ribe: The New Science of Gender-Specific Medicine* e *How I Can Save Your Life*: "Estamos descobrindo que, em todos os sistemas do corpo, desde os cabelos em nossas cabeças até a maneira como nosso coração bate, existem diferenças significativas e únicas ligadas ao sexo para a fisiologia humana." Quando os gêneros são estudados independentemente, emergem distinções dramáticas que estão apenas começando a ser consideradas para o diagnóstico e o tratamento.

Existem algumas condições que ninguém teria descoberto nos homenzinhos. Um dos exemplos da Dra. Legato explica uma dor leve, porém persistente, na base do polegar. A dor, como se descobriu, é o resultado de anos de utilização de uma configuração distinta dos ossos na mão das mulheres. Outras condições produzem reações dramaticamente diferentes no corpo masculino e no feminino. E certas doenças mostram padrões distintos *entre* mulheres, que — por motivos óbvios — não aparecem na pesquisa do pequeno homem. Por exemplo, mulheres diabéticas são menos propensas do que as não-diabéticas a sofrer com a osteoporose, mas estão expostas a um risco de quatro a seis vezes maior de sofrer doenças coronarianas. Isso também ajuda a saber que as mulheres sentem dores mais intensas que os homens e "são mais propensas a sentir dor em uma parte do corpo distante daquela onde se localiza o problema". (O nome disso é dor *referida*.)

O fator ligado ao gênero expande as possibilidades de diagnóstico e tratamento, particularmente no muito debatido e pouco compreendido campo da interação corpo/mente. E mais particularmente na compreensão de dois estados de saúde — depressão e estresse — que podem afetar decisões que tomamos na segunda adolescência.

O que está em sua mente — e em seu cérebro

Os homens produzem 52% mais de serotonina do que as mulheres, o que previne a depressão. Tais descobertas sobre a química cerebral combinadas a discrepâncias na experiência de vida — sucesso, ou o reconhecimento do próprio trabalho, é uma forma reconhecida de elevar a produção de serotonina — sugerem diferentes tratamentos para as mulheres. Como as mulheres, com freqüência, obtêm menos reconhecimento do que merecem pelo muito que fazem, é intrigante prescrever, como sugere a Dra. Legato, terapias que implementam "sentimentos de independência e controle". Reconhecer e administrar a depressão é uma preocupação contínua, porque é fácil confundi-la com "aceitação da realidade" e transformar todo o processo de "abrir mão" no derrotismo mórbido de "desistir".

O estresse, uma importante causa de desgaste em nossos sistemas, também sobre influência da diferença entre os sexos. O estresse constante reduz os níveis imunológicos, prejudica os sistemas digestivo, circulatório e nervoso, e afeta nosso ritmo corporal. É a antítese do bem-estar. Mas o funcionamento do corpo de uma mulher estressada guarda alguns mistérios. Até recentemente, presumia-se que o estresse disparava o padrão de "luta ou fuga" que provoca mudanças químicas em todos os humanos. Agora, sabemos que os homens respondem dessa maneira, ao passo que as mulheres exibem uma resposta do tipo "cuidar e amparar" (ver Capítulo 1) e enfrentam uma redução significativa nos sintomas relacionados ao estresse quando recebem o apoio de outras mulheres. É interessante especular sobre que resultados pode alcançar uma terapia que trata uma mulher com estresse concentrando-se tanto na qualidade da rede de apoio dessa paciente quanto, digamos, em seu trabalho ou seu casamento.

Antes de aceitarmos uma queixa como algo que *não posso mudar*, temos de ter certeza de que o que se conhece sobre o estado de saúde é baseado em pesquisas realizadas numa fisiologia como a nossa. Para muitas mulheres, isso significa desenvolver conhecimento acumulando informações (verdadeiras!) por meio da Internet, além de consultar uma rede confiável de amigas bem informadas, livros e revistas voltados ao segmento feminino. Depois, temos de nos certificar de que qualquer informação científica que reunirmos é embasada em um dossiê bem informado sobre as idiossincrasias de nossos próprios corpos. Isso, por sua vez, exige um tipo de profissionais especializados para algumas coisas, generalistas para outras e conselheiros para as questões que não são clínicas — incluindo o aprendizado de captar as mensagens internas.

A sabedoria de saber... que o conhecimento médico está mudando todos os dias — e meu corpo também

Para qualquer mulher que não se sente ansiosa em especializar-se em se manter sempre à frente dos rumores e das informações erradas, o departamento dos mal-entendidos é particularmente irritante. Todos os dias, ouvimos sobre descobertas e pesquisas que têm uma mensagem do tipo "Por um lado é assim, mas por outro lado". Há pouco tempo, foi relatado que a aplicação assídua de filtro solar para a proteção contra o câncer de pele também impede a absorção de quantidades cruciais de vitamina D, que obtemos por meio da exposição casual ao Sol. A solução para a deficiência de vitamina D induzida pelo uso do filtro solar é a adoção de curtos períodos de exposição sem proteção — mas quão curtos devem ser esses períodos? Nunca foi tão importante adequar nosso regime de saúde a condições e circunstâncias muito pessoais. "E consultar um médico", acrescentamos com responsabilidade, sabendo muito bem que não podemos parar por aí.

Às vezes, o médico mais consciente está desinformado ou reluta em abordar um assunto especialmente delicado. Quantas de nós, por exemplo, fomos indagadas por nossos médicos sobre estarmos praticando sexo seguro? Levando em conta que nossa faixa etária inclui uma das populações com índice de contaminação por HIV/Aids que cresce mais rapidamente (mulheres com mais de 40 anos, particularmente nas comunidades afro-americanas, mas também entre as mais velhas), deveríamos todos estar falando sobre isso. Existem várias explicações para essa tendência inquietante, de acordo com um relatório abrangente publicado pela Fundação Família Kaiser. Para começar, "o processo de envelhecimento em si parece aumentar a suscetibilidade das mulheres à infecção... possivelmente devido ao adelgaçamento das paredes vaginais e abrasões causados por lubrificação insuficiente". Auxílios sexuais como o Viagra podem alimentar a epidemia prolongando a vida sexual de alguns casais, mas outra razão importante é sociológica. "Mulheres heterossexuais reentrando no campo das relações amorosas após 20 ou 30 anos", durante os quais os papéis dos sexos mudaram, "não sabem exatamente como negociar o sexo seguro", diz Kathy Nokes, presidente da Força-tarefa de Nova York contra o HIV. "Essa é uma geração que não cresceu necessariamente pensando ou falando sobre preservativos", acrescenta Monica Rodriguez, do Conselho de Educação e Informação sobre Sexualidade dos Estados Unidos (SEICUS). "E muitas mulheres com mais de 50 anos não estão preocupadas com gravidez." Mas deveriam se preocupar com a Aids e outras doenças sexualmente transmissíveis.

De acordo com o venerável Instituto Kinsey (ver Capítulo 7), a educação sexual é "muito deficitária" para o seguimento que mais rapidamente cresce em nossa sociedade — a geração do *baby boom*. Em muitos sentidos, somos mal informadas como tememos que sejam os nossos adolescentes. Muitas de nós afirmam preferir obter informações sexuais com nossos médicos, mas poucas buscam realmente essa informação. Somos terrivelmente ignorantes quanto à inter-relação entre as doenças, o tratamento, o processo de envelhecimento e as atitudes sociais relacionados a problemas sexuais, e estamos sempre prontas a classificar esses problemas na categoria daquilo que não podemos mudar.

Além do mais, os próprios médicos não sabem tudo que imaginamos que saibam. Em uma estranha distorção do paradigma do pequeno homem, a próxima fronteira na pesquisa sexual é a deficiência de testosterona nas mulheres na pós-menopausa. A experiência até aqui sugere que um suplemento de testosterona — disponível na Inglaterra, mas não nos Estados Unidos — pode não só aumentar a libido, mas estimular a energia, o crescimento capilar e de unhas saudáveis. Mas, quando os pesquisadores tentaram estimular reações semelhantes àquelas produzidas pelo Viagra — ou um fluxo sangüíneo para a área genital —, nas mulheres os resultados não foram conclusivos. Os cientistas perplexos concluíram que a psicologia da resposta sexual é um território desconhecido. A Dra. Irwin Goldstein, da Faculdade de Medicina da Universidade de Boston, admitiu que ainda há um longo caminho a se percorrer nesse campo. "É estranho pensar em drogas quando nem sabemos ainda como funciona a vagina", ela diz.

Lições sobre a controvertida terapia de reposição hormonal

E existem as surpresas clínicas. O súbito cancelamento de um grande estudo sobre hormônios após descobertas preliminares adversas aponta para o perigo de pensarmos que sabemos tudo de que precisamos saber a respeito de uma cura para o que nos incomoda. Também é um importante exemplo do desafio que até o mais consciente consumidor de informações médicas enfrenta para acompanhar as revelações científicas.

O estudo envolveu o Prempro, uma combinação de estrogênio e progesterona amplamente prescrita e que diminui as ondas de calor, ou fogachos, as alterações de humor, a secura vaginal e outros sintomas decorrentes do declínio de estrogênio. A terapia de reposição hormonal também é conhecida por executar outras funções protetoras: redução do colesterol, prevenção da osteoporose, redução do risco de doença cardíaca ou de Alzheimer. Mulheres com predisposição para câncer de mama ou útero são aconselhadas a não fazer uso do tratamento, mas muitas outras adotaram a TRH na menopausa e nunca mais a interromperam. Em 2000, mais de 17 milhões de mulheres — dos 40 milhões que haviam atingido a menopausa — estavam utilizando a TRH.

Com as notícias de que o estudo foi cancelado por causa de resultados preliminares mostrando uma alarmante elevação no risco de câncer de mama, milhares de mulheres se assustaram e desistiram dos hormônios. Algumas descobriram que a abstinência era minimamente desconfortável e se sentiram satisfeitas por terem desistido; outras foram afetadas duramente pela retirada dos hormônios, e algumas retomaram a terapia; outras ainda decidiram manter a TRH por conta do bem-estar que vivenciavam e que, diziam, justificava a continuação do tratamento. A Dra. Lila Nachtigall, professora de obstetrícia e ginecologia da Faculdade de Medicina da Universidade de Nova York e pioneira no campo da terapia de reposição hormonal, admitiu uma opinião revisada sobre outro suposto benefício: "Talvez tenhamos de modificar ou abandonar a esperança de que a TRH possa oferecer proteção contra doenças cardíacas...", ela disse. "Mas, com as mulheres vivendo atualmente um terço de suas vidas depois da menopausa, a saúde e a qualidade durante esse período da vida não podem ser ignoradas." E, então, ela lançou o desafio para todas as mulheres e seus médicos: "Mulheres, como indivíduos, ainda têm sintomas, histórias, prioridades e riscos individuais... Cada mulher tem direito a uma avaliação de seus riscos e benefícios pessoais feita por um médico habilitado."

Como a Dra. Nachtigall é minha ginecologista por mais de uma década e eu participei de um dos estudos sobre hormônios por ela conduzidos, marquei uma consulta para analisar minha situação em particular. Além disso, sempre tiro proveito da mensagem que ela deixa nas entrelinhas em qualquer encontro que tenho com ela — a mensagem de que a vida é mais do que a soma das partes do corpo. Ao longo dos anos, aprendi coisas sobre seu marido e seus filhos — a filha hoje está no consultório com ela —, sobre seus netos (uma neta telefonou no meio de nossa conversa para discutir os méritos de um maiô azul em relação a um vermelho), sua batalha contra o peso, sua luta com a classe médica a respeito do melhor tratamento para mulheres na menopausa. Em uma ocasião, nós nos encontramos juntas em um baile público e aberto, e ela realmente se envolveu com a atividade da dança coreografada. Nossa conversa tão diversificada vai sugerir, espero, o tipo de decisão pessoal que uma mulher tem o direito de esperar de seu médico.

Enquanto me examinava, falamos sobre aquela estranha intimidade estabelecida pelos temidos aparelhos existentes entre nós. Eu lhe dei informações atualizadas sobre meu estado de saúde geral. Também relatei que havia me submetido a uma espécie de limpeza do aparelho digestivo — que compreende uma "lavagem" dos intestinos, da vesícula biliar e do fígado durante dois dias —, uma receita que envolvia, entre outros procedimentos nauseantes, consumir uma quantidade de sal de Epsom suficiente para matar um cavalo. Tanto minha quiroprática/cinesioterapeuta quanto minha médica homeopata haviam sugerido o tratamento por seus resultados energizantes e pela possibilidade de reduzir meu nível de colesterol (o que não aconteceu). A Dra. Nachtigall não ficou impressionada. Ela me censurou duramente por ter acreditado nessa tolice. "Um dos milagres do corpo é que ele é perfeitamente capaz de executar a própria limpeza; o único momento em que você tem de interferir para esvaziar intestino, estômago e outros órgãos do aparelho digestivo e excretor é quando se prepara para uma colonoscopia." Ela também me censurou por eu ter seguido conselhos de profissionais que não recebem treinamento específico na área médica. "Se tivessem mesmo a capacidade de curar", ela apontou séria, "seriam médicos".

Ela está certa sobre os perigos dessa minha empreitada, mas sinto que também estou certa em acreditar que os médicos não são os únicos profissionais capazes de curar e fortalecer o corpo. Encontrei algumas pessoas — quiropráticos, nutricionistas, homeopatas, curandeiros espirituais — que me convenceram com suas palavras e seu trabalho sobre o dom que têm para mudar o ritmo de meu corpo. Senti em mim essa mudança. Encerro um bom tratamento com a sensação de ter sido energizada e, sim, harmonizada. Trabalhamos com dores e incômodos — como aquele problema no polegar das mulheres — que eu não teria levado ao meu clínico geral. Em alguns momentos, sobretudo quando me senti muito apática, eles conseguiram me ajudar a retomar o ritmo fisiológico com trabalho físico e suplementos alimentares, ao passo que um médico estava pronto para me prescrever medicamentos pesados. E, no caso de minhas unhas quebradiças, uma condição que eu já me preparava para colocar na categoria das coisas que não posso mudar, a vitamina E trouxe melhoras. Assim, não vou abrir mão do lado alternativo de meu regime de saúde, mas também não vou mais me arriscar. A Dra. Nachtigall sabe disso. Ela pergunta sobre as vitaminas e ervas que tenho tomado e anota seus nomes em minha ficha.

Como sempre, começamos por meu colesterol elevado. Tenho um histórico familiar de doença cardíaca e o colesterol alto faz de mim uma candidata potencial a um ataque cardíaco. Conto a ela que meu clínico geral tem insistido muito para que eu comece a tomar uma estatina — um grupo de medicamentos amplamente prescrito e que reduz a produção de colesterol pelo fígado e aumenta sua capacidade de remover o colesterol mau (LDL) do sangue. Tentei uma marca desse tipo de droga há alguns anos, mas não gostei de como ela me fez sentir.

A Dra. Nachtigall sempre diz que a taxa do meu HDL, ou colesterol bom, é tão positiva que a proporção entre ela e a taxa do colesterol mau é excelente. Além do mais, ela acredita que o estrogênio que tenho ingerido há mais de dez anos me ajuda a manter o colesterol controlado. Levei à consulta meu último exame de sangue, que coloca a proporção entre meu LDL e meu HDL em 3:3. "Isso é incrivelmente normal", ela diz. "Mas as novas recomendações reduzem o nível considerado aceitável para o LDL, mesmo que a proporção seja boa. Assim, temos de acompanhar isso... Você não é um caso estabelecido. As estatinas são seguras, mas existe um pequeno risco de problemas hepáticos e musculares."

Eu me vesti e segui para seu consultório. A conversa que se seguiu incluiu as três áreas do bem-estar, incluindo o que não posso mudar em meu corpo em processo de envelhecimento. Num dado momento, ela disse: "O estrogênio ajudou a melhorar seu cabelo." E eu respondi triste: "Ah, devia ter visto como ele era abundante quando eu era mais jovem!" Ela desqualificou meu protesto com uma observação brusca: "Ele estaria bem pior sem o estrogênio." Mais tarde, quando falamos sobre exercícios regulares, ela me perguntou sobre o peso. Confessei ter engordado cerca de cinco quilos no último ano, depois de ter perdido 12. "Não parece", ela opinou. Segurei um pneu em minha cintura e fiz cara de desgosto. Ela respondeu: "Assim que fizer 60 isso vai aparecer. Não há nada que se possa fazer." E acrescentou enfática: "Você precisa perder esses cinco quilos. Não é saudável."

Nós nos concentramos no que poderíamos mudar e na conveniência de assumir os riscos da TRH no contexto de meu histórico médico e emocional.

"Vejamos", ela começou a ler minha ficha médica. "No meio de 1992 seus níveis de estrogênio começaram a cair, mas você ainda não estava na menopausa. Tinha ansiedade e depressão. E dores de cabeça." Eu? Deprimida? E na pré-menopausa? Fiquei perplexa. Não me lembrava de nada daquilo. Ela não se surpreendeu com minha surpresa. "Uma das coisas terríveis que acontecem com os acompanhamentos médicos é que você muda de profissional e ninguém mantém os registros. Seu médico não sabe de nada, e você não pode ajudá-lo porque esqueceu a depressão."

"Você ainda ficava menstruada de vez em quando", ela continuou. "Primeiro, veio a depressão, depois a menopausa. Vejo isso com freqüência. Na época, antes de começar o tratamento, seu colesterol estava muito alto! Seis meses depois, você ainda estava deprimida. Digo que isso é o que realmente funciona — ingressar em um estudo." Naquela época, ela conduzia um estudo para uma nova TRH que estava sendo bem recebida na Europa e na América do Sul e buscava a aprovação da FDA nos Estados Unidos. Logo eu estava, de acordo com as anotações, "me sentindo muito melhor". Meu colesterol havia baixado e a secura vaginal também tinha sido resolvida.

Como parte do estudo, minha densidade óssea era verificada periodicamente. "Em 1993, você estava num nível equivalente a 105% do normal", ela conta com certo orgulho. "Essa fórmula específica de estrogênio é muito boa para os ossos, e você começou a usá-la na hora certa — no período em que ocorre a perda óssea. A densidade seguinte foi boa, também. Portanto, não estou preocupada com seus ossos, embora a medida tenha caído de 105% para 100%."

O estudo foi concluído em 1995, mas o processo de aprovação foi lento, e por isso eu interrompi a TRH. "Logo depois", ela relata com tom pesaroso, "recebi um telefonema... você estava deprimida novamente. Então, receitei Prozac, que você odiou. Por isso, eu disse: 'Muito bem, vamos tentar outra TRH.'"

"Tentamos uma mistura, mas você se deu mal com ela; sentiu calores — coisa que jamais havia tido antes. Tentamos outra mistura — e você teve sangramento. Então, experimentamos aquela que você está usando há três anos." Ela parecia estar revendo todo o processo mentalmente. "Todo estrogênio é excelente para o colesterol. O que você está utilizando não é a fórmula perfeita, entretanto. Há outra melhor, o único estrogênio oral que reduz os triglicerídios. A razão pela qual prefiro a fórmula oral, a um adesivo, é que a oral também eleva o HDL. Então, se isso funciona sem as estatinas..."

— Ele é menos perigoso que os outros? — perguntei.

— Um pouco —, ela explicou. — Porque é rico em progesterona. É a mesma progesterona, embora em dose muito menor, que é utilizada nas pílulas anticoncepcionais. Há um novo estudo sobre o acetato de noretindrona que não revela elevação no risco de câncer de mama após dez anos de uso."

— E como funciona com relação à memória?

— Tão bem quanto se pode esperar...

Eu tinha mais uma pergunta.

— A menopausa é mais idiossincrásica do que outros estados de saúde?

— Em primeiro lugar, você precisa entender que a menopausa é um acidente biológico — ela começa. — Só deveríamos viver até os 50 anos. Superamos nosso destino biológico. Em segundo lugar, você tem de entender que o estrogênio funciona em cada órgão do corpo — você precisa dele. Aqui e ali deparamo-nos com um fator negativo, mas, na maioria dos aspectos, é algo positivo. *É* idiossincrásico. Há muito o que analisar. Como é a função cerebral? E a função de memória? Como ficam o humor, o cabelo, a pele, a libido, a vagina? E o cenário muda. Alguns médicos afirmam que, se você continua utilizando o estrogênio, tem de ficar com ele pelo resto da vida. Por quê? Nós reavaliamos o quadro o tempo todo. Há uma droga melhor? As estatinas são melhores do que o estrogênio para você? Ou é necessário um pouco de cada?

Para mim, por enquanto, a TRH parece ser o caminho certo a seguir, por três razões: "Seu humor, sua memória e sua vagina." Fiquei confiante por saber que ela baseia seus conselhos em informações adequadas sobre como funciona meu corpo individual. A decisão de aceitar ou recusar o julgamento profissional de minha médica cabe a mim, com base no que sei sobre sua competência. Decidi que sua recomendação era tão boa quanto qualquer outro pacote que eu pudesse obter para meu corpo, minha mente e meu espírito.

As peças do meu bem-estar estão se encaixando bem atualmente. Só há mais uma coisa: meu cochilo vespertino. É uma indulgência secreta. Eu me deito no chão de meu escritório e cochilo na mais deliciosa privacidade. Ou começo a assistir ao jornal das seis e apago por 15 ou 20 minutos. A necessidade de um cochilo vespertino certamente está relacionada ao envelhecimento que não posso mudar, mas *cochilar* é definitivamente um passo na direção do que posso mudar. Acima de tudo, o talento para não me pressionar — como fiz por tantos anos, quando talvez até precisasse de um cochilo, mas nunca considerasse a possibilidade de suprir essa necessidade — é a *sabedoria* definitiva de ouvir o que meu corpo me diz.

CAPÍTULO DEZ

Gerações

Silenciando a nossa voz infantil e a de nossos pais para (finalmente!) ouvir a própria voz

Nossa força e nossa anima *provêm em boa parte... de pensarmos no que significa ser uma mulher, aqui, agora, nessa cultura, e em nosso futuro imaginado. Nossa tribo é a tribo da mulher.*

— Natalie Angier, *Mulher, uma geografia íntima*

Minha mãe me teve aos 25 anos. Eu tive minha filha aos 44. Tenho colegas e amigas jovens o bastante para serem minhas filhas — e velhas o suficiente para serem a mãe de minha filha. Muitas de minhas amigas são avós; nascemos na mesma geração demográfica, mas assumimos diferentes papéis em nossa geração. Isso me coloca uma geração atrás da de minha mãe, mas, em termos de idade, duas gerações afastada da de minha filha. As pessoas ocasionalmente me tomam por uma avó. Por que, você pode perguntar, devo me incomodar com tais distinções arbitrárias? Por um lado, a seqüência filha-mãe-avó marca meu progresso ao longo da curva de crescimento tradicional da vida de uma mulher. Ao mesmo tempo, os títulos fazem o oposto. Eles codificam as expectativas do papel recomendado que restringiram o crescimento de uma mulher. Em minha segunda adolescência, estou me esforçando para entender as duas forças. Tento compreender onde estou na progressão da minha vida e como alguém de minha idade pode interagir de maneira produtiva com um mundo que ainda categoriza as mulheres pelo papel que elas são consideradas velhas demais para protagonizar.

O sociólogo James Hillman comenta, com astúcia, que o envelhecimento está relacionado ao *caráter* libertador (o que você faz quando está sozinho) da *personalidade* (os traços que você desenvolveu para interagir socialmente). Muitas dessas características têm a ver com o roteiro que recebemos a cada estágio de vida. Aqueles papéis — mãe, filha, avó, irmã — contam muito para o excesso de bagagem — ressentimentos não-resolvidos, deduções, mentiras — que trazemos para a jornada da segunda adolescência. Substituir papéis culturalmente definidos por autenticidade pessoal é a outra metade da equação de que você não é quem era, é só alguém mais velha.

Crescer juntos

Além do comportamento restritivo imposto pela tradição, a geração tem significado para nós. Nós nos beneficiamos da certeza de termos elementos importantes de nossa história pessoal em comum com outros indivíduos de nossa idade. Um estudo inovador — *Rocking the Ages* — realizado pelo Yankelovich Partners, um grupo de pesquisa pública, descobriu que "os membros de uma geração estão ligados mais por *experiências de vida compartilhadas de seus anos de formação da personalidade*" do que pelas experiências pessoais de estágios de vida mais recentes. Somos ligados pela linguagem cultural que aprendemos e pelas lembranças compartilhadas de crescermos em uma época específica. Há uma barreira de linguagem — embora não seja uma barreira intransponível — entre uma geração e outra.

Encontrei essa verdade enrolada em meu saco de dormir numa ilha deserta. Dois dias antes da fatídica descida pelo precipício, nosso grupo da excursão de superação de limites estava ali instalado para sobreviver por conta própria, a famosa condição indispensável de um desafio em espaço aberto. Naquela noite de frio e desconforto, aprendi um pouco sobre sobrevivência e muito sobre o que os sociólogos chamam de *companheirismo.* Desde o momento em que arrastamos nossas mochilas para dentro de um círculo no litoral do Maine três dias antes, eu estivera especulando amplamente sobre a idade de cada um de meus companheiros de acampamento. Muitos deles pareciam ter entre 30 e 40 anos, alguns pareciam estar entre os 40 e os 50, e um ou dois, incluindo um ex-instrutor da Marinha, pareciam ter quase 70. Mas não havia correlação entre a idade aparente de cada um e sua coragem ou energia. Alguns se dispunham a enfrentar os mais duros desafios, e outros, como eu, precisavam de apoio para descer pelo precipício.

Naquela noite, fui empurrada para o centro de um conflito de gerações. Depois de construir abrigos improvisados e comer sanduíches de pasta de amendoim, nós nos reunimos em torno da fogueira e começamos a fazer o que se faz: contar histórias e cantar. As histórias eram divertidas de ouvir, e eu não ouvia uma boa história de fantasmas havia anos. As poucas canções que reconheci eram divertidas de cantar, mas muitas não eram de minha época. Foram as risadas, no entanto, que me colocaram em meu lugar. Aquela massa crítica de trinta e poucos anos ria comentando momentos em programas de televisão aos quais eu não havia assistido e sobre manias adolescentes que eu desconhecia, e riam como loucos de — dentre todas as coisas — preservativos. Perplexa, pensei em algo pungente que meu pai, um imigrante, um dia havia admitido: apesar de ter aprendido a falar inglês fluentemente, ele nunca entendia as piadas. O humor faz parte do território; é muito difícil aprender.

Alguns dias depois, experimentei o lapso pelo outro lado, felizmente, e pela perspectiva específica do meu gênero, na comunhão quase sem palavras com aquelas duas outras mulheres de cinqüenta e poucos anos com quem compartilhei a alegria de dizer "não". O restante do grupo teve a experiência comum de subir de volta pelo precipício; nós vivemos uma epifania na linguagem que só as mulheres de nossa idade e que ocupam nosso lugar no tempo podem entender.

A geração de nossa segunda adolescência, estendendo-se desde a segunda metade dos 40, 50 e 60 anos de idade, não é uma sobreposição exata da categoria da geração do *baby boom* (nascidos entre 1946 e 1964), mas é iluminada por algumas das características que o estudo Yankelovich destaca como distintivas desse grupo com relação às gerações anterior e posterior. Nosso passado coletivo relaciona-se tanto com os *maduros* quanto com as pessoas da geração do *baby boom* e, sobretudo no local de trabalho, entra em conflito com os da geração X. Seguem algumas características distintivas:

	MADUROS	GERAÇÃO DO *BABY BOOM*	X
Idéia determinante	dever	individualidade	diversidade
Celebração	vitória	juventude	inteligência
Trabalho é...	uma obrigação inevitável	uma excitante aventura	um desafio difícil
Lazer é...	uma recompensa para o trabalho duro	o objetivo da vida	alívio
Educação é...	um sonho	um direito de nascimento	um jeito de progredir
Administrar dinheiro	economizar	gastar	precaver-se

Nossos "anos formidáveis" estão justamente entre uma cultura de segurança e uma cultura de mudança. A geração de nossos pais nunca aceitou completamente a insegurança de nosso estilo renovador na década de 1950. As gerações que seguiram as nossas aceitaram o progresso como algo garantido e consideram a mudança um meio de vida. Nós crescemos cercados por marcos grandiosos como aviões a jato, um aparelho de televisão em cada casa, vôos espaciais, *rock and roll*, computadores, direitos civis e legalização do aborto. Entre 1959 e 1961 (quanto todas nós éramos jovens), ocorreram os seguintes eventos marcantes: o surgimento da boneca Barbie, da meia-calça, da pílula anticoncepcional e do Valium; JFK foi eleito presidente e foi fundado o Corpo da Paz; a máquina de escrever Selectric da IBM e o *twist* foram grandes sucessos; e Natalie Wood e Warren Beatty protagonizaram o primeiro beijo no cinema em *Clamor do Sexo*. Em 1968, os marcos foram ainda mais inquietantes: Martin Luther King e Robert Kennedy foram assassinados, o massacre de My Lai foi descoberto, a convenção democrática e muitos *campi* universitários explodiram numa onda de violência. Um ponto radiante desse ano foi a estréia da série de tevê *Mister Rogers' Neighborhood*.

Agora, trabalhamos com pessoas que não conseguem nem imaginar como funcionava uma máquina de escrever, que não sabem ao certo quem foi Kennedy e, se sabem sobre os protestos estudantis, estão fartos de ouvir falar neles. Tendo em vista que marcos da nossa era perdem a relevância para a cultura como um todo e são substituídos por outros que nem sempre entendemos, vamos precisar encontrar novos pontos de entrada para o mundo que nos cerca. Não somos mais oradores nativos; para nós, de agora em diante, será a "cultura como uma segunda linguagem".

Manter a conversa é mais importante para nós do que para qualquer geração anterior, porque somos um grupo disposto a continuar crescendo com as gerações que nos cercam. Em vez de nos retirarmos para a varanda das reminiscências e lembrar os bons tempos, temos toda a intenção de gerar novas experiências todos os dias. Com o restante da população adulta.

Estamos entalhando a resposta de nossa geração para envelhecer o suficiente para ser considerada a avó do mundo adulto. Surgirá uma alternativa para esse modelo de avó, um modelo que reflita o impulso que muitas de nós sentimos de nos conectar com as futuras gerações. Embora demonstremos uma brava resistência aos papéis de babás indulgentes e integralmente disponíveis, admitimos que ficamos fascinadas com o encantamento dos bebês e que temos uma consciência cada vez maior do que desejamos que eles saibam. Essa visão inspira algumas das mais autênticas respostas para "a questão": "O que vou fazer com o resto de minha vida?" Isabella, mãe de um filho adotivo e um biológico, faz uma bela distinção entre os dois impulsos de se ligar à humanidade. "Meu filho biológico faz a ponte com meus próprios genes, meus pais falecidos", ela conta. "Meu filho adotivo me liga à humanidade; é um abraço maior."

Quando Margô decidiu ingressar no Corpo da Paz com voluntários com metade de sua idade, ou quando Alexis percebeu que queria fazer de sua segunda adolescência um exemplo para seus filhos de "alguém que abraça a vida", ou quando Teri assumiu o papel de mentora de uma drogada em recuperação com a idade da filha que ela jamais teria, todas estavam abraçando as gerações que as cercavam. Elas também criavam papéis de si mesmas que vão continuar como modelos para as mulheres mais jovens quando estas chegarem ao nosso estágio.

Quando estamos reajustando nossos mais íntimos relacionamentos, examinamos nossas ligações com as gerações anterior e posterior à nossa. Podemos ser avós, mas não somos *apenas* avós. Podemos ser mães, mas as mulheres mais jovens com quem trabalhamos não são nossas filhas. Talvez não sejamos mães, mas cuidamos dos filhos de outras pessoas. Podemos ser filhas, mas também temos de ser mães para nossas mães já idosas.

Para lidar com todos esses relacionamentos, aprendemos a falar em três vozes distintas: cada uma de nós tem uma *voz infantil*, uma *voz maternal* e, esperamos, uma *voz adulta*. Uma das primeiras satisfações da segunda adolescência é o som de nossa própria voz adulta falando com determinação em circunstâncias nas quais, até então, havíamos sufocado com uma voz infantil ou uma voz maternal. É assim que anunciamos nosso lugar de direito no mundo para aqueles que nos cercam. Falar através do tempo e da experiência para outras gerações nos dá a ressonância de nossa própria voz.

A voz infantil

Por mais difícil que possa ser enxergarmo-nos como avós da sociedade, é muito mais difícil reconhecer que ainda somos filhas de nossos pais. A segunda adolescência e os "50 do 'dane-se'" também são uma segunda onda de rebelião. Da mesma maneira que Ruth e Karen incentivam seus grupos de "Aposentadoria ou o que vem depois" a identificar e silenciar as velhas vozes da desaprovação paternal e do controle para ouvir suas próprias vozes, é possível que tenhamos de reviver algumas daquelas dores adolescentes para nos estabelecermos como agentes livres agora. A negociação mais intensa ocorre entre mães e filhas, e pode acontecer mesmo que nossas mães já nem estejam mais vivas. Para algumas pessoas, ela *só* pode acontecer quando as mães já não estão mais vivas. Georgia, que nunca se casou ou teve filhos, chamou a mãe de "mamãe" até o dia em que ela faleceu, há dois anos. Ela sente a "perda da infância", o fim do início. "Eu estava dominada", ela conta, "por um sentimento não de solidão, mas de estar comigo. Não era mais a menininha de ninguém. Foi o último empurrão para fora do ninho." Ela se lembra de ter dito a si mesma, com toda a severidade de que era capaz: "Amiga, se você não era adulta antes, agora certamente é."

"Há um buraco em minha alma", Georgia admite num tom pesaroso. "Serei sempre filha dela. Gostava de ser sua filha. Mas entendo que estou seguindo em frente, que agora sou *a* geração e nunca mais voltarei a me sentar à mesa das crianças."

A psicóloga Carol Gilligan surpreendeu-se muito ao descobrir, nos dias que se seguiram à morte de sua mãe, que, "de repente, não havia nada entre ela e o horizonte". Algumas semanas mais tarde, ela estava tomando aulas de dança e olhando para seu reflexo inusitadamente desarrumado no espelho da parede. "Percebi que estava me vendo com apenas dois olhos não com os quatro compostos pelos meus e os de minha mãe, com ela dizendo, 'seu cabelo', e depois, 'querida', e depois, 'tire os cabelos do rosto'", ela escreve.

Administrar expectativas parentais é combater as suposições da nossa primeira fase adulta. Nossas mães não podem deixar de ver, e amar, aquela primeira *persona*, composta de muitos papéis impostos e atitudes que agora julgamos problemáticas. Como a mãe de Carol, todas têm uma imagem de qual deve ser nossa aparência, de como devemos nos comportar e em que somos boas. O analista junguiano James Hollis, que também reconhece os estágios da primeira e da segunda adolescência, aponta um ponto crucial no processo de reajuste. Em nossa segunda adolescência, ele explica em *A passagem do meio: Da miséria ao significado da meia-idade* (Paulus, 1995), estamos em uma posição que nos permite lidar de igual para igual com nossos pais — como adultos, se preferirmos —, mas, ao mesmo tempo, ainda precisamos diferenciarmos deles, a fim de, como sempre sustentamos, crescer. Enquanto cuidamos de nossa própria identidade, associamos nossos pais com aquela que superamos, "o falso eu... a identidade provisória adquirida durante a primeira fase adulta".

Ao mesmo tempo em que mergulhamos profundamente em nós mesmas buscando fagulhas de autenticidade, procuramos por qualquer verdade que possa estar em nossa percepção das vidas de nossas mães. Todas as mulheres que entrevistei comparavam a própria experiência com a de suas mães. Algumas foram positivas; outras, não. O que descobri é que muitas estavam revendo a opinião que tinham sobre a experiência da mãe enquanto revisavam o próprio ponto de vista. Várias falaram sobre adquirir nova perspectiva quanto às escolhas feitas por suas mães. Outras se sentiam mais capazes de colocar as próprias escolhas em um contexto que incluía as duas. Carol Gilligan concluiu que "o que eu pensava ser apenas minha dificuldade de compreender meu relacionamento com minha mãe parecia ser parte de uma dificuldade mais generalizada de uma mulher que se nega a reescrever uma história".

A mãe de Stephanie havia sido redatora no ramo de publicidade antes de se casar; ela continuou trabalhando até ter mais dinheiro do que o marido. Nesse ponto, embora ainda não tivesse filhos, ela desistiu do emprego e passou os 30 anos seguintes cuidando da casa em um bairro mais distante do centro da cidade. Mas ela se manteve "uma pessoa independente a seu modo". Fundou uma liga de mulheres eleitoras em sua comunidade, candidatou-se à prefeitura e perdeu por apenas seis votos, e ela sempre leu muito. "Ela sempre lia o *The New York Times*", lembra Stephanie. "Dizia estar fazendo aquilo para ser interessante para meu pai."

"Devo dizer", ela acrescenta depois de uma pausa, "que sinto por minha mãe. Nunca quis viver em uma cidade como aquela...", a cidade em que Stephanie mora atualmente, "e ficar presa como ela ficou". Apesar do paralelo, Stephanie dedica sua segunda adolescência a fazer o que, ela agora acredita, sua mãe tentava fazer: continuar em frente. Em certo ponto, ela lembra, sua mãe chegou a considerar a idéia de voltar ao trabalho, mas disse à filha: "Se voltar ao trabalho, vou trabalhar com pessoas de sua idade... Isso não é triste?" Ela morreu aos 62 anos, esperando o marido se aposentar. E, agora, Stephanie olha para trás e diz: "Creio que aqueles últimos dez anos foram provavelmente difíceis para ela em termos de 'E agora, o que vou fazer?'" Stephanie está determinada a ser proativa quanto a essa questão premente.

Alexis sente-se abençoada por ter uma mãe que foi modelo de afeto e realização, que ensinou as filhas que cuidar de si mesma é uma prioridade digna de qualquer sacrifício. Dinâmica, sua mãe criou 11 filhos enquanto trabalhava em período integral, tomava lições de vôo e conquistava um diploma na área de finanças. "Ela era simplesmente uma mulher maravilhosa e muito, muito ocupada, e é claro que reconheço que tudo que sou, e espero ser, é por tê-la tido como minha mãe." Mas há um "ato ultrajante" da parte de sua mãe que Alexis hoje em dia valoriza mais do que nunca: a viagem anual de pesca por ela iniciada. Quando estava com quase 60 anos e "farta de filhos e trabalho", e Alexis era uma veterana na universidade, a mãe dela se deu conta de que as duas precisavam "sair dali". Assim, ela reservou um final de semana em que não tínhamos compromisso. "Nós duas subimos e fizemos nossas unhas e cuidamos do corpo e da pele, e foi um momento maravilhoso", Alexis recorda. "No ano seguinte, decidimos incluir minhas irmãs." Nos 36 anos seguintes, Alexis, as quatro irmãs e a mãe saíam juntas uma vez por ano, e "por algum tempo as pessoas acreditavam mesmo que íamos pescar!". Agora que a mãe delas faleceu, as irmãs mantêm a prática e incluíram as cunhadas. Recentemente, elas estiveram em uma pequena pousada na parte mais alta de Michigan. É desnecessário dizer que o poder de restauração é mágico. "São momentos incríveis, com muita conversa e muitos esclarecimentos, e de manter o papo em dia para todas... Meus irmãos acabam mantendo o contato dessa maneira também, de certo modo, porque sempre perguntam sobre o que falamos e o que fizemos."

A mãe de Carole Hyatt surpreendeu a filha com uma reinvenção totalmente atípica na segunda adolescência. Viúva quando ainda não havia completado 60 anos, ela tinha segurança financeira, mas sentia-se sozinha e irrelevante, Carole recorda. Ela "nunca havia trabalhado um único dia em toda a sua vida", mas estava determinada a conseguir um emprego. O que ela poderia fazer para ganhar dinheiro, a filha se perguntava. Simples, explicou a mãe. "A coisa que mais gosto de fazer é ser mãe. Sempre gostei de levar você e seu irmão para a escola, e tudo isso... Então, serei babá!" Por seis meses, ela continuou procurando um emprego, sem sucesso. Um dia, Carole, que trabalha aconselhando empresárias sobre estratégias de carreira, perguntou a ela: "Como está se locomovendo?" "No meu Cadillac", foi a resposta. "E o que está vestindo?" "O que sempre visto." Carole sugeriu que ela "se vestisse de acordo com o papel", e pouco depois ela conseguiu um emprego. "O único problema é que eles queriam que ela também limpasse os quartos das crianças. Minha mãe respondeu que não cuidaria da limpeza. Assim, ela levou a própria empregada doméstica, propondo um emprego compartilhado, sobre o qual já havia lido, e elas atuaram juntas por três anos."

O irmão de Carole ficou "chocado" e tentou explicar à mãe que ela não "precisava do dinheiro". Mas a babá orgulhosa respondeu: "Não estou interessada no dinheiro; estou interessada no que ele representa." Com seu primeiro pagamento, ela comprou presentes caros para os netos. Quando os pais das crianças protestaram, ela exclamou: "Acho que não entenderam. Esse dinheiro é meu, e posso fazer o que quiser com ele. Eu o ganhei com meu trabalho." Ao contrário do irmão,

Carole a compreende. "Esse relato incrível mostra a enorme necessidade de provar a si mesma, ao final de seus 50 anos, que ela ainda era uma mulher de valor. E ela conseguiu. E eu a admiro muito por isso.

"Só recentemente comecei a ver que minha mãe, cujo estilo feminino rejeitei tão veementemente, não é, na realidade, uma delicada violeta. Quando era criança, eu a considerava linda, amorosa e estimulante, mas não de um jeito que pudesse considerar exemplar. Eu via suas roupas modernas e sua beleza como vaidade, sua devoção à família como autosacrifício e sua aprovação como paternal e indiscriminada. Mesmo sabendo que ela freqüentava cursos acadêmicos, tocava piano, esculpia figuras em argila e adorava viajar, considerava todos esses interesses meros *hobbies* sem qualquer importância. Meus modelos eram mais assertivos, mais ambiciosos, mais mundanos... mais masculinos, por assim dizer.

"Agora, vejo as coisas de maneira diferente. Vejo sua coragem e sua força. Em muitos sentidos, ela é um modelo de papel pioneiro para a segunda adolescência. Criada com duas irmãs e um irmão numa pequena cidade do Meio-Oeste por pais poloneses refugiados, ela se lembra da mãe como uma criatura medrosa que trabalhava duro. O pai, lavador de janelas, tinha um espírito pouco mais aventureiro. A família se esforçava para garantir a sobrevivência, e ela se refugiava num mundo de sonhos românticos, sonhando escrever ou representar, ou viver uma grande paixão. Minha mãe conseguiu chegar à faculdade, não a qualquer uma, mas à iconoclasta Universidade de Chicago, no final da década de 1930, e depois abandonou o curso, mudou-se para Nova York e casou-se com um médico, um húngaro do Velho Mundo que não tinha paciência para romances. Eles criaram dois filhos. Meu irmão e eu havíamos estabelecido vidas próprias quando nosso pai morreu repentinamente. Minha mãe tinha 51 anos. Como muitas mulheres de sua geração, ela foi libertada pela viuvez.

O que antes era só um sussurro ao fundo do cenário tornou-se sua voz determinada.

"Nos últimos 30 anos, sem qualquer tipo de incentivo ou grupo de apoio, ela concluiu o curso universitário, obteve mestrado como assistente social (sempre trabalhando durante todo o dia) e aos oitenta e poucos anos ela conquistou seu Ph.D. Durante todo o tempo, ela preservou o antigo compromisso de resgatar animais — aventurando-se de forma destemida nos porões escuros e perigosos em busca de um ser abandonado — e manteve-se ativa politicamente e na esfera civil, fazendo campanhas para candidatos e ameaçando candidatar-se pessoalmente. Nesse mesmo período, ela conheceu e perdeu o amor de sua vida e viu o filho morrer de Aids. E superou tudo isso. Ela fez tudo, e fez tudo sozinha. Eu a admiro tremendamente. Admiro sua coragem, sua atividade, sua generosidade, seu humor e a maneira como ela responde a uma nova idéia proclamando-a 'realmente interessante'.

"O que não suporto é o fato de ela ainda me tratar como um bebê. 'Tenho 60 anos!', estouro com uma irritação adolescente. 'Idade suficiente para... cuidar de minha saúde, dirigir na chuva, não telefonar quando chegar lá, falar o que penso.' Não só sou velha demais para ser tratada como criança, como também não mereço sequer uma versão amadurecida desse bebê. Tento explicar que não sou quem eu era, sou só alguém mais velha, mas é difícil superar suposições acumuladas que temos uma sobre a outra. Quero que ela saiba o quanto a admiro, mas às vezes penso que ela não está ouvindo ou não é capaz de ouvir minha apreciação tardia.

"Recentemente, porém, ela teve de enfrentar alguns inevitáveis problemas do envelhecimento, e eu fui forçada a ver a dinâmica entre nós se alterar: embora para o meu próprio bem-estar eu ainda necessite me livrar de todo esse maternalismo, é cada vez mais necessário, para o bem-estar dela, que eu comece a cuidar mais dela. Um benefício inesperado para as longas horas nas salas de espera dos consultórios médicos é que temos mais tempo para conversar. Durante essas conversas, enquanto ela conta histórias sobre sua vida e nós conversamos sobre planos para o futuro, ouço a voz dela de um jeito diferente. Talvez por ser menos impaciente, mais tolerante quanto a rever a história de nossa família. Talvez por estar na mesma jornada que ela. Da mesma maneira que minha segunda adolescência me colocou em contato mais direto e próximo com a primeira adolescência de meus filhos, acho que estou começando a ouvir as reconsiderações que minha mãe faz sobre a própria vida de um ponto de vista que já não é mais da filha rebelde, mas de uma companheira de viagem."

A voz parental

Por sermos filhas e por sermos mulheres, a intensidade do relacionamento que mantemos com nossas filhas é elevado à enésima potência. Adoramos nossos filhos, e esse relacionamento pode sofrer toda a ambivalência que possamos ter com relação aos homens, mas eles serão sempre os outros. Nossas filhas são, em certo sentido, nossas dublês. Elas são nós, mas com uma mãe que não está cometendo os mesmos erros que sua mãe cometeu. São nós, mas com mais chance de confiança, aventura e sucesso. E também são elas mesmas, rejeitando nossas atenções, listando nossos erros e mantendo em sigilo quanto ou quão pouco são parecidas conosco.

No momento em que muitas mulheres atingem sua segunda adolescência, elas também já atingiram algum tipo de equilíbrio com suas filhas. Uma medida de espaço e autoridade estabeleceu-se. Na maior parte do tempo. Mas, como em todos os outros estágios da maternidade, quando você pensa ter montado o castelo de cartas, o vento sopra e o derruba. Uma mãe está revendo agora a angústia da adolescência de sua filha como uma fugitiva, quando essa mesma filha se mudou para a sua casa com os dois filhos, depois de o marido tê-la abandonado. Outra mãe e sua filha herdaram um negócio de família e estão passando por uma grande frustração com o jeito que cada uma tem de fazer as coisas.

Estamos nos esforçando para aprender como, nas palavras de uma terapeuta que trabalha com as três vozes de seus clientes, "ser mãe de um adulto". Uma mulher reconheceu que ela e a filha realizaram importantes ajustes quanto à autoridade e ao espaço. "Ela é mais capaz de enxergar os limites e eu sou mais capaz de não pressioná-los", ela contou. "Estamos naquele ponto de equilíbrio perfeito no qual nenhuma das duas está no controle da outra", relatou outra mãe. "Mesmo estando interessadas em como é a vida da outra, agora há uma boa distância, não exatamente um afastamento, mas uma mutualidade, que faz crescer em vez de reduzir nossa intimidade." "Suponho", ela acrescenta pensativa, "que, quando eu ficar mais velha, isso vai mudar, mas no momento esse é o equilíbrio ideal entre nós duas."

Uma mulher, mãe de duas filhas e um filho, ainda não chegou lá. As filhas de Carolyn têm 18 e 23 anos. A mais nova é "expansiva e divertida, tem um grupo de amigos agradáveis e irradia competência e bom humor". A mais velha "tem uma aura mais sombria. Aos quatro anos, ela me disse que preto era sua cor preferida. Aos 15, ela foi expulsa da escola. Aos 20, foi expulsa da faculdade; esteve envolvida com drogas e levava uma vida problemática, incluindo uma fase em que, depois de desaparecer, ela retornou com uma ficha policial e um casamento desastrosos". Após dois anos de angústia difícil de ser expressa em palavras com a filha mais velha entrando em centros de reabilitação e saindo deles, e mantendo contatos esparsos com a família, ela voltou ao caminho de origem, e sua mãe está mantendo os dedos cruzados.

Carolyn ainda fala com a voz parental. Ela considera as duas filhas "muito mais espertas, habilidosas e mais conectadas com o mundo do que ela era em suas idades, e por isso me exalto por admiração e afeto". Mas admite: "Eu me preocupo por essa falta de sucesso ser de alguma forma minha culpa, que a má sorte busque os desafortunados e desavisados, e é mais provável que recaia sobre jovens que tenham sido incentivadas por ninguém menos que a própria mãe a experimentar e ousar ser diferente."

Fran, cuja filha de 35 anos também se recupera de uma longa e dolorosa luta contra as drogas, finalmente parou de se preocupar com o que havia feito de errado. Sua voz é mais adulta: "Posso ver claramente seus pontos fortes e fracos, mas já não procuro mais saber de onde eles vêm." Quando sua filha teve uma filha, Fran descobriu-se admirando a nova mãe. "Eu a vejo tirando proveito de tudo que a condição de mãe tem a oferecer. E ela é uma mãe consciente. Ela jamais diria que vai partir para nunca mais voltar, caso a filha não se comporte. Como eu fazia." Observando e lembrando, Fran é forçada a considerar "o que eu poderia ter sido. Há esperança de que Jennie tire vantagem do que tem nas mãos. E tristeza... por eu não ter feito o mesmo".

Com uma filha, diz Fran, que também tem um filho, "você tem aqueles momentos de alta no estrogênio que são provenientes de uma história compartilhada com uma mulher". Ter uma filha e uma neta a faz enxergar "a dança da vida. Quanto troco a fralda da bebê, olho para aquela vulva pequenina e sem pêlos e a vejo no ventre de sua mãe, e vejo a mãe dela em meu ventre. E fico imaginando quem sairá de seu ventre... E sinto saudades de minha mãe e lamento que ela não esteja presente".

Conectando-se com as vidas de crianças que não são suas

"Quando eu era jovem, não podia imaginar que não teria filhos, porque sempre gostei de crianças. Mas nunca quis me casar", admite Frida, uma agente de viagens. "Eu levava uma vida muito interessante, viajando pelo mundo inteiro, conhecendo pessoas fascinantes." Mesmo assim, crianças eram um fator importante em sua vida. "Acho que, talvez, se não me sentisse tão próxima dos filhos de minha irmã, eu teria sofrido uma grande perda, mas esse é um redirecionamento maravilhoso para o instinto maternal — sem a responsabilidade."

Na verdade, existe uma certa responsabilidade. Sua irmã ficou viúva quando as crianças ainda eram pequenas, e Frida passou a pagar a escola dos sobrinhos. "Eu podia pagar, e foi uma alegria poder fazer isso por eles." A verdadeira alegria, porém, foi a conexão. "Foi amor à primeira vista com todos eles. Não passei muito tempo cuidando das crianças, mas eu ia visitá-los muito. Quando eles cresceram o suficiente, com três ou quatro anos, iam dormir em minha casa, o que deve ter representado os primeiros passos dessas crianças na direção da própria independência, sair de casa, mas..." Quando ficaram mais velhos, ela os instruiu quanto às maravilhas de viajar e passear pelo mundo. "Eu os levava a locais históricos, para Washington e Williamsburg. Sempre viajei sozinha, porque esse era meu trabalho e minha paixão. Mas, de alguma maneira, levar as crianças a vários lugares era divertido. Levei minha sobrinha à Disney World quando ela ainda era muito pequena."

Frida é especialmente próxima dessa sobrinha, que hoje tem 29 anos. "Fomos muito parecidas por anos. Tínhamos os mesmos interesses; ela é louca por filmes antigos, o que é incomum para alguém tão jovem. Ela ama Cole Porter, adora ir ao teatro, interessa-se por política, tem opiniões bem claras, mais até do que eu. Ia visitá-la sempre quando ela estava na faculdade, e por isso conheci boa parte de seus colegas. Agora, ela é um pouco contida quanto aos seus sentimentos, mas ainda sou a pessoa com quem ela se diverte."

Os filhos de "tia" Rosa não são membros da família; são crianças com quem ela firmou um sério compromisso. Ela sabe quais são seus pratos favoritos, seus professores prediletos, seus amigos e tudo o que seus pais sabem, e algumas coisas que seus pais não sabem. Ela diz: "Parte do acordo consiste em nunca violar a confiança dessas crianças." Esse compromisso foi duramente testado em uma ocasião. A filha adolescente de sua melhor amiga, Sherri, foi procurá-la. "Estou grávida", ela me disse. "E não quero ter esse filho." "Já conversou com seus pais?" Ela respondeu que não, pois não se sentia capaz disso. Conversamos muito, mas ela estava irredutível. Assim, Rosa viu-se diante de um dilema moral. "Eu sempre tinha dito que ela poderia me procurar e confiar em mim. Mas eu dizia a mim mesma: 'Meu Deus, o que faço agora?' Telefonei para minha irmã, que me aconselhou a seguir meu coração. Por isso, eu a ajudei a fazer o aborto."

Por dois anos, esse foi o segredo das duas, mas depois a adolescente contou a uma prima, que, num momento de raiva, contou aos pais dela. Rosa havia assumido um grande risco ao optar por não falar com a amiga Sherri naquele momento; ela sentia estar fazendo o certo, mas sabia que podia perder alguém muito importante para ela. Quando descobriu tudo, porém, Sherri afirmou o que Rosa chama de "círculo de confiança". "A decisão foi sua, e eu confio em você e em sua capacidade de tomar decisões", Sherri disse a Rosa. "Não tinha o direito de vir me procurar. Estou feliz por ela ter ido até você."

Encontrando uma voz adulta que fala a mulheres mais jovens

Um importante subproduto da intimidade entre gerações estabelecida com sua sobrinha, diz Frida, é que ela a mantém conectada a pessoas jovens que trabalham em seu escritório, com suas preocupações e com quanto elas podem se aborrecer com pessoas de nossa geração. Porque certamente podemos ser irritantes.

Nós nos aborrecemos umas às outras intensamente quando assumimos uma voz parental com mulheres mais jovens. "*Não* somos suas filhas", ouvi diversas vezes de jovens profissionais e mulheres ativistas que se sentiam incomodadas pela presunção maternal. "Minha primeira chefe era uma mulher da geração do *baby boom* que não tinha noção de até onde se estendiam os limites de seu poder", disse-me uma mulher ultrajada de 32 anos. "Ela acreditava poder me controlar como ser humano, não só como sua subordinada. Mulheres da geração do *baby boom* querem ser suas amigas; não é suficiente apenas fazer seu trabalho."

De forma realista, é improvável que duas mulheres de gerações diferentes sintam-se à vontade saindo juntas ou viajando a negócios ou comparando as notas de uma melodia popular. Embora mulheres mais jovens possam ter dificuldades financeiras, é possível que elas nunca tenham de enfrentar a "síndrome da mendiga" ou a dificuldade em dizer "não". Nós, por outro lado, jamais teremos o sentimento de direito adquirido de que elas desfrutam, sua atitude mais prazerosa e menos compromissada com relação ao sexo e seu problema em dizer "sim".

Sou perseguida por uma fala do romance de Margaret Drabble, *The Seven Sisters*, que revela a alienação que pode se desenvolver entre gerações de mulheres se não cuidarmos disso. A principal personagem, Claudia Wilton, uma mulher de 55 anos que se divorciou recentemente do marido e está afastada das três filhas, muda-se para Londres com o intuito de começar uma vida nova. Uma das primeiras coisas que ela faz é ingressar numa academia. Mas, quando chega lá, ela se sente devastada pela mensagem emitida pelas jovens recepcionistas que parecem olhar através dela. "Para elas, sou uma velha", ela suspira. "Elas não sabem que um dia fui uma criança."

Precisamos ouvir as histórias umas das outras como se nunca as tivéssemos escutado antes, por mais que acreditemos já tê-las ouvido. Porque é assim que transpomos as barreiras da idade. É necessário ter um grau de delicadeza, e desconforto, para encontrar o tom certo com o qual contar essas histórias. Há dois anos, duas jovens com quem trabalhei me convidaram para um jantar entre amigas e "quatro ou cinco mulheres mais velhas que elas admiravam". De início, fiquei um pouco incomodada por ser uma mulher mais velha que alguém admirava. Antecipei uma pressão incômoda com relação ao meu desempenho e com o objetivo de revelar sabedoria e, ao mesmo tempo, esperei mostrar a elas como era moderna e parecida com as de sua faixa etária. No final, a noite foi muito divertida. As jovens eram cheias de energia, e foi tocante descobrir com que cuidado elas haviam planejado o cardápio e o arranjo à mesa. Falamos sobre os "velhos e maus tempos" do aborto ilegal; elas descreveram o machismo moderno em ação. Rimos, embora não tanto quanto se estivéssemos em grupos de nossa idade. Falamos sobre nossas vidas, embora não tão intimamente quanto teríamos feito com nossas contemporâneas. E exageramos um pouco na troca de elogios sobre nossos comportamentos ultrajantes de protesto e ousadia. Quando acabou, percebi que eu não havia sido sábia nem moderna, mas me deixara envolver pela conversa. Isso era bom. Todas nós nos sentimos bem. Mas eu percebi enquanto escrevia isto que meu grupo não havia correspondido com reciprocidade. E deveríamos. A ligação frágil que estabelecemos naquela noite precisa ser acalentada com a mesma devoção e alegria que as avós demonstram ao tratar de seus netos.

Oriundas de diferentes épocas passadas, nossa compreensão do que significa ser mulher nem sempre será compatível ou mesmo compreensível mutuamente. Mas nós, mães, filhas, tias e avós podemos moldar um vocabulário comum para compartilhar nossas percepções. Nossa sabedoria. Precisamos estender as cortesias da nova intimidade, reconhecer a voz de autoridade (a voz adulta) umas das outras e respeitar o espaço existente entre nós. Porque cada uma de nós precisa ouvir sua própria voz adulta falando a verdade — para o presente e para o futuro. O que faremos do resto de nossas vidas depende em parte de como cada uma de nós se interconecta com as gerações anterior e posterior. Um legado inesperado de nossa segunda adolescência pode ser um arcabouço emocional para o apoio e a compreensão entre as mulheres que desafie as distinções artificiais entre gerações e respeite as distinções verdadeiras.

CAPÍTULO ONZE

Tornar-se massa crítica

O pessoal ainda é político

Tamanha massa crítica de mulheres mais velhas com uma tradição de rebelião e independência e um meio de ganhar a vida nunca ocorreu antes na história.

— Gerda Lerner, historiadora

Jyoti, a terapeuta junguiana que estudou culturas nativas em todo o mundo, teve um sonho sobre nossa geração. Nele, ela disse, "éramos macacos e pôneis, e éramos uma enorme tempestade de areia se formando sobre o deserto. Então, a poeira assentava e havia algo novo crescendo. É isso que nossa onda veio fazer. Até agora, quando nos deparamos com um novo estágio, olhamos em volta e dissemos: 'Não gostamos disso; isso é maluco...' e mudamos o que não aprovávamos. Por que deveríamos usar nossos anos mais adiantados — ou os mais sábios — de maneira diferente?"

Salvar o mundo não é o que temos em mente para a nossa segunda adolescência; mesmo aquelas como Joanne (ver Capítulo 6), que um dia tiveram esse objetivo, modificaram suas ambições de alguma forma. Contudo, a jornada em que estamos — mapeando nossa segunda adolescência — nos leva de uma indagação mais íntima para a maneira como nos expressamos no mundo, como nos ligamos com outros indivíduos e gerações, e, em última análise, ao impacto que podemos ter na sociedade.

Conheci muitas mulheres que viam sua segunda adolescência como um período para se engajarem no mundo de formas que podiam ou não incluir o trabalho que elas faziam antes. Seja isso trabalhar como voluntária em uma cozinha comunitária, falar numa reunião do conselho da cidade ou mobilizar um "grupo de primas" para visitar o país de origem da família; ou seja isso uma missão mais apaixonada e envolvente, como abordar uma questão ambiental ou um plebiscito, angariar fundos para uma instituição de artes carente, ou assumir um cargo remunerado numa organização de caridade; ou algo que pode mudar sua vida, como fundar um abrigo para sem-teto ou dar início a um processo judicial ou candidatar-se a um cargo eleitoral — o impulso para conectar-se está presente. E a necessidade também.

Somos parte de um mar de mudanças que pode impulsionar uma esquadrilha de barcos, não só o nosso. Mas estamos apenas começando a tomar consciência da onda que representamos. Não só ganhamos força como indivíduos e como um grupo, mas nossa influência se compõe e se fortalece a partir de nossa atitude. "As mulheres tornam-se mais radicais com a idade", aponta freqüentemente Gloria Steinem, porque, por um lado, temos mais anos de experiência contra as falsas presunções sobre o que somos capazes de fazer, e, por outro, temos a ousadia que vem com o tempo para desafiar aquelas barreiras. Embora não estejamos submissas a um código de valores uniforme nem tenhamos as mesmas aspirações, cada uma de nós expressa suas convicções e seus sonhos em alto e bom som, seja em nossos votos, em nossos hábitos de consumo ou na maneira como comprometemos nosso tempo. Economistas, políticos, executivos, sociólogos e médicos pesquisadores despertam com o retumbar dos "macacos e pôneis" que correm em sua direção. E nós também deveríamos acordar.

De fato, muitas das escolhas pessoais que fazemos em resposta à "questão" terão um impacto no cenário político e econômico. Se nos aposentamos ou adiamos a aposentadoria, ou se começamos um novo negócio, viajamos ou somos voluntárias; se vendemos nossas casas ou vamos morar com alguém; se abandonamos ou adotamos a vida na cidade; e se nos mudamos de uma parte do país para outra, todas essas escolhas individuais vão acrescentar maior impacto na demografia e na economia do país, ditando onde as estradas são construídas, como são determinadas as rotas das linhas aéreas, a configuração dos distritos congressistas e a maneira como são distribuídos os bens e os serviços da nação. Podemos deixar acontecer ou fazer acontecer.

Ao longo de toda a nossa primeira fase adulta, testamos a validade da frase "o pessoal é político"; ela, que podia fazer uma mulher sentir-se paralisada, oprimida, ou apenas desconfortável, sempre para seu próprio constrangimento, acaba se tornando parte de um padrão mais amplo que precisa ser alterado. E, então, não mais isoladas e cheias de culpa, mas unidas em um grupo ativista de cidadãs insatisfeitas, nós nos dispomos a realizar essa mudança. Lembre-se de como a inabilidade de milhares de jovens atletas para serem levadas a sério criou terreno propício para a abertura das competições da pequena liga para meninas e deu origem ao direito IX da legislação. O potencial para esse tipo de mudança cultural existe hoje. Podemos nos tornar agentes de mudança e, graças à faxina que estamos fazendo em nossas vidas, conseqüência direta da segunda adolescência, podemos concentrar nossas energias em qualquer causa que escolhermos. Trinta e sete milhões de doses de "entusiasmo pós-menopausa" compõem uma mistura mais do que potente.

Conheço uma reitora universitária que, aos 64 anos, preocupa-se com o impacto que um grupo tão cheio de recursos e exigente como o nosso poderia causar se concentrasse suas energias apenas nos próprios interesses. Enquanto contempla a própria aposentadoria, ela avisa que, "se não tomarmos cuidado, vamos acabar aspirando todo o oxigênio do sistema". A possibilidade de nosso sucesso retirar recursos de outros grupos igualmente necessitados, porém menos influentes, é uma preocupação real. Mas também estamos em condição de colocar algum oxigênio *de volta* no sistema. Temos o poder do voto, a influência econômica, a habilidade de liderança e a experiência organizacional para reformular as prioridades em nossa sociedade, e não só para nós mesmas.

Poder de voto

Todo político tem um olho voltado para nós. O chamado vácuo entre os sexos — a divergência entre os votos das mulheres e os dos homens — foi primeiramente observado quando algumas de nós votávamos pela primeira vez. Em 1971, uma pesquisa da Organização Louis Harris — encomendada pela empresa de cigarros Virginia Slims para confirmar seu *slogan* "Você chegou longe, benzinho" — constatou uma crescente inquietação e assertividade entre as mulheres eleitoras. Harris descobriu que "existem sinais de que as mulheres agora estão jogando para valer na política, mais do que em qualquer momento no passado, e que esse ativismo vai ganhar maior aceleração". Os números confirmaram uma "confiança crescente, maior determinação e mordacidade que se combinam de forma a compor um potencial explosivo do poder feminino na política norte-americana". Ao longo dos 30 anos seguintes, nossa primeira fase adulta, a tendência consolidou-se, e ficou comprovado que o vácuo se torna maior com a idade.

Não foi só isso que Harris observou. Da mesma maneira que nossos métodos para a solução de problemas e a realização de negócios são reconhecidos como colaborativos e holísticos, o mesmo se dá com nossa visão política. As mulheres "são mais inclinadas... a votar e se tornar ativas não só na defesa dos próprios interesses, mas pelo interesse da sociedade, do mundo e, acima de tudo, por compaixão pela humanidade", ele relatou. Desde então, o padrão tem sido documentado muitas vezes. Pesquisas mostram que as questões que as mulheres consideram prioritárias — como o aborto, o ambiente, o controle de armas, os programas sociais — são menos importantes na visão masculina. No geral, vislumbramos um governo que assume a responsabilidade por prover os serviços básicos para a comunidade. Ethel Klein, diretora de uma empresa de pesquisa estratégica que presta consultoria a candidatos, vê essa diferença em termos da experiência feminina. "Historicamente, os homens sentem que fizeram tudo sozinhos, ou deveriam ter feito, ao passo que as mulheres sabem que não fizeram nada sozinhas, que é preciso contar com a comunidade para alcançar o sucesso."

Nessa mesma época, as mulheres começaram a ingressar na política, migrando das associações de pais e professores para o Congresso, em números crescentes. Como a ativista e senadora Bella Abzug proclamou durante sua campanha em 1970: "O lugar desta mulher é em casa — na Casa dos Deputados." Aqui também, Klein vê uma motivação distintamente feminina nas mulheres candidatas. Ela afirma: "As mulheres engajam-se na política com o objetivo de realizar mudanças e solucionar problemas." Hoje, temos mais mulheres na política do que jamais tivemos antes. Ainda as mantemos atadas àqueles instintos superiores? Na verdade, estamos nos colocando na posição de responsáveis por nossos próprios votos? (O impulso já está aí. No ano 2000, quando praticamente só a metade do eleitorado compareceu às urnas, dois terços das mulheres de nossa faixa etária estiveram presentes.)

À medida que as mulheres se tornam maioria entre os eleitores, e as mulheres na segunda adolescência compõem uma parcela crescente desse grupo, o processo político começa a refletir o potencial de mudança que representamos. Em resposta às crises econômica e militar que ganharam força desde o início do novo século, muitas das mulheres com quem conversei consideram a idéia de se tornarem mais ativas politicamente. Muitas viam sua participação em termos de angariar votos para um candidato já inserido no sistema, mas poucas demonstraram ter total consciência de como nosso poder de voto pode ser mobilizado a favor de uma pauta centrada no vácuo entre os sexos e que pode apresentar à sociedade novas lideranças.

Influência econômica

Estamos hoje na condição sem precedentes de podermos investir algum dinheiro em nossas opiniões. Quanto mais igualável se torna nosso poder aquisitivo e mais aprendemos sobre a administração do dinheiro, mais dinheiro temos para gastar e investir. (48% dos acionistas americanos são mulheres e elas possuem 53% das ações no mercado.) Estamos nos tornando uma fonte de capital e realização, e também nos tornamos o maior bloco de consumidoras. Podemos fazer uma grande diferença apenas investindo nosso dinheiro em causas ou pessoas que parecem ter a idéia certa, ou podemos realizar investimentos e compras tendo em mente essas preocupações.

Nosso poder de compra é particularmente potente. Você não saberia apenas olhando para os anúncios, nos quais somos invisíveis, mas gastamos um terço a mais em produtos de higiene e cuidados pessoais (8 bilhões de dólares) do que as mulheres com idades entre 18 e 34 anos e, de acordo com a *Women's Wear Daily*, a bíblia da indústria do vestuário, "representantes da indústria confirmam que, mesmo sendo ignoradas por muitas marcas, as mulheres grisalhas da geração do *baby boom* são a mais poderosa força na indústria do vestuário". A professora da escola de administração de Harvard, Shoshana Zuboff, que administra um programa chamado Odisséia: escola para a segunda metade da vida, concluiu em seu livro escrito em parceria com James Maxmin, *The Support Economy*, que até agora os desafios de nossa vida tumultuada nos colocou "na vanguarda da nova sociedade de indivíduos, e até mesmo ampliou nosso papel no consumo". Isso sugere, ela continua, "que a comercialização dos sonhos femininos será um importante fator na próxima revolução econômica...". O que são esses sonhos e como eles são comercializados são perguntas que temos de responder antes que forças da economia o façam por nós.

Ainda temos de refinar o poder de consumo de nossa segunda adolescência, mas ele oferece uma ampla variedade de oportunidades para o ativismo — o primeiro boicote comercial bem-sucedido foi organizado em 1973 por donas-de-casa protestando contra os preços da carne — e para os empreendimentos que carreguem uma mensagem. Anita Roddick, hoje com 61 anos, que fundou e transformou a Body Shop em uma operação de 1,37 bilhão de dólares anuais, demonstrou como uma empresária pode ser influente quando decide associar lucros e política, e quando consumidoras de pensamento semelhante a amparam com seu poder de compra. A abordagem de Roddick para os negócios é que eles "tratam primordialmente dos relacionamentos humanos". A companhia busca atrair "acionistas" para o processo de tomada de decisão e, por outro lado, instiga os consumidores com a mensagem de que "é responsabilidade de cada indivíduo dar apoio ativo àqueles cujos direitos humanos lhes são negados". A empresa também se mobiliza em torno de uma série de causas, e Roddick espera que a Body Shop sirva de modelo e "mostre o caminho para os empresários usarem sua voz tendo em vista a mudança social e ambiental".

Capacidade de liderança

Embora seja possível subestimar nossa influência política e econômica, o fato de termos aparecido ocupando posições de autoridade não passou despercebida. Mais do que nunca, as mulheres estão tomando decisões nos níveis mais altos. E as habilidades que elas agregam ao trabalho começam a ser reconhecidas como especialmente eficazes para atender aos desafios do mercado tecnológico e global: a capacidade de compartilhar informação horizontalmente, a solução de problemas que requer a experiência daqueles engajados na empreitada e a capacidade de improvisar táticas à medida que as circunstâncias se apresentem. A interdependência, o modelo de trabalho em que nos sentimos mais à vontade, é um requisito básico para participar do que Peter Drucker, o pai da administração moderna, chama de a nova *economia do conhecimento*, na qual trabalhadores competentes "não se mostram receptivos" a se enquadrar hierarquicamente, mas precisam estar "ligados". Como aponta Helen Fisher em *The First Sex*, "a expansão das telecomunicações... minou a capacidade de algumas pessoas no alto escalão de suas organizações de difundir ou reter informações e conexões fundamentais".

Como Roddick, Meg Whitman, 47 anos, a bastante respeitada CEO do bem-sucedido serviço de leilões *on-line* eBay, fez da interatividade seu estilo administrativo. Uma reunião de equipe parece mais um encontro para que a comunidade expresse suas opiniões do que um conselho de generais. "Ela insiste para que outros executivos emitam suas opiniões sobre questões problemáticas antes de ela expressar a dela própria", reporta o *The New York Times* em sua seção de negócios. "De acordo com a opinião geral, ela ouve cuidadosamente, mas não hesita em comandar seus colegas de trabalho." Sua filosofia nos negócios é a de que o sucesso reside em se concentrar e se comprometer com a clientela da empresa. A eBay solicita a avaliação de seus usuários, e Whitman instituiu sessões regulares do que chama de "a voz do consumidor", nas quais uma seleção mista de compradores e vendedores é levada à sede para dois dias de conversas com os executivos. Essa é a essência do modelo com foco no cliente. Este modelo faz com que as pessoas sejam afetadas por uma instituição voltada ao processo, e investe sua energia e suas idéias no processo. Utilizamos esse modelo com muita eficiência no passado. Só que, então, estávamos do lado de fora, olhando para dentro.

Organizando para mudar

Tanto de nossa experiência com o mundo em geral foi moldada por nossa posição de forasteiras que temos problemas para aceitar e tirar proveito do fato de que muitas de nós agora somos agentes do poder e tomadoras de decisão em esferas que antes pareciam fora de nosso alcance. E talvez por nos sentirmos mais confortáveis do lado de dentro, perdemos contato com a contínua necessidade de trabalhar nos problemas sociais a partir de fora, como fizemos com tanta eficiência em nossa primeira fase adulta.

O movimento de saúde da mulher, que tomou forma no início dos anos 70, mostra como o pessoal tornou-se político, e depois poderoso. Quando a preocupação sobre como a classe médica tratava as mulheres começou a se fundir em torno de drogas como o DES (dietilstilbestrol) e da pílula, muitas mulheres só se consultavam com médicos homens, os estudos científicos eram conduzidos com base em indivíduos do sexo masculino — como no princípio do pequeno homem (ver

Capítulo 9) —, e as condições características das mulheres raramente eram estudadas. Os fabricantes de medicamentos só falavam com os órgãos do governo (em relatórios e negociações confidenciais) e com os médicos, que prescreviam medicação, mas nunca explicavam por que ou quais eram os riscos. Nosso conhecimento, mesmo sobre nossos próprios corpos, era desconsiderado com outros desejos. "Você deve lembrar", aponta Barbara Seaman, cujo inovador *The Doctor's Case Against the Pill* foi publicado em 1969 e ajudou a disparar o movimento de saúde da mulher, "que naquela época os médicos não permitiam que as mulheres tivessem partos normais. Eles acertavam sua cabeça com uma anestesia, e você só acordava quando a cabeleireira chegava."

Devemos todo o conhecimento que podemos ter adquirido sobre a administração de nossa saúde aos esforços de Seaman e de suas companheiras de luta. A estratégia foi estabelecida no início: estimular um público destituído de voz própria; criar coalizões a partir de pequenos grupos autônomos (mobilizados em torno de estados de saúde particulares, ou as necessidades de um grupo demográfico em especial, ou questões locais); compartilhar estratégias, contatos e informação por meio de redes informais mas eficientes; e formar alianças com fontes solidárias dentro do governo, da indústria e da classe médica. E havia mais uma coisa. "Consideramos regra não aceitar dinheiro daqueles que podem esperar seu quinhão em retribuiçao", lembra Seaman.

Embora nossos problemas médicos ainda não estejam recebendo toda a atenção merecida, os interesses relativos à saúde da mulher agora fazem parte da agenda pública. Eles estão lá porque as mulheres cujas necessidades médicas foram negligenciadas agora exigem atenção, porque a saúde da mulher tornou-se um campo com um conjunto de informações do qual os profissionais devem ter consciência e porque mulheres consumidoras tornaram-se participantes ativas ao cuidarem de si mesmas. Hoje, ainda existem problemas sociais urgentes que necessitam de um movimento. Um deles nos toca de maneira muito próxima.

A crise do zelo

Na mesma medida em que estamos gerando uma explosão de energia que está mudando nosso mundo, deixamos em nosso rastro uma implosão de força idêntica. Nesse sentido, minha amiga está certa em se preocupar com justiça; *estamos* sugando importante fonte de oxigênio do sistema: o elemento do zelo. Estamos no meio do que a cientista política Mona Harrington chama de *crise social* na qual "as velhas fórmulas" de zelo e cuidado estão "falidas". Não é nossa culpa, mas resultado direto das escolhas que fazemos.

Presunções tradicionais sobre a responsabilidade das mulheres de cuidar de todos — inclusive na comunidade, onde se espera que elas atuem como voluntárias na escola, na biblioteca, na igreja — levaram aos mais dolorosos momentos de nossa primeira fase adulta. Culpa, raiva e pesar se inter-relacionam com as trocas que fizemos e que nos proporcionaram confiança e satisfação. Agora, quando nos livramos da "questão da administração emocional", o sistema de zelo e cuidado que sempre dependeu do trabalho não-remunerado ou mal remunerado da mulher está desmoronando.

Instituições existentes, como escolas, pronto-socorros, abrigos e prisões, e até as próprias famílias, não foram projetadas nem possuem reservas financeiras para lidar com as necessidades do crescente número de cidadãos que se vêem esmagados sob o peso. Harrington escreve em *Care and Equality*: "O fato é que as velhas fórmulas não podem mais garantir o cuidado e a igualdade. Estão falidas. E geram uma crise social que não pode ser tratada de forma realista enquanto não removermos as vendas do pensamento tradicional e analisarmos o que está acontecendo como um todo."

Há alguém posicionado de forma melhor do que nós para remover a venda do pensamento tradicional sobre o zelo? Mesmo quando as mulheres começaram a romper a estrutura doméstica, elas, ou nós, nunca se libertaram desse pensamento tradicional. Tentamos fazer tudo, manter unidas as duas metades do universo. A luta para equilibrá-las definiu nossa geração. E isso não mudou, porque o sistema não mudou. Todos os dias, mulheres faltam ao trabalho, e um terço delas tem o salário descontado por esse dia, para cuidar de um filho doente. Vinte por cento não têm convênio médico. Negociamos com os homens para dividir essa carga, mas mesmo duas pessoas se sentem pressionadas na hora de equilibrar as demandas de um emprego e o cuidado com os filhos, e — como fazem 22,4 milhões de famílias, quase uma em cada quatro — com familiares idosos ou amigos. É ainda mais difícil levantar-se e dizer: "Não podemos nem devemos continuar fazendo tudo isso sozinhas."

"Você deve estar brincando", quase posso ouvir meu eu da primeira e da segunda adolescências protestar. "Passo a primeira metade de minha vida adulta sentindo-me responsável por todo mundo, menos por mim. Finalmente, aprendi a abrir mão dos excessos dessa experiência. Estou apenas começando a cuidar de mim. E agora devo me envolver com a criação de um sistema melhor de zelo e cuidados só porque conheço muito sobre o assunto!" Reconheço que há uma certa ironia na sugestão de que uma missão de nossa segunda adolescência coletiva deva ser recolher os pedaços do sistema com o qual acabamos de romper. Mas, visto por outro ângulo, a mesma ética de interdependência que fez do cuidado com os outros tamanha prioridade também nos serve de modelo para uma rede social mais ampla de suporte à comunidade. Acrescente a isso o fato de estarmos aprendendo sobre autonomia e interconectividade — e sobre redução da culpa —, e teremos um ponto de partida para uma política social que remova parte das responsabilidades de zelo e cuidado dos lares individuais e as coloque em uma estrutura social que envolva toda a comunidade.

Nossa geração é "o único recurso natural crescente" da nação, argumenta Marc Freedman, responsável por um grupo sem fins lucrativos chamado Civic Ventures em São Francisco, que trata de questões relativas à política social. Por termos a energia, o tempo e o *know-how*, estamos "em posição de sermos as novas depositárias da vida civil nos Estados Unidos", afirma Freedman. Nossa resposta a esse desafio encontra-se nos compromissos, prático e espiritual, que cada uma de nós faz com o restante de sua vida. Quando nos perguntamos "O que importa?", nossa resposta deve ser "Minha comunidade", qualquer que seja a definição que cada uma de nós dá a ela. Quando nos perguntamos "O que funciona?", conhecemos a resposta: uma combinação de participação, paixão e poder. E, quando perguntamos "O que vem depois?", desejamos responder: "Estamos nos empenhando para criar uma alternativa melhor!"

CAPÍTULO DOZE

Percorrendo a espiral

Neste momento de nossa história, não devemos tomar nada como pessoal. Muito menos nós mesmos.
Tente fazer o que quer que faça como um ato de celebração.
NÓS SOMOS AQUELES PELOS QUAIS ESTÁVAMOS ESPERANDO.

— Nação Hopi, "Sabedoria dos idosos"

Quando comecei este livro, pensei nele como uma jornada, minha jornada rumo à segunda adolescência. Agora, que chego ao fim dele, percebo que não há um final para a jornada. Até, é claro, o fim definitivo. Mas o livro e eu chegamos a um ponto em que temos de nos separar, e odeio ter de me despedir dele. Não quero abrir mão do sentimento de propósito e focalizo o que os anos de conversa, reflexão e redação sobre a experiência da segunda adolescência deu à minha vida. E estou apreensiva sobre voltar a realmente experimentá-la. Voltar ao ponto em que não sei o que vem depois. Ao ponto em que os relacionamentos são confusos e as conseqüências, imprevisíveis. De volta ao ponto em que não posso reescrever o que não ficou bom. Em que não posso telefonar para um especialista a fim de entender o que está acontecendo. De volta ao ponto no qual o melhor que se pode esperar é estar dois passos à frente e só um atrás. Onde "a questão", em suas muitas formas, espreita. Mas uma coisa eu sei. Sei que, enquanto escrevo o final deste livro não sou quem eu era no início, sou só alguém mais velha. Conseqüentemente, essa transição para o que quer que venha depois me faz sentir mais viva do que transições anteriores. Embora a perspectiva de mudança ainda seja desconcertante, não é mais o perigo desestabilizador contra o qual lutei tão ferozmente. A jornada até aqui me deixou muito mais confortável com a mudança como um processo de perder e encontrar.

Encontrei coragem entre as mulheres com quem conversei, pessoas tão corajosas, francas e honestas quanto eu podia esperar encontrar. Perdi minha coragem em algumas ocasiões, às vezes por bobagens, como dizer minha idade — embora tenha quase passado de 61 para 62, continuo dizendo que tenho 60. Passei por incríveis picos de criatividade e me surpreendi com a maneira como minhas idéias se encaixavam. E baixas, quando me senti gorda, velha e estúpida. Mas, mesmo nessas profundezas, passei a confiar no processo — se deixar as coisas fluírem, é muito provável que elas se encaixem em seus lugares. Perdi dias inteiros de trabalho angustiada com um problema familiar, como fiz durante toda a minha vida profissional, mas houve outros dias em que fui capaz de dizer: "O problema não é meu. Não posso solucioná-lo", e segui adiante. Aprendi um pouco sobre como o cérebro funciona e como pensam os antropólogos. E depois, com algum estímulo, eu me obriguei a dizer o que *eu* penso.

Deixei minhas irmandades descansarem nas organizações profissionais de minha primeira fase adulta. Eu finalmente acredito que encontrei uma nova vocação. Por ter passado tanto tempo sozinha, perdi definitivamente algumas graças sociais. Sou mais desajeitada do que nunca nas conversas superficiais, mas emiti alguns comentários mais animados e me tornei mais habilidosa em lidar com as pessoas. Mantive minha programação de trabalho, mas abandonei, em caráter definitivo, a intenção de ser chique. Uso calças de moletom e camisetas, e meus pés já começam a ficar com a pele grossa nos calcanhares por eu calçar nada mais além de tamancos. Tentarei recuperar parte do meu estilo na próxima fase.

Quando digo "próxima fase", percebo que agora vejo minha vida mais dividida em episódios do que antes. Conto até com o ritmo cíclico que minha segunda adolescência estabeleceu. Quando comecei, como muitas mulheres, procurava planos e estratégias que me mostrassem o que fazer com o restante de minha vida. O que encontrei foi energia, confiança e comunidade, porém mais perguntas do que respostas. O mais importante, entretanto, é que toda essa revisão e redefinição preparou-me para aceitar que a jornada em si é um processo de reciclagem.

Em seu livro sobre vidas reinventadas e "múltiplos recomeços", Mary Catherine Bateson nos lembra de "que existe sempre alguma coisa no passado a ser trabalhada". Cada uma das mulheres sobre quem ela escreveu descobriu que "tem experiência suficiente de recomeços para ser capaz de reciclar o que aprendeu em novos contextos... Aprendemos com interrupções e improvisamos a partir dos materiais que caíram em nossas mãos, reformando e reinterpretando".

Estamos *re*modelando e *re*interpretando nosso caminho por meio do vácuo fértil e para uma *re*descoberta de nossa paixão, nossa voz e nosso domínio. Estamos *re*vitalizando nossos corpos. Estamos *re*configurando um novo tipo de intimidade com aqueles próximos de nós e *re*constituindo nossas ligações com a grande família que a humanidade é. Todos os dias, estamos em processo de *re*inventarmo-nos.

Processo, estamos começando a entender, *é* progresso. É confuso e pode nos abalar, até nos fazer retroagir, em algumas ocasiões, mas a segunda adolescência pulsa com a vida. A melhor evocação da força que cresce dentro de nós está na descrição que Quincy Jones faz da música que o move — música que é tanto improvisada quanto intencional. "O *jazz*", ele escreve em sua autobiografia: "Condicionou-me a não pensar de maneira rígida, a ter minha mente constantemente aberta. É preciso improvisar na vida... O *jazz*... dá forma a como você lida com as pessoas, como as ama. Trata de liberdade, imaginação e de ser capaz de mudar de uma hora para outra. É uma perspectiva de mundo totalmente flexível e democrática."

Cada uma das mulheres que conheci sente-se mais próxima do *jazz* agora do que quando caiu no vácuo fértil. Margô, por exemplo, que estava muito feliz escondida no vilarejo do Corpo da Paz na Costa do Marfim. Desde que a apresentei no início do livro, o governo de lá foi deposto e todos os estrangeiros foram evacuados. Ela teve de mudar de uma hora para outra. Agora nos Estados Unidos e tentando encontrar uma nova resposta para "a questão", ela ainda está vivenciando quase "nenhuma estática na linha". A confiança no processo que acompanha a grande mudança que ela fez na própria vida parece ter vindo para ficar. "Dei quase tudo que tinha em casa e quase todas as minhas roupas", ela fala ao contar sobre sua partida apressada. "O resto está guardado. Ou esqueço tudo, ou volto quando as coisas se acalmarem."

E Eliza, uma cantora dos estilos *country* e *new age* que tem 53 anos. "No momento, tenho total clareza sobre o que estou fazendo. Sinto-me voar", ela diz. Mas os preparativos para seu 50º aniversário desencadearam um processo de luto. "Eu tinha de abrir mão do que chamava de *falsos poderes* — o poder de manipular os homens, o poder da juventude. Percebi que um dia você pisa naquele acelerador e nada acontece." Atualmente, ela relata, sua prioridade é recuperar seu verdadeiro poder. "Não quero voltar a viver com um homem até poder tomar conta de mim, financeira, emocional e espiritualmente." Ela entende que não existe uma rota direta para esse tipo de objetivo. "Meus piores dias são quando sinto que estou presa naquele mesmo velho padrão que estou fadada a repetir. Então, é como se eu secasse completamente." Mas reconhecer o padrão — "Agora posso vê-lo chegando", ela diz — é em si um rompimento. A cada encontro, o padrão está mais fraco e Eliza, mais forte.

Como Eliza, cada uma de nós está descrevendo círculos em torno de nossa experiência, mas a cada círculo alcançamos um pouco mais de perspectiva e elevação. Os ingredientes mudam quanto à importância, os riscos podem mudar quanto ao caráter, as paixões aumentam e se vão, e nós nadamos e remamos entre as correntes. Joanne, que descobriu sua voz quando restabeleceu a ligação com o próprio corpo, descreve a alegria da descoberta no movimento. "Enquanto dançava, aprendi a girar meus quadris, no início de maneira desajeitada, e depois com mais habilidade, embora ainda sem graciosidade. Meus braços se erguiam e minhas pernas ganhavam força. Encontrei círculos em meu corpo que nem sabia existirem ali."

Percebo até onde o improviso — para usar o termo escolhido por Quincy Jones — levou mulheres como Margô, Eliza, Joanne e eu, quando me deparo com alguém que está apenas começando. Há pouco tempo, a jornalista de televisão Jane Pauley anunciou a seus estupefatos empregadores e admiradores que, depois de 27 anos na NBC, ela estava deixando o emprego. Por quê? Porque, ela explicou, aos 52 anos, estava pronta para "remodelar" sua vida. Seus filhos gêmeos haviam saído de casa para estudar, e um período sabático de seis meses depois do 50º aniversário havia sido esclarecedor. Eu podia quase ouvir as engrenagens se movendo enquanto ela descrevia como tomara essa decisão. "As mulheres pensam muito em ciclos, biológico e pessoal", ela falou. "Durante este ano outro ciclo se apresentou: meu contrato chegou ao fim. Julguei que essa era uma boa oportunidade para fazer um balanço em minha vida." Lembrei-me de mim mesma descendo por aquele precipício há cinco anos e aterrissando no vácuo fértil quando Pauley admitiu "não ter a menor idéia do que viria depois ou, realmente, do que desejava fazer". Seja bem-vinda à segunda adolescência, amiga. Prepare-se para uma grande viagem!

O que um dia foi território desconhecido está se tornando familiar para cada vez mais mulheres. E, como aprendemos de maneira tão dramática em nossa primeira fase adulta, quando compartilhamos nossa experiência, limpamos o caminho umas para as outras.

Espero que este livro possa servir como um círculo de confiança para a leitora. Foi assim comigo. As mulheres que entrevistei foram generosas com suas histórias, e tentei dividir com as leitoras a sabedoria do que elas contaram. Aprendemos que pedaços de verdade e humor são o que nos sustentam ao longo da noite. Cada uma de nós ouve a vida de outra mulher em termos próprios, e cada uma segue levando sua própria inspiração. Sublinhamos diferentes frases do mesmo parágrafo.

Durante muitas conversas que tive, uma frase, uma expressão ou uma percepção ocasional falavam diretamente a mim, fragmentos que eu queria escrever e colar na porta da geladeira de minha mente. Eles eram como cartões-postais da viagem até aquele momento.

A lembrança do espelho artesanal de Joanie — "não precisa brilhar" — me toma de assalto regularmente e me faz sorrir agradecida. A idéia de sair do negócio da administração emocional tem sido um feixe de luz em ocasiões nas quais me sinto esgotada pelo esforço de garantir que todos que amo estão felizes. E a resposta prática de Elizabeth para acordar no meio da noite e atormentar-se como deveria, poderia e faria é um conselho confiável e útil. Ela simplesmente diz a si mesma um severo "cale a boca", e volta a dormir.

Mãe de um filho adotivo e de outro biológico, Isabella me inspira com a observação sobre seu filho biológico ligá-la à árvore genealógica, ao passo que o adotivo a conecta à grande família que é a humanidade. Encontrei uma profunda afirmação das amizades que tanto valorizo na descrição de Vivi sobre suas visitas a uma amiga em seu leito de morte. "Sei que interagir com uma visita é um grande esforço para alguém que está doente, por isso disse a ela: 'Você não precisa falar quando eu vier, já conversamos durante nossas vidas inteiras. Só quero ficar aqui com você.'" E há um sentimento igualmente profundo de fascínio com o sexo feminino quando, trocando a fralda da neta, Fran contempla sua pequena vulva e tenta imaginar o futuro. Também adorei o uso que ela fez dessa palavra tão ousada, *vulva*; é uma celebração da ousadia expressa pelos "50 do 'dane-se'", que considero tão libertadora.

Ser um trabalho em andamento significa conviver com a natureza "dois passos à frente e um para trás" do processo de criação, e encontrar estabilidade no ritmo e na confiabilidade dessa maré de fluxo e refluxo. "Intermitência" é o que Anne Morrow Lindbergh chamou em seu *Presente do mar* (Crescer, 1997), escrito há 15 anos. Apesar da instabilidade do curso da vida que, reconhece, é "quase impossível" aceitar, ela encontrou magia no ponto entre as correntes contraditórias, "onde as marés revelam outra vida abaixo do nível que os humanos normalmente alcançam. Nesse momento cristalino de *suspense*, tem-se a súbita revelação do reino secreto no fundo do mar". E segurança na dinâmica do momento, "nem olhar para trás para o que foi com nostalgia, nem para a frente, para o que pode ser, com medo ou antecipação, mas viver o presente... E aceitá-lo como é agora".

Stephanie teve uma percepção semelhante sobre uma definição de meia-idade que ela considerou intrigante — "quando uma pessoa começa a pensar no tempo em termos de quanto falta até morrer, em vez de quanto tempo desde que nasceu". Em sua experiência, a ênfase é um pouco diferente. "Não fico sentada pensando em quando vou morrer, mas sempre penso: tudo bem. É aqui que estou."

Esse aspecto da dinâmica, a estática dentro do movimento, é a peça final do quebra-cabeça para mim. Ele explica o sentimento de paz, a suavidade que vivenciamos no meio de tão intenso fluxo. Como continuamos recriando padrões familiares e, ao mesmo tempo, sentimos que estamos rompendo velhas amarras? Como ansiamos por estabelecer objetivos, e ainda assim nos sentimos mais vivas quando os estamos reavaliando? Como pode ser que, quanto mais estamos em movimento, mais nos sentimos enraizadas? Quanto mais nos afastamos de quem éramos, mais perto chegamos de quem somos? No início, a sensação de andar em círculos é um sintoma frustrante do vácuo fértil, mas esses círculos parecem muito diferentes nos últimos estágios da jornada. Envolventes. Começamos a vê-los como um elemento da espiral — um círculo em modificação — que estamos percorrendo. E, no meio, suspensa no redemoinho, está a pessoa que cada uma de nós realmente é.

À medida que seguimos no dia-a-dia, percebemos que podemos nos mover pela espiral, mas não podemos nos atrelar a ela. Podemos assumir o comando de parte desse processo, mas a natureza comanda o restante. Contudo, o impulso é claro: em vez de seguir em frente em círculos cada vez menores, como dita a tradição para uma mulher de minha idade, e em vez de retomar velhos sonhos e presunções como alguns nos aconselham a fazer, agora me vejo seguindo para a frente, para cima e para fora. Quando olho para baixo, vejo, e reconheço, a reconfortante familiaridade de minha vida até este momento. Ao mesmo tempo, cada volta de minha trajetória leva-me a algum lugar onde nunca estive, a algo que só poderei conhecer quando chegar lá.

Bibliografia

ALMEIDA, DAVID M., "Stress Is Less When You're Older". Boletim *on-line* da AARP. Outubro de 2002.

ANGIER, NATALIE. "Weighing the Grandma Factor; In Some Societies, It's a Matter of Life and Death". *The New York Times.* 5 de novembro de 2002.

———. *Mulher: uma geografia íntima.* Rio de Janeiro: Rocco, 2000.

APPELBAUM, EILEEN E ROSEMARY BATT. *The New American Workplace: Transforming Work Systems in the United States.* Ithaca, NY: ILR Press, 1994.

APPLEWHITE, ASHTON. *Cutting Loose: Why Women Who End Their Marriages Do So Well.* Nova York: HarperPerennial, 1998.

APTER, TERRI. *Secret Paths: Women in the New Midlife.* Nova York: W. W. Norton, 1995.

BACH, DAVID. *Smart Women Finish Rich: 9 Steps to Achieving Financial Security and Funding Your Dreams.* 2ª edição. Nova York: Broadway Books, 2002 [1999].

BATESON, MARY CATHERINE. *Composing a Life.* Nova York: A Plume Book, 1990.

BAUER-MAGLIN, NAN E ALICE RADOSH, orgs. *Women Confronting Retirement: A Nontraditional Guide.* Piscataway, NJ: Rutgers University Press, 2003.

BENES, FRANCINE M., MARY TURTLE, YUSUF KHAN E PETER FAROL. "Myelination of a Key Relay Zone in the Hippocampal

Formation Occurs in the Human Brain During Childhood, Adolescence, and Adulthood". *Archives of General Psychiatry.* Vol. 51, junho de 1994, pp. 477-84.

BLUM, DEBORAH. *Sex on the Brain: The Biological Diferences Between Men and Women.* Nova York: Penguin Books, 1997.

BOLEN, JEAN SHINODA. *Crones Don't Whine.* York Beach, ME: Conari Press, 2003.

Boston Women's Health Book Collective, The. *Our Bodies, Ourselves for the New Century.* The Boston Womens Health Book Collective. Nova York: Simon & Schuster, 1998.

BUTLER, ROBERT N. E MYRNA I. LEWIS. *The New Love and Sex After 60.* Edição revisada. Nova York: Ballantine Books, 2002 [1976].

"By the Numbers: A *Newsweek* Poll on Aging". *Newsweek,* edição especial. Outono/inverno de 2003, pp. 9-10.

CANYON RANCH, EQUIPE DO, COM LEN SHERMAN. *The Canyon Ranch Guide to Living Younger Longer.* Sherman. Nova York: Simon & Schuster Source, 2001.

CARPENTER, CANDICE. *Chapters: Create a Life of Exhilaration* e *Accomplishment in the Face of Change.* Nova York: McGraw-Hill, 2002.

CLINTON, HILLARY RODHAM. *Living History.* Nova York: Simon & Schuster, 2003.

DAMASIO, ANTONIO. *The Feeling of What Happens: Body and Emotions in the Making of Consciousness.* Nova York: Harcourt, 1999.

DE MILLE, AGNES. *Martha: The Life and Work of Martha Graham.* Nova York: Random House, 1991.

DIESENHOUSE, SUSAN. "At Home with: Joan and Robert B. Parker; A House Divided, Lovingly". *The New York Times.* 23 de agosto de 2001, p. F1.

DRABBLE, MARGARET. *The Seven Sisters.* Nova York: Harcourt, 2002.

DREIFUS, CLAUDIA. "Sense & Sensuality". *AARP Modern Maturity*. Novembro/dezembro de 2002, pp. 40-44.

DYCHTWALD, KEN. *Age Power: How the 21st Century Will Be Ruled by the New Old.* Nova York: Jeremy P. Tarcher, 2000.

ERIKSON, ERIK H. *Identity and the Life Cycle.* Nova York: International University Press Inc., 1959.

ERIKSON, ERIK H. E JOAN M. ERIKSON. *The Life Cycle Completed: Extended Version.* Nova York: W. W. Norton, 1998.

FISHER, HELEN. *The First Sex: The Natural Talents of Women and How They Are Changing the World.* Nova York: Ballantine Books, 1999.

FREEDMAN, MARC. *Prime Time: How Baby Boomers Will Revolutionize Retirement and Transform America.* Nova York: Public Affairs, 2000.

FRIEDAN, BETTY. *The Fountain of Age.* Nova York: Simon & Schuster, 1993.

GERSICK, CONNIE E K. E. KRAM. "High-Achieving Women at Midlife: An Exploratory Study". *Journal of Management Inquiry.* Primavera de 2002, pp. 104-27.

GILLIGAN, CAROL. *The Birth of Pleasure.* Nova York: Knopf, 2002.

———. *In a Different Voice: Psychological Theory and Women's Development.* Cambridge, MA: Harvard University Press, 1993 [1982].

GLEICK, JAMES. *Faster: The Acceleration of Just About Everything.* Nova York: Pantheon Books, 1999.

GOODE, ERICA. "A Conversation with Daniel Kahneman: On Profit, Loss and the Mysteries of the Mind". *The New York Times.* 5 de novembro de 2002, p. Fl.

GOODMAN, ELLEN E PATRICIA O'BRIEN. *I Know Just What You Mean: The Power of Friendship in Women's Lives.* Nova York: Simon & Schuster, 2000.

GUILIANO, MIREILLE. "The Boss: No Hiccups in Risk Taking". *The New York Times.* 8 de novembro de 2000, p. C8.

GUTMANN, DAVID. *Reclaimed Powers: Men and Women in Later Life.* 2ª edição. Evanston, IL: Northwestern University Press, 1994 [1987].

HANAUER, CATHI, org. *The Bitch in the House: 26 Women Tell the Truth About Sex, Solitude, Work, Motherhood, and Marriage.* Nova York: William Morrow, 2002.

HANSELL, SAUL. "Meg Whitman and eBay, Net Survivors". *The New York Times.* 5 de maio de 2002. Seção 3, p. 1.

HARRINGTON, MONA. *Care and Equality: Inventing a New Family Politics.* Nova York: Knopf, 1999.

HEILBRUN, CAROLYN G. *The Last Gift of Time: Life Beyond Sixty.* Nova York: Ballantine Books, 1997.

————. *Writing a Woman's Life.* Nova York: Ballantine Books, 1988.

HILLMAN, JAMES. *The Force of Character and the Lasting Life.* Nova York: Random House, 1999.

HOCHSCHILD, ARLIE RUSSELL. *The Time Bind: When Work Becomes Home & Home Becomes Work.* Nova York: Metropolitan Books, 1997.

HOLLANDER, LINDA. *Bags to Riches: 7 Success Secrets for Women in Business.* Berkeley, CA: Celestial Arts, 2003.

HOLLIS, JAMES. *The Middle Passage: From Misery to Meaning in Midlife.* Toronto: Inner City Books, 1993.

JOLLY, ALISON. *Lucy's Legacy: Sex and Intelligence in Human Evolution.* Cambridge, MA: Harvard University Press, 1999.

JONES, QUINCY. *Q: The Autobiography of Quincy Jones.* Nova York: Doubleday, 2001.

LEGATO, MARIANNE J. *Eve's Rib: The New Science of Gender-Specific Medicine and How It Can Save Your Life.* Nova York: Harmony Books, 2002.

LERNER, SHARON. "Good and Bad Marriage, Boon and Bane to Health". *The New York Times.* 22 de outubro de 2002, p. F5.

LINDBERGH, ANNE MORROW. *Presente do mar*. Belo Horizonte: Crescer, 1998.

MEAD, MARGARET. *Male and Female*. Nova York: William Morrow, 1949.

MORGAN, ROBIN. *Saturday's Child: A Memoir*. Nova York: W. W. Norton, 2001.

NORTHRUP, CHRISTIANE. *The Wisdom of Menopause: Creating Physical and Emotional Health and Healing During the Change*. Nova York: Bantam, 2001.

ORMAN, SUZE. *The 9 Steps to Financial Freedom*. Nova York: Three Rivers Press, 2000 [1997].

PAGELS, ELAINE. *The Gnostic Gospels*. Nova York: Vintage Books, 1989 [1979].

PEDERSON, RENA, DR. LEE SMITH. *What's Next? Women Redefining Their Dreams in the Prime of Life*. Nova York: Perigee Books, 2001.

PERLS, FREDERICK. *Gestalt Therapy Verbatim*. Edição revisada. Highland, NY: Gestalt Journal Press, 1992 [1969].

PINKER, STEVEN. *The Blank Slate: The Modern Denial of Human Nature*. Nova York: Viking, 2002.

POGREBIN, LETTY COTTIN. *Getting Over Getting Older: An Intimate Journey*. Boston: Little, Brown and Company, 1996.

RECHTSCHAFFEN, STEPHAN. *Timeshifting: Creating More Time to Enjoy Your Life*. Nova York: Doubleday, 1996.

RESTAK, RICHARD. *The Secret Life of the Brain*. Washington, D.C.: Joseph Henry Press, 2001.

ROSSELLINI, ISABELLA. *Some of Me*. Nova York: Random House, 1997.

RUBENFELD, ILANA. *The Listening Hand: Self-Healing Through the Rubenfeld Synergy Method of Talk and Touch*. Nova York: Bantam Books, 2000.

SCHOR, JULIET B. *The Overworked American: The Unexpected Decline of Leisure*. Nova York: Basic Books, 1992.

SCHWARTZ, PEPPER. *Love Between Equals: How Peer Marriage Really Works.* Nova York: The Free Press, 1994.

SEAMAN, BARBARA. *The Greatest Experiment Ever Performed on Women: Exploding the Estrogen Myth.* Nova York: Hyperion, 2003.

SEDLAR, JERI E RICK MINERS. *Don't Retire, Rewire! 5 Steps to Fulfilling Work That Fuels Your Passion, Suits Your Personality, or Fills Your Pocket.* Nova York: Alpha Books, 2003.

SHEEHY, GAIL. *New Passages: Mapping Your Life Across Time.* Nova York: Ballantine Books, 1995.

SHER, BARBARA. *It's Only Too Late If You Don't Start Now: How to Create Your Second Life at Any Age.* Nova York: Dell Trade Paperback, 1998.

SMITH, J. WALKER, ANN CLURMAN. *Rocking the Ages: The Yankelovich Report on Generational Marketing.* Nova York: HarperBusiness, 1997.

STEINEM, GLORIA. *Revolution from Within: A Book of Self-Esteem.* Boston: Little, Brown and Company, 1992.

————. *Outrageous Acts and Everyday Rebellions.* Nova York: Henry Holt and Company, 1995 [1983].

STRAUCH, BARBARA. *The Primal Teen: What the New Discoveries About the Teenage Brain Tell Us About Our Kids.* Nova York: Doubleday, 2003.

TAVRIS, CAROL. *The Mismeasure of Woman: Why Women Are Not the Better Sex, the Inferior Sex, or the Opposite Sex.* Nova York: Touchstone, 1992.

TAYLOR, SHELLEY *et al.* "Biobehavioral Responses to Stress in Females: Tend-and-Befriend, Not Fight-or-Flight". *Psychological Review.* Julho de 2000, pp. 411-29.

TRAFFORD, ABIGAIL. *My Time: Making the Most of the Rest of Your Life.* Nova York: Basic Books, 2003.

TYLER, ANNE. *Back When We Were Grownups.* Nova York: Ballantine Books, 2001.

VAILLANT, GEORGE E. *Aging Well: Surprising Guideposts to a Happier Life.* Boston: Little, Brown and Company, 2002.

WEITZMAN, LENORE J. *The Divorce Revolution: The Unexpected Social and Economic Consequences for Women and Children in America.* Nova York: Free Press, 1985.

ZUBOFF, SHOSHANA, JAMES MAXMIN. *The Support Economy: Why Corporations Are Failing Individuals and the Next Episode of Capitalism.* Nova York: Viking, 2002.

Páginas de Internet e organizações

AARP
www.aarp.org
A organização líder nos Estados Unidos para pessoas com mais de 50 anos. Divulga notícias, recursos e publicações, incluindo o *AARP Bulletin* e a *AARP The Magazine.*

Aposentadoria ou o que vem depois?
www.retirementorwhatnext.com
Transições para mulheres com mais de 50 anos que querem aproveitar o melhor da vida e desejam redefinir o trabalho, considerar as possibilidades, expressar criatividade e refletir sobre "o que vem depois". Oferece *workshops*, grupos de discussão e consultas individuais.

Centro internacional de longevidade
www.ilcusa.org
Organização sem fins lucrativos, de pesquisa política e educacional não-partidária, cuja missão é ajudar as sociedades a tratar das questões do envelhecimento e da longevidade da população de formas construtivas e positivas, e ressaltar a produtividade e as contribuições das pessoas idosas para as suas famílias e a sociedade com um todo.

Centro para a pesquisa dos negócios geridos por mulheres
www.nfwbo.org
Informação sobre mulheres empresárias e suas empreitadas em todo o mundo.

Centro para o avanço da mulher
www.advancewoman.org
Pesquisas para mulheres, de mulheres e sobre mulheres.

Centros Wellesley para mulheres (WCW)
www.wcwonline.org
O maior centro nacional de pesquisa da mulher, o WCW é a aliança entre o Centro de Pesquisa sobre a Mulher e o Centro Stone na Faculdade Wellesley. Inclui publicações, notícias, análises e recursos.

Civic Ventures
www.civicventures.org
Organização nacional sem fins lucrativos fundada por Marc Freedman, com o propósito de expandir as contribuições de norte-americanos idosos à sociedade e ajudar a transformar a sociedade norte-americana em processo de envelhecimento em uma fonte de renovação individual e social. Apresenta publicações, projetos e recursos.

Coisas boas da Lauren Hutton
www.laurenhutton.com
Uma loja *on-line* com a linha de maquiagem Lauren Hutton, criada para mulheres, não meninas.

Dra. Northrup.com: fortalecendo a sabedoria das mulheres
www.drnorthrup.com
O *web site* da Dra. Christiane Northrup traz informações e notícias sobre a saúde da mulher, jornais *on-line*, questionários sobre saúde e disponibiliza venda de produtos *on-line*.

Escritório do censo norte-americano
www.census.org
Recurso para publicações e relatórios do escritório do censo,

com dados populacionais, econômicos, geográficos e as condições de moradia.

Fórum de liderança Carole Hyatt
www.carolehyatt.com
Um recurso para mulheres que embarcam nos processos de mudança de carreira, mudança de emprego, que pretendem tornar-se empresárias ou revigorar uma carreira que ficou estagnada. Oferece o "Workshop de novas perspectivas" do Fórum de Liderança Carole Hyatt, seguido por encontros mensais na Internet de grupos femininos.

Fundação Dana
www.dana.org
Site para informação cerebral. A Dana Press divulga publicações gratuitas, *Brain in the News* e *Brain Work*.

Fundação família Kaiser
www.kff.org
Fundação privada sem fins lucrativos focada nos mais importantes assuntos de saúde enfrentados pela nação. Oferece estudos e relatórios abrangentes.

Fundação para o bem-estar da mulher
1.000 South Race Street, Denver, CO 80.209
Organização fundada pela Dra. Lila Nachtigall e sua filha, Ellen Biben, com o propósito de apoiar a pesquisa sobre a saúde da mulher. Publica um boletim informativo.

Graça da mãe
www.mothersgrace.com
O *web site* de Jyoti contém seus trabalhos publicados, projetos em andamento e muito mais.

Instituto Kinsey
www.kinseyinstitute.org
Promove a pesquisa interdisciplinar e bolsas de estudo nos campos de sexualidade humana, gênero e reprodução. Oferece publicações, uma biblioteca, programas de pesquisa e recursos.

Instituto Woodhull
www.woodhull.org
Oferece treinamento em liderança ética e desenvolvimento profissional para mulheres.

Liga das mulheres idosas
www.owl-national.org
Única organização nacional de membros anônimos que focaliza apenas mulheres em processo de envelhecimento, a Liga das mulheres idosas, ou OWL (*Old Women League*), tenta melhorar o *status* e a qualidade de vida na meia-idade para mulheres idosas. O *site* contém informações sobre saúde e aposentadoria, notícias e *links* para sedes locais.

Mágica da menopausa
www.menopausemagic.com
Site com sede em Nova York criado pela Dra. Patricia Yarberry Allen, obstetra e ginecologista do New York Hospital-Cornell Medical Center. O *site* contém o *link* para o Centro para a Menopausa de Nova York. Também há *links* para a Fundação de Pesquisa da Menopausa em Nova York, para os Mentores da Menopausa e artigos.

Odisséia: escola para a segunda metade da vida
www.exed.hbs.edu/programs/ody/
Um programa ligado ao *campus* da faculdade de administração de Harvard e liderado pela professora Shoshana Zuboff.

Outward Bound (programa de superação de limites)
www.outwardboundwilderness.org
É o *site* oficial da Outward Bound nos Estados Unidos. Procure em "*Special Focus Courses*" e veja programas exclusivamente voltados para mulheres e programas de renovação para adultos. As informações são atualizadas freqüentemente. O Outward Bound também tem programas internacionais em mais de 20 países. Visite o Outward Bound International em www.outwardbound.net

Projeto de prevenção à "síndrome da mendiga"
www.bagladyprevention.com
Estratégias para aposentadoria e outros dilemas da meia-idade. Uma comunidade *on-line* para mulheres com mais de 50 anos. Inclui um boletim informativo, artigos e fóruns de debate.

Rede Nacional de Saúde da Mulher
www.nwhn.org
A Rede Nacional de Saúde da Mulher desenvolve e promove uma análise crítica das questões da saúde a fim de influenciar a política e oferecer apoio à tomada de decisão por parte do consumidor. A rede almeja um sistema de saúde guiado pela justiça social e reflete as necessidades de diversas mulheres.

Sociedade do Chapéu Vermelho
www.redhatsociety.com
É o fenômeno social mundial para a celebração de mulheres com mais de 50 anos. Tem mais de 20 mil sedes. Contém notícias, *links* e informações.

Sociedade Norte-americana da Menopausa
www.menopause.org
A importante organização científica sem fins lucrativos dedica-se a promover a saúde da mulher durante a meia-idade

e para além dela, por meio de uma ampla compreensão acerca da menopausa. O *site* contém informações sobre perimenopausa, menopausa precoce, sintomas da menopausa e efeitos prolongados da perda de estrogênio sobre a saúde, além de terapias variadas para melhorá-la.

Suze Orman
www.suzeorman.com
Informações sobre os livros de Suze Orman, seu programa de televisão e informações para contato, além de outros recursos.

The Transition Network
www.thetransitionnetwork.com
Rede que ajuda mulheres a mudar do estágio da carreira e da família para o próximo estágio da vida, com um foco em abraçar a mudança como crescimento e renovação. Contém projetos de grupos voluntários, boletins informativos e recursos. Atualmente com sede na cidade de Nova York, com planos para expansão.

Yankelovich
www.yankelovich.com
O Yankelovich é um *site* de referência que oferece informações, bancos de dados e serviços de *marketing* sobre consumidor. O *site* inclui informações voltadas para os negócios, incluindo o *Yankelovich Monitor*.

Este livro foi composto na tipologia Agaramond,
em corpo 11.5/14, impresso em papel off-white 80g/m²,
no Sistema Cameron da Divisão Gráfica da Distribuidora Record.